Siegfried Frech, Robby Geyer, Monika Oberle (Hg.)

Kontroversität in der politischen Bildung

Mit Beiträgen von
Michael Behrendt, Anja Besand, Siegfried Frech,
Bernt Gebauer, Robby Geyer, Thomas Goll,
Tilman Grammes, Klaus-Peter Hufer, Hinrich Kindler,
Hannes Lübcke, Tatjana Meijvogel-Volk,
Claire Moulin-Doos, Monika Oberle, Helmar Schöne,
Tanjev Schultz, Holger Thünemann, Thomas Waldvogel,
Michael Wehner

WOCHEN
SCHAU
VERLAG

Bibliografische Information der Deutschen Nationalbibliothek

Die Deutsche Nationalbibliothek verzeichnet diese Publikation in der Deutschen Nationalbibliografie; detaillierte bibliografische Daten sind im Internet über http://dnb.d-nb.de abrufbar.

www.wochenschau-verlag.de

Redaktion: Siegfried Frech/Robby Geyer

Gesamtherstellung: Wochenschau Verlag
Titelbild: © Wochenschau Verlag

Gedruckt auf chlorfrei gebleichtem Papier
ISBN 978-3-7344-1541-8 (Buch)
E-Book ISBN 978-3-7566-1541-4 (PDF)
DOI https://doi.org/10.46499/2096
ISSN 1435-7577; eISSN 2749-6333

Inhalt

Vorwort

> „Was in Wissenschaft und Politik kontrovers ist, muss auch im Unterricht kontrovers erscheinen."

Mit dieser Feststellung beginnt der zweite Aspekt des Beutelsbacher Konsenses, dessen drei Prinzipien 1976 formuliert wurden – und damit ausgerechnet in einem Jahrzehnt, das selbst von heftigen Kontroversen und Polarisierung geprägt war.

Damals, seither und auch heute gilt: Das Kontroversitätsgebot wie auch der Beutelsbacher Konsens sind Ausdruck einer pluralistischen Gesellschaft. Doch was heißt das für die Praxis der politischen Bildung, wenn sich die Gesellschaft und somit das Umfeld der Lernenden und Lehrenden immer stärker ausdifferenziert? Wenn sich die sozio-ökonomischen und soziokulturellen Milieus immer weiter voneinander entfernen, vielleicht sogar auseinanderdriften? Wenn unterschiedliche Lebenswelten nebeneinander bestehen, mitunter auch aufeinanderprallen? Wenn sich der Diskursraum nach rechts öffnet, die Diskussionskultur verroht und Verschwörungsmythen als scheinbar probate Strategien der Komplexitätsreduktion salonfähig werden?

In einer solchen vielschichtigen Gemengelage ist die Umsetzung des Kontroversitätsgebots keine leichte Aufgabe. Sie ist gleichwohl eine dringende Aufgabe. Kontoversen können in allen Fächern, in allen Bildungssituationen aufbrechen – und Lehrkräfte sind gefordert, zu reagieren. Es geht aber auch darum, dass Schülerinnen und Schülern den Umgang mit Kontroversen lernen, und auch hier sind Lehrkräfte gefordert. Demokratie lebt davon, dass Konflikte ausgetragen und bewältigt werden. Auf diese Weise werden gemeinsame Lernprozesse angestoßen. Dies ist in einer Schulklasse nicht anders als in der

Gesellschaft. So kommt Wandel in Gang, und so kann die Auseinandersetzung integrative Kraft entfalten. Das neue Verbindende entsteht letztlich im Konflikt.

Alles gar nicht so einfach – und deshalb umso wichtiger, dass sich die Beutelsbacher Gespräche unter aktuellen Vorzeichen mit dem Kontroversitätsgebot befassten.

Die in diesem Band veröffentlichten Beiträge gehen auf die Beutelsbacher Gespräche „Kontroversität ohne Grenzen? Meinungsvielfalt, Pluralismusprinzip und Dissenskultur in der politischen Bildung" zurück, die vom 21. bis 23. Februar 2022 als Online-Tagung stattfanden. Unser Dankeschön gilt Prof.in Dr. Monika Oberle und Prof. Siegfried Frech, die gemeinsam mit Robby Geyer diese Tagung konzipiert und durchgeführt sowie den Tagungsband herausgegeben haben.

Bedanken möchten wir uns zudem bei allen Autorinnen und Autoren, die mit ihren anregenden und kompetenten Beiträgen einen wichtigen Anteil sowohl am Gelingen der Tagung hatten als auch an einem gehaltvollen Tagungsband haben. Nicht zuletzt sei dem Wochenschau Verlag für die langjährige gute Zusammenarbeit gedankt.

Lothar Frick, Sibylle Thelen
Direktion der Landeszentrale für politische Bildung
Baden-Württemberg

Siegfried Frech, Robby Geyer, Monika Oberle

Einführung: Kontroversität ohne Grenzen? Meinungsvielfalt, Pluralismusprinzip und Dissenskultur in der politischen Bildung

„Eine Demokratie des permanenten Konsenses wird nicht lange eine Demokratie bleiben." (Tony Judt)

1. Wie viel Kontroversität darf es denn sein?

Eberhard Rathgeb, Feuilletonredakteur der FAZ, versammelt in dem Band „Deutschland kontrovers" auf über 400 Seiten sechzig Jahre Standortbestimmung und Streitkultur in der Bundesrepublik Deutschland (Rathgeb 2005). Das inhaltliche Spektrum reicht hierbei von Thomas Manns 1945 geäußerten Gedanken zur deutschen Schuld bis zu den Anmerkungen von Jürgen Habermas über die politische Rolle der Studentenbewegung im Jahr 1967, von Alice Schwarzers Kampf gegen den Paragraphen 218 bis zu Wolf Biermanns Verteidigung des Irakkriegs. Die Reihe ließe sich fortsetzen. Lange Jahre – so Rathgeb in seinem Vorwort – war in den oft leidenschaftlich ausgefochtenen Kontroversen entscheidend, „wer sich zu welchem Problem mit welchen Argumenten zu Wort meldete" (ebd., 10).

Für die erste Hälfte der 2000er Jahre hingegen zieht er mit Blick auf die Debatten- und Streitkultur in Deutschland eine eher ernüchternde Bilanz. Obwohl die Debatten florieren, sei es „merkwürdig still in Deutschland" (ebd.). Das intellektuelle Profil habe abgenommen. Stimmt die These von Ulrike Ackermann, dass die Intellektuellen ihr Deutungsmonopol verloren haben (Ackermann 2020, 10f.)? Werden die gesellschaftlichen

Debatten nicht mehr aus der politischen Mitte heraus geführt? Entzünden sie sich hitzig von den Rändern her, münden sie in fatale Polarisierungen (vgl. Ackermann 2022)?

Ein Blick in die aktuelle Diskurskultur zeigt, dass sich diese merklich gewandelt hat. Es gibt eine Vielzahl von Indizien für das Auseinanderdriften der deutschen Gesellschaft. Soziologische Zeitdiagnosen konstatieren seit geraumer Zeit eine „gespaltene Gesellschaft" (Lessenich/Nullmeier 2006). Es hat den Anschein, dass sich dieser Trend in den letzten Jahren verstärkt hat und in öffentlichen Diskursen widerspiegelt. Angesichts einer zunehmenden Pluralisierung, gesellschaftlicher Spaltungstendenzen und sozialer Ungleichheiten wird die öffentliche wie auch die politische Debatte als zum Teil überhitzt wahrgenommen und mit Begrifflichkeiten wie „zerrissene Gesellschaft" (Christoph Butterwegge), „große Gereiztheit" (Bernhard Pörksen) oder „Jahrhundert des Populismus" (Pierre Rosanvallon) umschrieben. Ist uns das notwendige „Quantum Streit" (Claus Leggewie) abhandengekommen? Allenthalben herrscht ein diskursiver Furor, gepaart mit einer neuen Lust an der Empörung: „sektiererische Metadebatten [drehen] sich eher um Worte als um die Sache selbst" (Misik 2019, 103). Segmentierte Sprechgemeinschaften tummeln sich auf einem Jahrmarkt der Meinungen. Unlängst hat Wolfgang Sander eine massive Tendenz zur Moralisierung im politischen Diskurs in Deutschland kritisiert (vgl. Sander 2021). Empfindungen und Emotionen hätten eine größere „Wahrheit" als die Ergebnisse rationalen Bemühens. Politische Positionen würden vorschnell nach Richtig und Falsch, nach Gut und Böse sortiert. Entscheidend sei, dass man die moralisch richtige Position einnimmt.

Obwohl Zeitdiagnosen mit Vorsicht zu genießen sind und gelegentlich einen pessimistischen Impetus transportieren, ist unübersehbar, dass sich das Kommunikationsverhalten von Bürger:innen mit den digitalen sozialen Netzwerken verändert hat. Die öffentlichen Debattenräume haben sich durch die digitale Fragmentierung in Richtung einer „Empörungsdemokratie“ (Pörksen 2018, 70) verändert. Soziale Medien wirken als Katalysatoren, wenn über sie vermehrt Gerüchte, Verkürzungen und Falschinformationen verbreitet werden. Die klassischen Medien verlieren ihre Gatekeeper-Funktion (vgl. den Beitrag von Tanjev Schultz in diesem Band). Verfolgt man digitale Debatten, gewinnt man den Eindruck, dass sich das bessere Argument keine Geltung mehr verschaffen kann. Heftige Dissonanzen befördern turbulente Zeiten für demokratische Öffentlichkeiten (vgl. Klinger 2020, 271ff.). Wenn sich Diskutierende dem Dialog verweigern und gemeinhin akzeptierte Spielregeln ablehnen, werden Möglichkeiten des Aushandelns und Ausgleichens von Kontroversen untergraben.

Nicht von ungefähr greifen mehrere Beiträge in dem vorliegenden Band diese Zeitdiagnosen samt den aufgeregten Befindlichkeiten in der aktuellen Debatten- und Streitkultur auf (vgl. u. a. die Beiträge von Tanjev Schultz, Helmar Schöne, Michael Wehner und Klaus-Peter Hufer).

Blickt man auf die schulische und die non-formale politische Bildung stellt sich die spannende Frage, wie Kontroversität in der Praxis der politischen Bildung angesichts der oben skizzierten Debattenkultur so ausgestaltet werden kann, dass sie unter Berücksichtigung von epistemologischen, wertebasierten und politischen Kriterien die Vielfalt der Positionen angemessen wiedergibt. Dies schließt die Frage ein, welche Positionen im demokratischen Diskurs als nicht gleichberechtigt zu berücksichtigen sind (vgl. Drerup/Yacek 2020).

2. Demokratien brauchen Kontroversen und Konflikte

„Politik ist […] die Kunst geregelten Streitens“ (Sutor 2011, 28). Bernhard Sutor mahnt mit diesem kurzen Satz ein Politikverständnis an, das sich seiner Konfliktorientierung bewusst bleibt. Konflikte und Kontroversen gehören zu den Kennzeichen liberaler bzw. pluralistischer Gesellschaften, und die einvernehmliche bzw. erfolgreiche Austragung von Konflikten ist ein Mittel gesellschaftlicher Integration (vgl. Pohl/Buchstein 2020). Konflikte haben unter bestimmten Bedingungen eine wichtige Funktion für Individuen, soziale Gruppen und Gesellschaften (vgl. Bonacker 2009, 13). Offene Gesellschaften brauchen Kontroversen und Konflikte geradezu, damit sie sich weiterentwickeln können. Sie sind keine Störfaktoren, sondern „Motor sozialen Wandels" (Sander 2020, 132). Ausschlaggebend für diese positive Rolle von Konflikten ist das Vorhandensein einer angemessenen Streit- und Debattenkultur. Eine solche Streitkultur versteht sich als eine „kommunikative Austragung von Konflikten ohne Anwendung oder Androhung [...] von Gewalt auf der Basis der Erwartungen von Widerspruch und der Anerkennung anderer Überzeugungen" (ebd.). Offene Gesellschaften zeichnen sich durch eine demokratische Streitkultur und zivilen Konfliktaustrag aus (vgl. Sarcinelli 1990). Horizontale und vertikale Differenzierungsprozesse bringen es mit sich, dass unterschiedliche Werte und Normen, Status- und Rangordnungsfragen nicht mehr durch einen allgemeinverbindlichen Konsens zu lösen sind (vgl. Bonacker 2009, 15). Gefragt sind vielmehr „öffentliche und diskursive Konfliktaustragungsformen, deren Akzeptanz eine wichtige Voraussetzung für den innergesellschaftlichen Frieden darstellt" (ebd.).

Politische Ordnungen unterscheiden sich hinsichtlich der Frage, was an divergierenden Interessen, Anschauungen und Weltbildern zugelassen ist und ob daraus resultierende Konflikte frei ausgetragen werden dürfen (vgl. Detjen 2012, 71). Demokratien zeichnen sich gemeinhin dadurch aus, dass sie in einem kontroversen Sektor einen offenen Konfliktaustrag sich widerstreitender Interessen garantieren (vgl. den Beitrag von Helmar Schöne in diesem Band). Wie keine andere politische Theorie betrachtet die u. a. von Ernst Fraenkel konzipierte Pluralismustheorie „den Streit als konstitutiv für freiheitliche politische Ordnungen" (ebd., 72). Zentrale Kategorien der pluralistischen Demokratietheorie sind Vielgliedrigkeit, Interessengruppen und Parteien, vielfältige Akteurskonstellationen und eine politische Kultur, die den Konfliktaustrag und die Kompromissfindung unterstützt (vgl. Vorländer 2020, 94; Schmidt 2010, 220f.). Die heterogene soziale und politische Struktur von pluralistischen Gesellschaften führt dazu, dass von den Bürger:innen erwartet wird, dass sie zu Übereinkünften gelangen oder dort, wo sich Konsens nicht herstellen lässt, mittels einer demokratischen Streitkultur den politischen Prozess regeln und offenhalten (vgl. Sarcinelli 1990, 50f.). Mithin muss gelernt werden, wie mit Konflikten und Kontroversen umzugehen ist und dass Widersprüchlichkeiten auszuhalten sind.

Wenn eine pluralistische Demokratie sowohl Konsens als auch Konflikt, d. h. Unstrittiges und Strittiges, voraussetzt, ist die Kombination beider Komponenten für die Stabilität des demokratischen Systems ausschlaggebend. Fraenkel hat dies mittels des Begriffspaars „streitiger" und „unstreitiger" Sektor beschrieben (vgl. Schmidt 2010, 220f.). Der unstreitige bzw. nicht-kontroverse Sektor ist der „unverzichtbare Sockel an generellem Konsens" (Detjen 2012, 73), der die Stabilität einer demokratischen Ordnung garantiert. Im kontroversen Sektor hingegen werden Konflikte und Kontroversen – durchaus von Partikularinteressen geleitet – mit dem Ziel einer Regelung ausgetragen (vgl. den Beitrag von Helmar Schöne in diesem Band).

3. Das Kontroversitätsgebot des Beutelsbacher Konsenses

„Was in Wissenschaft und Politik kontrovers ist, muss auch im Unterricht kontrovers erscheinen" (Wehling 1977, 179). So lautet das zweite Prinzip des Beutelsbacher Konsenses, der sich als Orientierungsrahmen und zentrales Element der Professionalisierung der politischen Bildung etabliert hat. Der Beutelsbacher Konsens – und das im zweiten Konsenssatz formulierte Kontroversitätsgebot – hat in der Politikdidaktik eine bemerkenswerte Geltung erlangt (vgl. Frech/Richter 2017, 13). Obwohl der zweite Konsenssatz – im Vergleich zu seiner politikdidaktischen „Karriere“ – in der Gesichtsdidaktik weniger intensiv rezipiert wurde, stellt er auch eine Herausforderung für den Geschichtsunterricht dar, nicht zuletzt in geschichtskultureller Hinsicht. Wenn Geschichtskultur, d. h. die Art und Weise, wie eine Gesellschaft mit Vergangenheit und Geschichte umgeht, ein diskursives und gelegentlich strittiges Feld ist, sollten historische Deutungen und damit einhergehende Kontroversen selbstverständlicher Bestandteil des Geschichtsunterrichts sein (vgl. den Beitrag von Holger Thünemann in diesem Band).

In europäischen Nachbarländern hingegen gibt es kein direktes Pendant zum Beutelsbacher Konsens. In Frankreich lässt sich die 2013 erlassene „Charta der Laizität“, die als Exekutivrunderlass dem Schulsystem eine Vermittlung der Werte der französischen Republik und die Erziehung der Schüler:innen zu Citoyens bzw. Citoyennes vorschreibt, in gewisser Weise – wenn auch mit deutlichen Abstrichen – damit vergleichen. Gemäß dieser Charta soll die „Schule der Republik“ nicht nur Wissen über französische Institutionen und Werte der französischen Nation vermitteln, sie soll die ihr anvertrauten Schüler:innen auch zu Staatsbürger:innen (Citoyen(ne)s) „erziehen“. Der elfte Artikel der Charta schreibt explizit fest, dass Lehrkräfte zu politischer und religiöser Neutralität verpflichtet sind und „spaltet“ die Rolle der Lehrer:innen in einen öffentlich-beruflichen und privaten Part auf (vgl. den Beitrag von Claire Moulin-Doos in diesem Band). Auch für die vielfältige Schullandschaft der Niederlande gibt es keine fachdidaktische Übereinkunft, die mit dem Beutelsbacher Konsens vergleichbar ist. In der Ausbildung von Lehrer:innen und Dozent:innen ist die Thematisierung kontroverser Themen in der Lehr- und Unterrichtspraxis durchaus ein Bestandteil der Professionalisierung. Trotz mancher Widerstände und angesichts dissonanter öffentlicher Debatten vermeidet laut einer Befragung die Mehrheit der niederländischen Politik- und Geschichtslehrer:innen keineswegs kontroverse Themen im Unterricht, wenngleich dies in der alltäglichen Unterrichtspraxis ab und an mit Schwierigkeiten und unangemessenen Reaktionen der Schüler:innen verbunden sein kann (vgl. den Beitrag von Tatjana Meijvogel-Volk in diesem Band). Hinweise, was kontroverse Themen sind und wie mit ihnen pädagogisch umgegangen werden soll, geben auch Handreichungen des Europarats (vgl. den Beitrag von Bernt Gebauer in diesem Band). Sie können Impulse für fachdidaktische Diskussionen geben.

4. Kontroversität in der politischen Bildung

Der zweite Satz des Beutelsbacher Konsenses bietet Lehrer:innen auf den ersten Blick eine Hilfe. Er kommt eher einer „Verfahrensregel" gleich (vgl. den Beitrag von Thomas Goll in diesem Band). Der Konsens bezieht „sich auf keinen konkreten Inhalt [...] und [bleibt] deshalb inhaltsindifferent" (Weißeno 2017, 47). Die eigentliche Problematik liegt in der Konkretisierung: In welchem Umfang und wie müssen politisch kontroverse Sachverhalte im Unterricht dargestellt werden? Sind sich Lehrer:innen bewusst, welche unterschiedlichen Arten von Kontroversität es gibt? Welche Schwierigkeiten bringt die Umsetzung der Kontroversität im Politikunterricht und in der außerschulischen politischen Bildung mit sich? Gibt es unterschiedliche Formen von kontroversem Unterricht? Wann, wie und wo sollen Lehrer:innen und politische Bildner:innen intervenieren und ggf. korrigieren? Gibt es „Stolperstellen", die die Kontroversität verhindern?

Aus fachdidaktischer Perspektive wird Kontroversität gefordert, in der konkreten Ausgestaltung können sich jedoch „unbeabsichtigt eindimensionale und monoparadigmatische Narrative durchsetzen" (Sander 2020, 133). Das Unterfangen, Kontroversität im Politikunterricht realisieren zu wollen, kann durch sogenannte Lernfallen konterkariert werden. Diese Lernfallen werden zu „Kontroversitätsfallen", welche die Entfaltung von Kontroversität verhindern (Henkenborg 2009, 29f.). Peter

Henkenborg hat auf der Grundlage empirischer Forschungsergebnisse mehrere Lern- bzw. Kontroversitätsfallen zusammengestellt, die auf Professionsdefizite von (Politik-)Lehrer:innen aufmerksam machen (vgl. Abb. 1).

Abb. 1: Kontroversitätsfallen

Stofffalle	Politische Bildung ist zu stofforientiert und unpolitisch und nimmt zu wenig Bezug auf die Kontroversität des Politischen.
Wissensfalle	Politische Bildung ist zu informierend und zu faktenorientiert und nimmt zu wenig Bezug auf die Kontroversität des Politischen.
Moralfalle	Politische Bildung ist zu gesinnungsethisch und reflektiert zu wenig die Folgen politischen Handelns.
Vermittlungsfalle	Politische Bildung ist zu vermittlungsbezogen und orientiert sich zu wenig an den Aneignungsperspektiven, Lernthemen, Bedürfnissen, Deutungsmustern, Fragen und Problemen von Schüler:innen.
Überwältigungsfalle	Politische Bildung ermöglicht zu wenig Kontroversität und Differenzerfahrungen, weil Mehrdeutigkeit in Eindeutigkeit verwandelt wird, weil es Tendenzen der Belehrung, der Moralisierung, der Harmonisierung oder des Schwarz-Weiß-Malens gibt.
Lernkulturfalle	Politische Bildung besteht zu sehr aus Frontalunterricht und lässt zu wenig Raum für Methoden, die eine professionelle Inszenierung von Kontroversität ermöglichen.

Quelle: nach Henkenborg 2009, 29f.

Professionelle Unsicherheiten, Kontroversen zu thematisieren, können auch damit zusammenhängen, dass sich Lehrer:innen einer inhaltlichen und argumentativen Auseinandersetzung nicht gewachsen fühlen und eine eventuelle emotionale Dynamik in Lernprozessen vermeiden wollen (vgl. den Beitrag von Tilman Grammes, Hinrich Kindler und Hannes Lübcke in diesem Band). Tilman Grammes u.a. weisen am Beispiel einer Unterrichtseinheit zum Afghanistankonflikt darauf hin, dass Politikunterricht nationalstaatliche „Grenzen“ haben kann, die sich in der deutschen Sprache manifestiert, und so vornehmlich deutschsprachige Schüler:innen adressiert. Hinzu kommen die „Grenzen“ von Wissensformen, die verschiedene Modi von Kontroversität ansprechen (vgl. auch den Beitrag von Thomas Goll in diesem Band). Das Unterrichtsbeispiel wirft die kontrovers zu diskutierende Frage auf, ob eine Kooperation mit den Taliban deren Machterhalt stützt, wenngleich das autokratische Regime illegitim ist.

Empirische Studien zeigen bei Politik fachfremd unterrichtenden Lehrkräften eine verbreitete Unkenntnis über den Beutelsbacher Konsens und seine Prinzipien. Zugleich sind Fehldeutungen des Konsenses als „Wertneutralitätsgebot“ oder als Verbot, die eigene politische Position als Lehrkraft im Unterricht zu offenbaren, verbreitet. Diese Fehlannahmen finden wiederum gerade bei fachlich nicht ausgebildeten Lehrkräften Zustimmung. Die vertiefte und anwendungsorientierte Auseinandersetzung mit dem Beutelsbacher Konsens, beispielsweise in Lehrkräftefortbildungen, kann hier zu Verbesserungen führen (vgl. den Beitrag von Monika Oberle in diesem Band).

Begibt man sich auf das Feld der politischen Jugend- und Erwachsenenbildung, bekommt die Frage nach der Bandbreite der Kontroversität unter Umständen ein anderes Gewicht (vgl. den Beitrag von Michael Wehner in diesem Band). Welche belastbaren Kriterien für die Auswahl von Perspektiven und Gesprächspartner:innen gibt es, wenn Bildungseinrichtungen im Vorfeld von Wahlen Veranstaltungen (z.B. Podiumsdiskussionen) anbieten? Nach welchen Aspekten sollen Kandidat:innen und Parteienvertreter:innen zu öffentlichen – und auch schulischen – Bildungsveranstaltungen eingeladen werden? Hinzu kommt die Frage, wie anfechtbar diese Kriterien in juristischer Hinsicht sind.

5. Kontrovers unterrichten

In idealtypischer Sicht sind mehrere Möglichkeiten denkbar, wie Lehrer:innen die Kontroversität für Schüler:innen erfahrbar machen (vgl. Ackermann 2010 u.a., 87; Autorengruppe Fachdidaktik 2016, 25ff.). Die Klasse bzw. Lerngruppe

– interessiert sich für das Thema, ist in ihrem politischen Meinungsbild in sich heterogen und repräsentiert kontroverse politische Standpunkte. In diesem Fall können Lehrkräfte sich mit der Moderation begnügen, und sie sind im Prozess der Meinungsbildung gleichberechtigte Mitglieder ihrer Klasse.
– ist politisch polarisiert und verteidigt ihre politischen Meinungen vehement oder gar aggressiv. In diesem Fall müssen Lehrer:innen Regeln sichern und ggf. definieren, die einen sachlichen Austausch garantieren und alle Positionen zu Wort kommen lassen. Dies erfordert seitens der Lehrkraft einen entsprechenden pädagogischen Takt und ein situationskluges Reagieren, damit ein Unterrichtsgespräch angesichts der Polarisierung überhaupt zustande kommt.
– ist politisch einseitig, d.h. andere denkbare Positionen sind nicht vorhanden und die Diskussion trägt lediglich zur Vergewisserung der eigenen Meinung bei. In diesem Fall sollten Lehrer:innen eine Korrekturfunktion übernehmen, indem sie bewusst gegensteuern und nicht berücksichtigte Standpunkte und/oder Alternativen herausarbeiten. Noch fehlende kontroverse Gesichtspunkte sollten im Interesse der Sache „anwaltschaftlich“ vertreten werden.
– ist uninteressiert und nicht gewillt, eigene Standpunkte zu entwickeln und diese im Unterrichtsgespräch zu vertreten. In diesem Fall können Lehrer:innen, ein gutes Verhältnis zu der Klasse vorausgesetzt, dezidiert überzogene Positionen einnehmen, Standpunkte offensiv vertreten oder zum Mittel der Provokation greifen.

Diese idealtypisch formulierten Handlungsmöglichkeiten setzen auf Seiten der Lehrer:innen professionelle Kompetenzen voraus. Auf der persönlichen Ebene geht es zunächst darum, sich die eigenen Überzeugungen sowie Werte und deren mögliche Auswirkungen auf das Unterrichten kontroverser Themen bewusst zu machen. An diese professionelle Selbstreflexion schließt sich der Blick auf die inhaltliche Ebene an, d. h. es geht um die Analyse, welche Themen (wie) kontrovers sind und welche nicht (vgl. Drerup/Yacek 2020; vgl. auch den Beitrag von Thomas Goll in diesem Band). Die analytische Durchdringung von Kontroversen setzt fachwissenschaftliches Wissen und fachdidaktisches Professionswissen voraus (vgl. Drerup 2021, 99). Dies schließt die Frage mit ein, welche Unterrichtsmethoden, Lernarrangements und Gesprächsformate sich für kontroverse Themen eignen (vgl. die Beiträge von Michael Wehner und Thomas Waldvogel in diesem Band). Während der Beutelsbacher Gespräche 2022 wurde die Frage diskutiert, ob Pro-Contra-Diskussionen geeignete Formate für die Behandlung komplexer Realitäten und kontroverser Themen sind. Diese Diskussion greift Monika Oberle in ihrem Beitrag in diesem Band auf und begründet auch mithilfe empirischer Erkenntnisse, warum und wie dieses Lernarrangement unter Berücksichtigung der unterrichtlichen und schulischen Rahmenbedingungen sowie der Komplexitätsreduktion gewinnbringend in Lernprozesse eingebunden werden kann.

Im Unterricht sind eine situative Rollenklarheit und situationskluges Reagieren gefragt, die einen sensiblen und sicheren Umgang mit spontanen, ggf. emotional aufgeladenen Äußerungen bzw. Bemerkungen von Schüler:innen ermöglichen. Der Umgang mit Kontroversität erfordert „pädagogischen Takt und Offenheit auf thematischer wie sozialer Ebene“ (Sander 2020, 133).

6. Müssen wir alles kontrovers diskutieren?

Wollen wir eine Pluralität aller Werte und Positionen im Politikunterricht? Brauchen wir einen Grundkonsens, auf dessen Basis Kontroversen im Unterricht stattfinden können? Wie sollen Lehrer:innen mit Äußerungen, die eindeutig rassistisch, homophob, xenophob und sexistisch sind, umgehen? Dürfen solche Positionen im Politikunterricht geäußert werden? Wann und wo müssen Lehrkräfte Widerpart sein?

Johannes Drerup hat unlängst einen Überblick über mehrere Kriterien zusammengestellt, die eine fachdidaktische Einordnung sowie Analyse kontroverser Themen erleichtern (vgl. Abb. 2).

Abb. 2: Kriterien der Kontroversität im Überblick

Verhaltensbezogenes Kriterium	Alle Fragen, die in der Öffentlichkeit kontrovers diskutiert werden, sollen auch im Unterricht kontrovers diskutiert werden.
Kriterium der politischen Authentizität	Es sollen nur solche Fragen im Unterricht kontrovers diskutiert werden, die hinreichend in der politischen Sphäre liberaler Demokratien (z. B. als Thema politischer Bewegungen, in Parlamentsdebatten und politischen Entscheidungsprozessen) verankert sind.
Epistemisches Kriterium	Fragen, auf die es unterschiedliche rational begründete Antworten gibt, sollen im Unterricht kontrovers diskutiert werden.
Kriterium der Wissenschaftsorientierung	Fragen, auf die es in wissenschaftlichen Fachdebatten konform zu wissenschaftlichen Standards und Methoden unterschiedliche Antworten gibt, sollen auch im Unterricht kontrovers diskutiert werden.
Politisches Kriterium	Alle Fragen, auf die mit Rekurs auf politische Grundwerte liberaler Demokratien unterschiedliche Antworten gegeben werden können, sollen im Unterricht kontrovers diskutiert werden.

Quelle: Drerup 2021, 85f.

Anything goes? – Scheinkontroversen herbeizuführen oder die Flucht in die Unbestimmtheit anzutreten, verwischt die Grenzen der pädagogischen und politischen Toleranz (vgl. Drerup/Yacek 2020, 22). Der (Werte-)Bezug zur freiheitlichen demokratischen Grundordnung (fdGO) und die Wissenschaftsorientierung bilden zwei maßgebliche Kriterien für die Beurteilung, welche Positionen als nicht gleichberechtigt bzw. nicht gleichwertig im unterrichtlichen Geschehen Berücksichtigung finden müssen. Sie tragen somit zu einer professionellen Unterrichtsplanung und -gestaltung bei (vgl. den Beitrag von Monika Oberle in diesem Band).

Michael May schärft in einem aktuell erschienenen Beitrag ergänzend den Blick dafür, dass Kontroversen ein wichtiger Beitrag für Lernchancen sein können. Demzufolge müssen nicht, aber können kontroverse Positionen, die politisch oder wissenschaftlich abwegig erscheinen, berücksichtigt werden. Dieses pädagogische Kriterium kommt dann zum Tragen, wenn die Lehrenden dadurch einen positiven Effekt auf den Lernprozess der jeweiligen Gruppe erwarten (May 2022, 52).

Der obige Überblick zeigt, dass die Ausgrenzung antidemokratischer und irrationaler Positionen durchaus legitim ist. Wenn Positionen gegen demokratische Grundwerte verstoßen, sind sie als antidemokratische Haltungen zu benennen und zu kritisieren. Lehrer:innen sind ohnehin verpflichtet, Stimmen im Unterricht nicht unwidersprochen zu lassen, wenn diese gegen zentrale Grundgesetzartikel verstoßen. Will man Widerpart sein und entschieden gegensteuern, bedarf es auf Seiten der Lehrer:innen und politischen Bildner:innen neben der professionellen Arbeit auch Mut, Haltung, Achtung und Takt (vgl. den Beitrag von Klaus-Peter Hufer in diesem Band).

7. Exkurs: Der Sound der Provokation

Bei den Beutelsbacher Gesprächen sind „Kulturbausteine“ und aktivierende Methoden traditioneller Bestandteil der „Tagungsdramaturgie". So erklärt sich, dass der vorliegende Band mit dem Aufsatz „Provokation und Kontroverse – Songs, die für Zündstoff sorgten" aus der Feder von Michael Behrendt sowie mit dem „Beutelsbach-Quiz" abschließt. Michael Behrendt, freiberuflicher Autor, schreibt regelmäßig über Pop und Rock (Behrendt 2017, 2019). Anhand von vier Songs beleuchtet er kontrovers diskutierte Hits und zeigt dabei auf, dass Songs ein Spiegel der Gesellschaft sind. Das Lied *Je t'aime (moi non plus)* löste im Jahr 1969 heftige Reaktionen aus, heutzutage würde es hingegen inhaltlich höchstens Schulterzucken hervorrufen.

Die 18. Beutelsbacher Gespräche im Februar 2022 fanden als Zoom-Meeting statt. Das „Beutelsbach-Quiz" wurde als aktivierende und gleichzeitig auflockernde Methode eingesetzt, um die Teilnehmer:innen der Tagung auf den Kontext der Tagungsreihe einzustimmen. Das Quiz beinhaltet Informationen zu den Inhalten des Beutelsbacher Konsenses sowie zur Geschichte der Beutelsbacher Gespräche.

Wir danken Isabel Möller, studentische Hilfskraft am Lehrstuhl Politikwissenschaft/Didaktik der Politik der Universität Göttingen, für die technische Unterstützung während der Tagung und die sorgfältige Mithilfe beim Lektorat des Tagungsbandes sowie Sylvia Rösch, Landeszentrale für politische Bildung Baden-Württemberg, für die administrative und organisatorische Unterstützung bei der Durchführung der Beutelsbacher Gespräche 2022 und der Veröffentlichung des Tagungsbandes.

Literatur

Ackermann, P. u.a. (2010): Politikdidaktik kurzgefasst. 13 Planungsfragen für den Politikunterricht. Überarbeitete Auflage, Schwalbach/Ts.

Ackermann, U. (2020): Das Schweigen der Mitte. Wege aus der Polarisierungsfalle. Darmstadt.

Ackermann, U. (2022): Die Polarisierungsfalle: Wie die Identitätspolitik die Gesellschaft spaltet. In: Bürger & Staat, Heft 4/2022, S. 184-189.

Autorengruppe Fachdidaktik (2016): Was ist gute politische Bildung? Leitfaden für den sozialwissenschaftlichen Unterricht. Schwalbach/Ts.

Behrendt, M. (2017): I don't like Mondays. Die 66 größten Songmissverständnisse. Darmstadt.

Behrendt, M. (2019): Provokation! Songs, die für Zündstoff sorg(t)en. Darmstadt.

Bonacker, T. (2009): Warum Gesellschaften Konflikte brauchen. Streitkultur in sozialwissenschaftlichen Konflikttheorien. In: Kursiv. Journal für politische Bildung, Heft 3/2009, S. 12-19.

Butterwege, C. (2020): Die zerrissene Republik. Wirtschaftliche, soziale und politische Ungleichheit in Deutschland. Weinheim, Basel.

Detjen, J. (2012): Streitkultur. Konfliktursachen, Konfliktarten und Konfliktbewältigung in der Demokratie. Schwalbach/Ts.

Drerup, J. (2021): Kontroverse Themen im Unterricht. Konstruktiv streiten lernen. Ditzingen.

Drerup, J./Yacek, D. (2020): Wir können, müssen aber nicht über alles kontrovers diskutieren. Die Grenzen des politischen Streits und die Kontroverse über Kontroversitätsgebote. In: Politische Bildung. Journal für politische Bildung, Heft 4/2020, S. 18-23.

Frech, S./Richter, D. (2017): Einführung: Wie ist der Beutelsbacher Konsens heute zu verstehen? In: dies. (Hg.): Der Beutelsbacher Konsens. Bedeutung, Wirkung, Kontroversen. Schwalbach/Ts., S. 9-20.

Henkenborg, P. (2009): Prinzip Kontroversität – Streitkultur und politische Bildung. Zwischen Anspruch und Wirklichkeit: Das schwierige Prinzip der Kontroversität. In: Kursiv. Journal für politische Bildung, Heft 3/2009, S. 26-38.

Klinger, U. (2020): Algorithmen, Bots und Trolle: Vom Ende der demokratischen Öffentlichkeit, wie wir sie kennen. In: Kost, A./Massing, P./Reiser, M. (Hg.): Handbuch Demokratie. Frankfurt/M., S. 271-280.

Leggewie, C. (1990): Bloß kein Streit! Über deutsche Sehnsucht nach Harmonie und die anhaltenden Schwierigkeiten demokratischer Streitkultur. In: Sarcinelli, U. (Hg.): Demokratische Streitkultur. Theoretische Grundpositionen und Handlungsalternativen in Politikfeldern. Bonn, S. 52-62.

Lessenich, S./Nullmeier, F. (Hg.) (2006): Deutschland. Eine gespaltene Gesellschaft. Frankfurt/M.

Misik, R. (2019): Die falschen Freunde der einfachen Leute. Berlin.

May, M. (2022): Demokratiebildung und die unscharfen Grenzen der Kontroversität. Zur Notwendigkeit eines pädagogischen Kriteriums bei der Bestimmung des kontroversen Raums. In: ltdb – Inter- und transdisziplinäre Bildung Bd. 2 (2022): Sonderheft: Bildung und Demokratisierung, S. 49-53. DOI: https://doi.org/10.5281/zenodo.7398007 [22.12.2022].

Pörksen, B. (2018): Die große Gereiztheit. Wege aus der kollektiven Erregung. 2. Auflage, München.

Pohl, K./Buchstein, H. (2020): Die Kontroverse als Konsens? Kontroversität in der Demokratie und der politischen Bildung. In: Politische Bildung. Journal für politische Bildung, Heft 4/2020, S. 10-17.

Rathgeb, E. (2005): Deutschland kontrovers. Debatten 1945 bis 2005. Bonn.

Rosanvallon, P. (2021): Das Jahrhundert des Populismus. Geschichte – Theorie – Kritik. Bonn.

Sander, W. (2020): Kontroversität. In: Achour, S. u. a. (Hg.): Wörterbuch Politikunterricht. Frankfurt/M., S. 132-134.

Sander, W. (2021): Identität statt Diskurs? Diskursivität in der politischen Bildung und ihre Grundlagen. In: Pädagogische Rundschau, Heft 3/2021, S. 293-306. URL: https://www.ingentaconnect.com/contentone/plg/pr/2021/00000075/00000003/art00004 [28.11.2022].

Sarcinelli, U. (1990): Auf dem Weg in eine kommunikative Demokratie? Demokratische Streitkultur als Element politischer Kultur. In: ders. (Hg.): Demokratische Streitkultur. Theoretische Grundpositionen und Handlungsalternativen in Politikfeldern. Bonn, S. 29-51.

Schmidt, M. G. (2010): Demokratietheorien. Eine Einführung. Bonn.

Sutor, B. (2011): Politisch Lied – ein garstig Lied? 25 Essays zur politischen Ethik. Schwalbach/Ts.

Vorländer, H. (2020): Demokratie. Geschichte, Formen, Theorien. Bonn.

Wehling, H.-G. (1977): Konsens à la Beutelsbach? In: Schiele, S./Schneider, H. (Hg.): Das Konsensproblem in der politischen Bildung. Stuttgart, S. 173-184.

Weißeno, G. (2017): Zur Historisierung des Beutelsbacher Konsenses. In: Frech, S./Richter, D. (Hg.): Der Beutelsbacher Konsens. Bedeutung, Wirkung, Kontroversen. Schwalbach/Ts., S. 35-56.

Tanjev Schultz

Vielfältig und kontrovers

Journalismus und öffentliche Meinung in Zeiten von Populismus und Sozialen Medien

1. Gefährden politische Reizthemen und Krisennarrative die Meinungsfreiheit?

In einer Demokratie sollte es niemanden überraschen, wenn über Themen kontrovers diskutiert wird, sowohl im privaten als auch im öffentlichen Kontext. Es gehört zu den Merkmalen einer freiheitlichen Gesellschaft, dass sie Raum für unterschiedliche Perspektiven und Meinungen lässt, für unterschiedliche Lebensmodelle, politische Vorstellungen und Ziele (vgl. Rawls 1996, 36-40). Vieles kann in friedlicher Koexistenz nebeneinander bestehen, um manches wird miteinander gestritten und gerungen. Es werden Debatten geführt, Konflikte ausgetragen und Kompromisse geschlossen. So weit so normal.

Doch in den vergangenen Jahren hat sich die Lage in vielen Ländern auf problematische Weise verändert. Das jedenfalls ist ein verbreiteter Eindruck. Die politische Ordnung wirkt angeschlagen, manche sprechen von einer „demokratischen Regression" (Schäfer/Zürn 2021). Politische Auseinandersetzungen wirken verhärtet, sie scheinen an Substanz zu verlieren, unsachlicher und intoleranter zu werden. Einige sehen die Meinungsfreiheit, dieses grundlegende Gut einer demokratischen Ordnung, in Gefahr (vgl. Schultz 2019). Es gibt einen „neuen Strukturwandel der Öffentlichkeit" (Binder/Oelkers 2017; Habermas 2021), geprägt durch die immer weiter fortschreitende Digitalisierung. Dieser Wandel birgt Chancen, geht aber vielerorts mit politischem Populismus und gesellschaftlicher Polarisierung einher (vgl. Barberá 2020; McCoy u. a. 2018).

Ob die Gegenwart so viel düsterer ausschaut als frühere Phasen der Geschichte, ob also tatsächlich ein Verfall zu diagnostizieren ist, kann hier dahingestellt bleiben. Bei solchen Zeitdiagnosen ist Vorsicht angebracht. Kaum zu übersehen ist jedoch, dass einige Entwicklungen den rationalen Kern demokratischer Meinungs- und Willensbildungsprozesse – mag dieser in der Realität auch stets kleiner gewesen sein, als dies die demokratischen Ideale fordern – (weiter) aufzuweichen drohen (vgl. Tucker u. a. 2018; Aral 2020; Habermas 2021):

- Im Internet verbreiten sich in großer Zahl und Geschwindigkeit Propaganda und Desinformation.
- Die sogenannten Sozialen Medien erweisen sich als antisoziale Katalysatoren von Hetze und Diffamierung.
- Populist:innen und Extremist:innen kapern den öffentlichen (digitalen) Raum und stellen sich gegen etablierte demokratische Institutionen, nicht zuletzt gegen die klassischen Informationsmedien.

Zwar mögen einige zeitkritische Thesen zu wenig differenziert sein. So lässt sich beispielsweise gar nicht so leicht nachweisen, dass es heutzutage, wie gern behauptet wird, im großen Stil „Filterblasen" gibt (Pariser 2011), in denen Gleichgesinnte unter sich bleiben und sich womöglich radikalisieren. Der Zugang zu unterschiedlichen Quellen ist einfacher als früher, damit wächst die Wahrscheinlichkeit, abweichenden Meinungen und Ideen zu begegnen, womit sich ein ambivalentes Bild ergibt (vgl. Jürgens/Stark 2022).

Andere Entwicklungen sind eindeutiger: Die Digitalisierung verändert die Muster der Mediennutzung und beschleunigt das Tempo, mit dem Debatten Fahrt aufnehmen, Erregungsgemeinschaften auf Reizthemen reagieren und falsche Informationen kursieren können (vgl. Pörksen 2018; Vosoughi u. a. 2018).

2. Bürger:innen als „Produser"

Allein durch den Besitz eines Smartphones werden Bürger:innen in die Lage versetzt, sich jederzeit in potenziell massenwirksame Auseinandersetzungen einzuschalten. Der „User" ist nun zugleich ein Produzent, einige in der Wissenschaft sprechen daher von „Produser" und „Produsage" (Bruns 2007). Damit scheint die Position des professionellen Journalismus und anderer Institutionen, die als epistemische Autoritäten wirken könnten, wenn nicht hinfällig, so doch schwankender und brüchiger geworden zu sein (vgl. Schultz 2016). Was auf der einen Seite eine Demokratisierung der öffentlichen Kommunikation bedeutet, kann auf der anderen Seite zur gesellschaftlichen Destabilisierung führen, wenn die redaktionellen Mechanismen des Prüfens, Filterns und Synthetisierens nicht mehr wirken (vgl. Habermas 2021).

In einer „hybriden" Medienwelt (Chadwick 2017), in der die Grenzen zwischen unterschiedlichen Rollen und Formaten verschwimmen, kann es Populist:innen und Extremist:innen gelingen, vorbei an klassischen Medien ein großes Publikum zu erreichen und zu beeinflussen. Sie können es sich zunutze machen, dass bei vielen Themen, die komplexe Gesellschaften umtreiben, Unsicherheiten über wichtige Fakten und Zusammenhänge bestehen, also bereits auf der empirischen Ebene vieles nicht offensichtlich und deshalb in eine bestimmte Richtung interpretierbar und manipulierbar ist. Der Kampf um die Deutungshoheit setzt bei der Beschreibung dessen an, was und wie etwas war oder ist – eine Beraterin des US-Präsidenten Donald Trump prägte in diesem Zusammenhang das Unwort der „alternativen Fakten".

Vor allem die Sozialen Medien können als Transporteure von Gerüchten, Verkürzungen und Falschinformationen dienen, dazu kommen diverse „alternative" Medien, darunter zum Teil große Medienbetriebe, wie der amerikanische TV-Sender Fox News, der ideologisch geprägten, radikalen und verschwörungstheoretischen Positionen eine enorme Reichweite verschafft. Verschränkt mit solchen medialen Angeboten können die Konflikte, die eine pluralistische Gesellschaft durchziehen, politisch auf die Spitze getrieben werden. Moralisierung und Emotionalisierung heizen die kommunikative Atmosphäre an und tragen zu einer Fragmentierung oder Polarisierung des Publikums bei, die über das übliche Maß im demokratischen Meinungsstreit hinausgehen.

Ein möglicher Indikator für entsprechende Verhärtungen ist ein Verlagern der Konflikte auf Grundsatzfragen des „Systems". Dabei werden politische und ideologische Auseinandersetzungen auch zu einem Ringen um die Meinungsfreiheit stilisiert (vgl. Lanius 2020).

3. Meinungsfreiheit und Meinungsklima

In der Öffentlichkeit, aber auch in privaten Zusammenhängen wird um das Sagbare gerungen. Was kann, was soll, was darf man (noch) sagen? Welche Äußerung erntet Zustimmung, welche führt zu einem Aufschrei der Empörung? Über manche Themen wird erbittert gestritten, in den vergangenen Jahren beispielsweise über die Corona-Pandemie, die Klimakrise, die AfD, den Krieg in der Ukraine, über Migration und Flucht oder übers „Gendern" in der Sprache. Mit direkten Einschränkungen der Meinungsfreiheit hat das in der Regel nichts zu tun. Vielmehr geht es um ein aufgeheiztes Meinungsklima (Schultz 2020a).

Ist das Meinungsklima aufgeheizt, werden bestimmte Positionen und deren Befürworter:innen stark kritisiert. Diese Kritik kann mit Formen der sozialen Ächtung einhergehen, weshalb sie dann als Bedrohung der Freiheit und der eigenen Spielräume wahrgenommen wird. Doch Meinungsfreiheit gilt auch für das Üben von Kritik an den Meinungen anderer. Je heftiger die Kritik ausfällt, desto stärker werden sich Menschen davon eingeschüchtert fühlen. Ihre Freiheit im engeren Sinne ist zwar weiterhin gewährleistet, solange sich der Staat nicht einmischt und solange ihnen keine juristischen Konsequenzen drohen. Aber die sozialen Folgen umstrittener Äußerungen, beispielsweise ein Verlust im Ansehen oder der Bruch einer Freundschaft, werden als Belastung und Einschränkung oder sogar als Bestrafung empfunden.

Wenn jenseits strategisch kommunizierender Populist:innen und Extremist:innen ein großer Anteil der Bevölkerung den Eindruck hat, man könne über wichtige Themen nur verschämt oder gar nicht mehr reden (vgl. Köcher 2019), belastet dies die demokratische Meinungs- und Willensbildung. Dabei ist zunächst unerheblich, ob der Eindruck überhaupt berechtigt ist oder nicht. Wie die Menschen das Meinungsklima empfinden, hat selbst Folgen für das Meinungsklima (Schultz 2020a).

Die trotzige Aussage, dieses oder jenes werde man doch wohl noch sagen dürfen, hat sich zu einer eigenen rhetorischen Figur entwickelt. In diesem Zusammenhang stehen Debatten über „politische Korrektheit" und eine angeblich um sich greifende „Cancel Culture", eine Kultur also, in der unliebsame Meinungen systematisch verdrängt, abgewertet und ausgeschlossen werden (vgl. Schultz 2021a). Solche Klagen sind jedoch mit Vorsicht zu betrachten. Es kann sich um strategische Übertreibungen im Meinungsstreit handeln – um eine Strategie zur Abwehr von Kritik und Protest. So inszenieren sich populistische oder extremistische Akteur:innen gern als Opfer einer angeblichen „Meinungsdiktatur" (vgl. Lanius 2020).

Niemand, der sich mit einer Meinung exponiert, hat das Recht, von Kritik verschont zu bleiben. Zur Meinungsfreiheit gehört die Möglichkeit zum Widerspruch – dieser Widerspruch sollte allerdings zivil und sachlich angemessen sein. Das verlangt von Sprecher:innen mehr als den Verzicht auf strafbare Hetze und strafbare Beleidigungen. Vieles, was die Meinungsfreiheit erlaubt, ist gleichwohl eine Unverschämtheit – und zumindest moralisch oder demokratietheoretisch gesehen ein Problem. Ist eine kritisch-konstruktive Diskussion gar nicht das

Ziel, sondern nur das Mobilisieren der eigenen Anhänger:innen und das Abwerten der anderen, so mag sich das in vielen Fällen zwar im Rahmen der Meinungsfreiheit bewegen, es wird aber das Meinungsklima auf problematische Weise prägen und die reale Meinungs- und Willensbildung immer weiter von idealistischen Erwartungen entfernen.

4. Kritik und Kontroverse

Etwas vereinfachend gibt es nach meiner Lesart zwei Hauptstränge, die Kritik am Meinungsklima der Gegenwart üben. Sie scheinen einander zu widersprechen:

Die eine Seite beklagt eine Tendenz zu Polarisierung und Radikalisierung, insbesondere zur Normalisierung (rechts-)extremer Positionen und aggressiver Kommunikation. Wer dieser Diagnose folgt, warnt davor, die Grenzen des Sagbaren zu verschieben. Als große Gefahren der Gegenwart gelten in dieser Sichtweise gezielt gestreute oder nachlässig verbreitete Falschinformationen und Verschwörungserzählungen sowie eine Einschüchterung der Besonnenen und Gemäßigten.

Die andere Seite beklagt eine um sich greifende „politische Korrektheit“ und eine Tendenz zur „Cancel Culture“, mithin zum moralisierenden Ausschluss bestimmter Positionen und sprachlicher Formen. Sie wirft den etablierten Medien vor, im „Mainstream“ zu verharren und ein zu enges Spektrum an Meinungen wiederzugeben. Die Diskursräume seien zu eng, das Sagbare werde auf übertriebene Weise beschränkt. Es gebe eine Scheu vor Konflikten, eine Konsenskultur, die mit einer Stigmatisierung und Einschüchterung von Abweichlern einhergehe.

Selbst wenn die beiden Seiten hier etwas überzeichnet sein mögen, lassen sich viele meta-kommunikative Beiträge aus aktuellen Kontroversen so verorten. Politisch gesehen wird die erste Position oft von eher linken oder linksliberalen Stimmen vertreten, die zweite Position eher von konservativen oder rechten, auch rechtsradikalen, sowie klassisch liberalen Stimmen. Bei näherer Betrachtung sind die Verhältnisse allerdings keineswegs so einfach, dass sie immer in ein schlichtes Rechts-Links-Schema passen würden. So neigen innerhalb der Partei „Die Linke“ viele Mitglieder und Funktionär:innen zur ersten Position, eine prominente Politikerin wie Sahra Wagenknecht und ihre Anhänger:innen hingegen in mancher Hinsicht zur zweiten Position (vgl. Wagenknecht 2021).

Es braucht an dieser Stelle nicht entschieden zu werden, welche Diagnose zutreffender ist. Nicht unplausibel erscheint ein Wechselspiel: Indem Vertreter:innen radikaler (rechter oder auch linker) Positionen in der hybriden Medienwelt hörbarer und sichtbarer werden, reagieren deren Gegner:innen ebenso wie die Redaktionen etablierter Medien mit Vorsicht und Zurückhaltung. Sie wollen den Radikalen entgegentreten, ihnen jedenfalls nicht auf den Leim gehen und zusätzliche Reichweite verschaffen. Bei dieser Abwehr kann es zu einer Art Übervorsicht kommen und dadurch tatsächlich zu einer (problematischen) Verengung der Perspektiven, was wiederum von der anderen Seite skandalisiert und als Beleg für eine Einschränkung der Meinungsfreiheit dargestellt werden kann.

Diese Konstellation kann den argumentativen Austausch erschweren. Allzu oft wird nicht mehr über die Sache selbst gesprochen und gestritten, sondern über die Frage, wer überhaupt an einer Kontroverse in welcher Form und aus welchen Motiven heraus beteiligt ist, beteiligt sein sollte oder beteiligt sein dürfe. Wird dann auch noch die Meinungsfreiheit zum Thema, kann es erst recht verwickelt werden, obwohl deren Implikationen gar nicht so zweideutig sind (vgl. Schultz 2019; 2020a):

- Meinungsfreiheit verleiht kein Recht, von Kritik verschont zu bleiben. Sie verleiht nicht das Recht, Recht zu haben. Sie verleiht auch kein Recht, von anderen Akteur:innen Aufmerksamkeit zu bekommen.
- Auch Kritik ist von der Meinungsfreiheit gedeckt – sogar scharfe und kränkende Kritik, wenn sie nicht im juristischen

Sinne beleidigend ist und auch sonst im Rahmen des gesetzlich Zulässigen bleibt. Erlaubte Kritik kann für die Kritisierten unangenehm sein. Das müssen die Kritisierten aushalten – aber natürlich dürfen sie sich verteidigen und ihrerseits die Kritiker:innen kritisieren.
- Nicht alles, was erlaubt ist, ist gut und angemessen (korrekt, konstruktiv etc.). Die Meinungsfreiheit setzt einen weiten Rahmen. Ihn sinnvoll auszufüllen, gehört zur Verantwortung der Bürger:innen, der gesellschaftlichen Organisationen und Institutionen. Welches Meinungsklima herrscht, ist eine Frage der politischen Kultur – und einer Öffentlichkeit, die Kritik und Vielfalt zulassen soll. Für eine gelingende Demokratie braucht die Meinungsfreiheit Ergänzungen: Toleranz, Respekt, Zivilität.

Die Meinungsfreiheit ist kein „kein Freibrief für Rüpel und Radikale" (Schultz 2020b). Eine vernünftige Streitkultur verlangt den Verzicht auf unlautere Mittel der Kommunikation, angefangen von böswilligen Unterstellungen und strategischen Missverständnissen, über Täuschungen und Manipulationen, bis zum Streuen von Gerüchten oder Falschinformationen. Zur Aufgabe einer kritischen Öffentlichkeit gehört es, entsprechende Verstöße zu erkennen und bloßzustellen. Das ist oft gar nicht so einfach. Umso wichtiger ist, dass sich die Öffentlichkeit nicht nur auf die Wachsamkeit und auf die Tugenden der Einzelnen verlässt, sondern ihnen Institutionen an die Seite stellt, die systematisch im Sinne einer vernünftigen Meinungs- und Willensbildung agieren. Große Erwartungen richten sich dabei an den professionellen Journalismus.

5. Aufgaben des Journalismus

Idealerweise fördert der Journalismus die demokratische Meinungs- und Willensbildung (vgl. Schultz 2021b, 9-60). Ergänzend zur Meinungsfreiheit ist deshalb die Pressefreiheit von herausragender Bedeutung für die Verfassung demokratischer Staaten. Wie das Bundesverfassungsgericht in zahlreichen Urteilen hervorgehoben hat, sind journalistische Medien konstitutiv für die Öffentlichkeit einer Demokratie. Die freie Presse sei ein Wesenselement des freiheitlichen Staates, indem sie Informationen über Belange von öffentlichem Interesse bereitstelle, Meinungen ein Forum gebe, Diskussionen in Gang halte und so „als orientierende Kraft der öffentlichen Auseinandersetzung" wirke (BVerfGE 20, 162, 1966). Argumente sollen in Rede und Gegenrede herausgearbeitet, die Arbeit der Mächtigen kritisiert und kontrolliert werden.

Einwände gegen diese Sichtweise sind schnell zur Hand, vor allem dieser: dass die Medien dieser Aufgabe keineswegs gerecht würden und sie, statt für Aufklärung zu sorgen, eher zur Verdunkelung der Verhältnisse beitrügen, indem sie oberflächlich, sensationalistisch oder parteiisch berichteten. So naiv es wäre anzunehmen, der Journalismus würde die hohen Erwartungen umstandslos erfüllen und in der Realität genau den Idealen entsprechen, die in Leitbildern postuliert werden, so übertrieben erscheinen pauschale Urteile, die aus den Fehlern und strukturellen Schwächen des Journalismus dessen komplette Wertlosigkeit oder Dysfunktionalität ableiten wollen.

Offenbar gibt es gute Gründe, warum viele Menschen, allem Gerede von einer „Lügenpresse" zum Trotz, etablierten journalistischen Medien weiterhin Vertrauen schenken (Jakobs u.a. 2021). Sie erkennen an, dass professionelle Redaktionen ihre Arbeit nach Prinzipien organisieren, die sicherstellen (sollen), dass die verbreiteten Informationen valide und jedenfalls mehr sind als bloße Gerüchte oder ungeprüfte Behauptungen. In Deutschland ist die „Sorgfaltspflicht", der Redaktionen genügen müssen, in den Landesmediengesetzen verankert.

Zum journalistischen Ethos gehört es, unvoreingenommen zu berichten, ohne Rücksicht auf die Interessen bestimmter Akteur:innen, stattdessen orientiert am öffentlichen Interesse und am Gemeinwohl – so schwierig es ist, jeweils zu bestimmen, worin dieses Gemeinwohl konkret besteht. Dieses Ethos betrachtet die Orientierung an der Wahrheit als oberste Verpflichtung, die Überprüfung von Fakten und Informationen als zentrale Aufgabe des Journalismus (Kovach/Rosenstiel 2021, xxvii).

Die normative Bestimmung der journalistischen Aufgabe geht noch weiter: Wenn die Medien die Diskussion in Gang halten sollen, sind sie in einem positiven Sinne als „Diskurswächter:innen" gefragt, die dafür sorgen, dass alle relevanten und interessanten Perspektiven, Meinungen und Argumente berücksichtigt werden – und dabei elementare Spielregeln eines vernünftigen Diskurses eingehalten und Verstöße gegen Zivilitäts- und geltende Anstandsregeln problematisiert werden (Brosda 2008). Es sind dann Journalist:innen, die Akteur:innen, die sich unsachlich einlassen, an diese Regeln erinnern. Und es sind ebenfalls Journalist:innen, die durch beharrliches Nachfragen solche Akteur:innen in Rechtfertigungsnot bringen, die auf bloße Bekenntnisse und Parolen ausweichen, statt Gründe zu liefern und angemessen zu argumentieren.

Mit dem Überprüfen von Informationen und mit der Rolle als „Diskurswächter:innen" gehen eine Reihe von Prinzipien und Methoden einher, die den Journalismus auszeichnen, beispielsweise das „Audiatur et altera pars" (Anhören der anderen Seite). Diejenigen, denen Vorwürfe gemacht werden, müssen die Gelegenheit bekommen, sich dazu erklären und verteidigen zu können. In der digitalen Medienwelt könnten oder müssten sich sogar alle Bürger:innen, die nun als „Produser" auftreten, an solchen Prinzipien und Methoden orientieren; es ist eine „redaktionelle Gesellschaft" entstanden bzw. müsste entstehen, in der das journalistische Ethos nicht mehr nur in den etablierten Medien verankert sein sollte (Pörksen 2018, 186-218; Schultz 2016).

6. Beutelsbacher Konsens – Transfer zum Journalismus

Zwischen Pädagogik und Journalismus, Schulen und Medien, politischer Bildungsarbeit und redaktioneller Tätigkeit gibt es Unterschiede, aber auch viele Gemeinsamkeiten. Beide Handlungssphären sind für eine demokratische Öffentlichkeit von großer Bedeutung. Zu den gemeinsamen Herausforderungen gehört der Umgang mit gesellschaftlicher Vielfalt und dem Pluralismus an Interessen und Meinungen. Für den Unterricht und die politische Bildung hat der „Beutelsbacher Konsens" wichtige Leitlinien formuliert (vgl. Frech/Richter 2017). Zumindest die beiden ersten Postulate lassen sich gut auf den Journalismus übertragen:

Überwältigungsverbot: So wie Schüler:innen nicht indoktriniert werden dürfen, sollten die Medien Abstand halten zu PR und Propaganda. Sie sollen informieren, erklären, analysieren. Wo sie Meinungen wiedergeben oder selbst artikulieren, sollen sie Argumente hervorheben, nicht manipulieren oder missionieren.

Kontroversitätsgebot: Was in der Gesellschaft, was in Politik oder Wissenschaft kontrovers ist, sollte auch in den Medien als Kontroverse auftauchen. Unterschiedliche Auffassungen verdienen jeweils ausreichend Raum. Wo es Anschuldigungen gegen Akteur:innen gibt, müssen diese angehört werden und die Möglichkeit zur Stellungnahme bekommen. Die Vielfalt an Stimmen und Positionen in der Gesellschaft soll sich in den Medien wiederfinden – idealerweise nicht als Kakofonie oder in abgeschotteten medialen Nischen und Echokammern, sondern als miteinander verschränkte Kommunikation und vielseitiger Dialog.

Diese Anforderungen werden gewiss oft unvollkommen erfüllt, es gibt eine Reihe hemmender und entgegenwirkender Faktoren, darunter kommerzielle oder politische Interessen einzelner Medienbetriebe oder Journalist:innen, unzureichende redaktionelle Ressourcen bei hohem Tempo-, Konkurrenz- und Erfolgsdruck. In der Medienforschung existiert eine ganze Forschungstradition, die sich mit dem *News Bias* beschäftigt (vgl. McQuail 1994, 212-232), also mit den Einflüssen auf die Nachrichtenproduktion sowie den journalistischen Mechanismen und medialen Logiken, die zu Verzerrungen in der Darstellung führen. Die Medienrealität ist nicht „die" (reine) Wirklichkeit. Beispielsweise besteht ein medialer Hang zur Personalisierung politischer Themen, der den Blick auf wichtige strukturelle oder systemische Aspekte verstellen kann.

Indem Journalist:innen, bewusst oder unbewusst, die Berichterstattung in eine bestimmte Richtung treiben, können sie ihr Publikum mehr oder weniger subtil beeinflussen. Dazu tragen Elemente des „Storytelling" bei; journalistische Beiträge wollen allgemein verständlich sein, teilweise auch unterhalten. Indem sie Spannung erzeugen und erzählerisch vorgehen (als faktuale, nicht als fiktive Erzählung), können sie das Publikum für trockene und schwere politische Stoffe gewinnen, es unter Umständen aber ablenken oder vereinnahmen.

Ähnlich heikel sind mediale Mechanismen mit Blick auf das Kontroversitätsgebot. Da Journalismus die Aufmerksamkeit des Publikums sucht, greift er zur Überbetonung nicht nur des Neuen und Sensationellen, sondern auch des Radikalen, Extremen und Provozierenden. So kann es ein Übermaß an Konflikt und Kontroversität in der Berichterstattung geben, verbunden mit einer fragwürdigen Prominenz radikaler Positionen und Akteur:innen. Selbst bei Themen, bei denen sich die Wissenschaft über die Grundtatsachen einig ist, können unseriöse Stimmen medial verstärkt werden und der irreführende Eindruck entstehen, es gäbe eine ernst zu nehmende Kontroverse.

Das an sich sinnvolle Bestreben, unterschiedliche Meinungen zu hören, kann auf diese Weise zu einer „false balance" führen (vgl. Petersen u.a. 2019): einer falschen Balance, die unseriösen Stimmen und Positionen unangemessen viel Platz einräumt. Freilich ist oft gerade dies kontrovers: Welche Positionen haben sich disqualifiziert, weil sie sachliche Mindestanforderungen nicht erfüllen? Was sind legitime Kontroversen, worüber muss oder sollte hingegen nicht mehr groß debattiert werden (Fälle wie „die Erde als Scheibe")?

Über bestimmte Fakten und moralische Ansprüche sollte es keine Verwirrung geben; die Idee, der Journalismus oder der Schulunterricht könnten oder müssten in jeder Hinsicht „neutral" bleiben, ist irreführend (vgl. Koschmieder/Koschmieder 2019). Journalist:innen sollen falsche Behauptungen aufklären, sie tragen eine gesellschaftliche und moralische Verantwortung. Ihre Aufgabe ähnelt der Situation, die Albert Camus in seinem Roman „Die Pest" für den Lehrberuf beschrieben hat:

> „(M)an gratuliert einem Lehrer nicht, weil er lehrt, dass zwei und zwei vier ist. Man gratuliert ihm vielleicht, dass er sich zu diesem schönen Beruf entschlossen hat. [...] Aber es kommt immer eine Stunde in der Geschichte, da derjenige, der zu sagen wagt, dass zwei und zwei vier ist, mit dem Tod bestraft wird. Der Lehrer weiß das wohl. Und die Frage ist nicht, welche Belohnung oder Strafe diese Beweisführung nach sich zieht. Die Frage ist, ob zwei und zwei vier ist oder nicht. Jene unter unseren Mitbürgern, die damals ihr Leben riskierten, mussten entscheiden, ob sie es mit der Pest zu tun hatten oder nicht und ob man gegen sie ankämpfen musste oder nicht" (Camus 2020 [1947], 151).

Literatur

Aral, S. (2020): The Hype Machine. How Social Media Disrupts Our Elections, Our Economy and Our Health – and How We Must Adapt. London.

Barberá, P. (2020): Social Media, Echo Chambers, and Political Polarization. In: Persily, N./Tucker, J. A. (Hg.): Social Media and Democracy. The State of the Field, Prospects for Reform. Cambridge, S. 34-55.

Binder, U./Oelkers, J. (Hg.) (2017): Der neue Strukturwandel der Öffentlichkeit. Reflexionen in pädagogischer Perspektive. Weinheim, Basel.

Brosda, C. (2008): Diskursiver Journalismus. Journalistisches Handeln zwischen kommunikativer Vernunft und mediensystemischem Zwang. Wiesbaden.

Bruns, A. (2007): Produsage: Towards a Broader Framework for User-Led Content Creation. In: Proceedings of 6th ACM SIGCHI Conference on Creativity and Cognition, Association for Computing Machinery, Washington, S. 99-105.

Camus, A. (2020 [1947]): Die Pest. Reinbek bei Hamburg.

Chadwick, A. (2017): The Hybrid Media System. Politics and Power. Oxford.

Frech, S./Richter, D. (Hg.) (2017): Der Beutelsbacher Konsens. Bedeutung, Wirkung, Kontroversen. Schwalbach/Ts.

Habermas, H. (2021): Überlegungen und Hypothesen zu einem erneuten Strukturwandel der politischen Öffentlichkeit. In: Leviathan, Sonderband 37/2021, S. 470-500.

Jakobs, I. u.a. (2021): Medienvertrauen in Krisenzeiten. In: Media Perspektiven, Heft 3/2021, S. 152-162.

Jürgens, P./Stark., B. (2022): Mapping Exposure Diversity: The Divergent Effects of Algorithmic Curation on News Consumption. In: Journal of Communication, Heft 3/2022, S. 322-344.

Köcher, R. (2019): Grenzen der Freiheit. In: Frankfurter Allgemeine Zeitung vom 23.05.2022.

Koschmieder, C./Koschmieder, J. (2019): Wider das Märchen von der Neutralität. Wie Schule mit der AfD umgehen sollte. In: Schedler, J. u.a. (Hg.): Rechtsextremismus in Schule, Unterricht und Lehrkräftebildung. Wiesbaden, S. 99-109.

Kovach, B./Rosenstiel, T. (2021): The Elements of Journalism. What Newspeople Should Know and the Public Should Expect. New York.

Lanius, D. (2020): Meinungsfreiheit und die kommunikative Strategie der Rechtspopulisten. In: Schultz, T. (Hg.): Was darf man sagen? Meinungsfreiheit im Zeitalter des Populismus. Stuttgart, S. 75-112.

McCoy, J./Rahman, T./Somer, M. (2018): Polarization and the Global Crisis of Democracy: Common Patterns, Dynamics, and Pernicious Consequences for Democratic Polities. In: American Behavioral Scientist, Heft 1/2018, S. 16-42.

McQuail, D. (1994): Mass Communication Theory. An Introduction. London.

Pariser, E. (2011): The Filter Bubble: What the Internet Is Hiding from You. New York.

Petersen, A. M./Vincent, E. M./Westerling, A. L. (2019): Discrepancy in Scientific Authority and Media Visibility of Climate Change Scientists and Contrarians. In: Nature Communications, Heft 10/2019. DOI: https://doi.org/10.1038/s41467-019-09959-4 [24.07.2022].

Pörksen, B. (2018): Die große Gereiztheit. Wege aus der kollektiven Erregung. München.

Rawls, J. (1996): Political Liberalism. New York.

Schäfer, A./Zürn, M. (2021): Die demokratische Regression. Berlin.

Schultz, T. (2016): „I'm a serious reporter". Profi- und Amateurjournalismus im Lichte deliberativer Demokratietheorie. In: Medien Journal, Heft 2/2016, S. 49-63.

Schultz, T. (2019): Meinungsfreiheit im politischen Reizklima – ein Grundrecht im Härtetest. In: Gesellschaft. Wirtschaft. Politik, Heft 3/2019, S. 380-390.

Schultz, T. (2020a): Tabus und Redeverbote? Die Bedeutung des Meinungsklimas. In: ders. (Hg.): Was darf man sagen? Meinungsfreiheit im Zeitalter des Populismus. Stuttgart, S. 113-138.

Schultz, T. (2020b): Meinungsfreiheit ist kein Freibrief für Rüpel und Radikale. In: Xing Klartext (10. Juni). URL: https://www.xing.com/news/klartext/meinungsfreiheit-ist-kein-freibrief-fur-rupel-und-radikale-3913 [24.07.2022].

Schultz, T. (2021a): Moralisierung und Meinungsfreiheit. Gefährdet eine „Cancel Culture“ den Journalismus? Analytische Annäherung an eine heikle Frage. In: UFITA – Archiv für Medienrecht und Medienwissenschaft, Heft 1/2021, S. 6-37.

Schultz, T. (2021b): Medien und Journalismus. Einfluss und Macht der Vierten Gewalt. Stuttgart.

Tucker, J. u. a. (2018): Social Media, Political Polarization, and Political Disinformation: A Review of the Scientific Literature. In: SSRN Electronic Journal. DOI: https://doi.org/10.2139/ssrn.3144139 [24.07.2022].

Vosoughi, S./Roy, D./Aral, S. (2018): The Spread of True and False News Online. In: Science, Band 359, Ausgabe 6380, S.1146-1151. DOI: https://doi.org/10.1126/science.aap9559 [24.07.2022].

Wagenknecht, S. (2021): Die Selbstgerechten. Mein Gegenprogramm – für Gemeinsinn und Zusammenhalt. Frankfurt/M.

Helmar Schöne

Konflikt und Konsens in der Demokratie

1. Einleitung: Etwas, aber nicht alles darf auf dem Spiel stehen

In den letzten Monaten und Jahren sind eine Fülle lesenswerter Bücher und Essays erschienen, die uns mit instruktiven Analysen zum Zustand der Demokratie in der Gegenwart versorgen. Von der Entdemokratisierung (Manow 2020), von der Postdemokratie (Crouch 2008 u. 2021), von der Regression (Schäfer/Zürn 2021), vom Zerfall (Mounk 2018) oder gar vom Absterben der Demokratie (Levitsky/Ziblatt 2018) ist dort die Rede. Viele dieser Texte haben es bis in die Feuilletons der Tageszeitungen geschafft und über Fachkreise hinaus Interesse bei einem breiteren Publikum gefunden.

In einem dieser Bücher mit dem Titel „Krisen der Demokratie" formuliert der US-amerikanische Politikwissenschaftler Adam Przeworski aus einer vergleichenden Perspektive folgenden Satz: Demokratie funktioniert, „wenn bei den Wahlen etwas, aber nicht zu viel auf dem Spiel steht" (2020, 19). Mit anderen Worten – und um die beiden Begriffe aus der Überschrift dieses Beitrages aufzugreifen: Demokratie benötigt ein ausgewogenes Verhältnis zwischen Konflikt und Konsens. Wahlen müssen einen Unterschied machen. Wahlen müssen Auswirkungen auf das Leben der Bürger:innen haben. Wahlen müssen politische Konflikte entscheiden können: Soll es einen Mindestlohn geben? Sollen die Steuern erhöht werden? Soll ein Tempolimit gelten? Sollen Waffen geliefert werden? Es darf aber nicht alles auf dem Spiel stehen. Das heißt, es braucht einen Konsens, über das, was unumstritten ist, z. B. darüber, dass die Wahlgewinner:innen den Wahlverlier:innen nicht die Möglichkeit verbauen, auch einmal die politische Agenda gestalten zu können.

Um Demokratien in eine Krise zu bringen, müssen aber gar nicht die Systemgrundlagen in Frage gestellt werden, es genügt schon weniger. Wenn nämlich in einer polarisierten Gesellschaft sehr intensive Konflikte bestehen, wird es schwierig, Kompromisse zu finden, die für alle politischen Kräfte akzeptabel sind. Wenn das dauerhaft nicht gelingt, stoßen Regierungen an ihre Grenzen. Eine Impfpflicht z. B. würde nur auf der Basis eines Konsenses, der größer ist als eine knappe Mehrheit, nachhaltig funktionieren.

Das alles sind nun keine neuen Erkenntnisse. Ganz im Gegenteil, sie wurden bereits von wichtigen Gründungsvätern der Politikwissenschaft gedacht. Wir erleben aber eine Aktualisierung der Debatte zum Verhältnis von Konflikt und Konsens, weil die Demokratien der Gegenwart mit Krisenerscheinungen zu kämpfen haben. Dafür liegen zwei Gründe nahe.

Einerseits scheint die Kontroversität in unserer Gesellschaft zugenommen zu haben. Ein Beispiel wurde auf den Beutelsbacher Gesprächen im Jahr 2020 (Frech/Geyer/Oberle 2021) erörtert, welche die Europabildung zum Gegenstand hatten. Lange Jahre gab es bezüglich der EU den sogenannten permissiven Konsens. Heute dagegen sind EU-skeptische Stimmen in der öffentlichen und politischen Debatte deutlich präsenter: vom Konsens zum Konflikt.

Andererseits wird das Verhältnis von Konflikt und Konsens intensiver diskutiert, weil mit den Wahlerfolgen populistischer Parteien politische Akteur:innen in die Parlamente eingezogen sind, die den institutionellen Grundkonsens in Frage stellen und sich offen gegen die repräsentative Demokratie und ihre Institutionen wenden. Aus dem Streit in der Demokratie ist ein Streit über die Demokratie geworden; so hat es Philip Manow (2020) in seinem Essay „(Ent)demokratisierung der Demokratie“ formuliert.

An diese Überlegungen knüpft der vorliegende Beitrag an und thematisiert drei Aspekte: Erstens zeichnet er exemplarisch zentrale Erkenntnisse und Debatten in der Politikwissenschaft zum Verhältnis von Konflikt und Konsens in der Demokratie nach. Wie wird das Verhältnis beschrieben und welches Verhältnis wird als wünschenswert erachtet? (Kapitel 2). Zweitens befragt er ausgewählte Gegenwartsanalysen zum Zustand der Demokratie danach, was sie uns zum Verhältnis von Konflikt und Konsens zu sagen haben (Kapitel 3). Drittens schließlich werden daraus einige Schlussfolgerungen für die politische Bildung abgeleitet (Kapitel 4).

2. Politikwissenschaftliche Perspektiven auf Konflikt und Konsens in der Demokratie

Die Suche nach Überlegungen und Analysen aus der Politikwissenschaft zum Verhältnis von Konflikt und Konsens in der Demokratie (zu den Konflikttheorien anderer Disziplinen vgl. z. B. Detjen 2012) kann nur bei einem Autoren beginnen: bei Ernst Fraenkel. Fraenkel gilt als einer der Begründer der deutschen Politikwissenschaft nach dem Zweiten Weltkrieg. Er war in den 1960er Jahren langjähriger Professor für vergleichende Herrschaftssysteme an der FU Berlin, hat als Vordenker der Pluralismustheorie gewirkt und die Politikwissenschaft ausdrücklich als Demokratiewissenschaft verstanden. Jener Fraenkel hat bereits 1932, im Angesicht des Scheiterns der Weimarer Republik, die Grundlagen seiner späteren Pluralismustheorie formuliert, und zwar in dem bekannten Aufsatz „Um die Verfassung“ (Fraenkel 1968).

In dem Zeitschriftenbeitrag bezeichnet Fraenkel die Demokratie jener Zeit als „dialektische Demokratie“. Die 1920er Jahre sind politisch extrem polarisiert. Dabei hat Fraenkel gar nicht so sehr den aufziehenden Nationalsozialismus im Blick, sondern vor allem die Klassenspaltung der Gesellschaft, den Konflikt zwischen Lohnarbeit und Kapital. Die Verfassung würde diese wirtschaftlichen und sozialen Konflikte explizit anerkennen und zugleich einen Weg zu ihrer Bearbeitung weisen. Das politische System sorge nämlich dafür, dass aus den gegensätzlichen Auffassungen der Parteien in einem dialektischen Prozess ein synthetischer Staatswille gebildet werde. Das gelänge durch Kompromisse. Der Kompromiss sei die charakteristische Erscheinungsform moderner Demokratien. Er – der Kompromiss – leugnet nicht die Existenz der sozialen Klassen, verschleiert nicht die unterschiedlichen Interessen, aber trägt zu ihrem Ausgleich und Nebeneinander bei. Überall herrscht der Kompromiss: Im Parlament zwischen Regierungsmehrheit und Opposition, in der Koalition zwischen den verschiedenen Parteien und im Kabinett z. B. zwischen dem Wirtschafts- und dem Arbeitsminister.

Der politische Kampf, das Austragen gegensätzlicher Meinungen, funktioniert aber nicht ohne ein Minimum an Gemeinsamkeiten. „Sind auch die letzten Gemeinsamkeiten der kämpfenden Gruppen in einem Staat fortgefallen, so löst sich der Staat in sich auf" (Fraenkel 1968, 84). Neben den „streitigen Sektor" muss also ein „unstreitiger Sektor" treten. Zu dem gehören nach Fraenkel u. a. der grundlegende Wille zum Kompromiss und zur Koalition sowie die Akzeptanz der Regeln des Parlamentarismus und die Anerkennung der politischen Freiheitsrechte.

Fraenkel hat mit diesen Überlegungen die Grundlage für das demokratietheoretische Verständnis pluralistischer Demokratien geliefert (Fraenkel 2011). Die freiheitliche Demokratie ermöglicht die Artikulation der vielfältigen gesellschaftlichen Interessen. Es ist gar nicht so einfach, im Blick zu behalten, WIE vielfältig diese Interessen sind. Ermessen lässt sich die Interessenvielfalt bei einer Lektüre der Öffentlichen Liste über die beim Bundestag registrierten Verbände (Deutscher Bundestag 2021). Unter anderem drängen ein „Verband der deutschen Games-Branche" oder der „Deutsche Kräuter- und Gewürzhändler-Verband" neben 2236 anderen Verbänden auf die Berücksichtigung ihrer Interessen in der Bundespolitik.

Jenseits dieser Interessendifferenzen bedarf es aber eines Basiskonsenses. Dank der Rechtsprechung des Bundesverfassungsgerichts wissen wir heute auch, was der zu umfassen hat, nämlich die Anerkennung der freiheitlich-demokratischen Grundordnung, also die Anerkennung von Rechtsstaatlichkeit, Volkssouveränität, Menschenrechten, Gewaltenteilung, Mehrparteienprinzip und der Opposition.

Nun wäre es naheliegend, wenn sich Fraenkel in seinem späteren Denken vor allem um die Herstellung dieses Grundkonsenses gesorgt hätte und seine Schriften um die Herstellung, Akzeptanz und Sicherung eben dieser Gemeinsamkeiten gekreist hätten. Schließlich musste er erleben, wie eine Demokratie an einem Mangel an Demokrat:innen zugrunde ging. Seine viel größere Sorge aber galt der Heterogenität und dem politischen Konflikt. Für Fraenkel war die Möglichkeit zum Interessenkonflikt ein Gradmesser für die Freiheitlichkeit einer Gesellschaft. Homogenität war ihm ein Graus – und entsprechend bezeichnete er die Demokratieauffassung Jean-Jacques Rousseaus, den er als Ahnherr der sogenannten Volksdemokratie in der DDR verstand, als absolutistisch.

Die Sorge in den frühen Jahren der Bundesrepublik galt also aus der Perspektive der Pluralismustheorie eher dem Konflikt und seiner möglichen Begrenzung als dem Konsens.

Ganz ähnlich wie der Sozialdemokrat Fraenkel argumentierte der Liberale Ralf Dahrendorf. In „Gesellschaft und Demokratie in Deutschland“ aus dem Jahr 1965 widmet er dem Konflikt ein eigenes Kapitel: Die deutsche Gesellschaft habe ein Problem mit dem Konflikt. Sie lehne Konflikte ab; sehr sichtbar sei das in den Vorbehalten gegenüber den Parteien und dem sogenannten Parteienstreit. Dahrendorf dagegen wirbt, Konflikte als Antrieb gesellschaftlichen Fortschritts mehr wertzuschätzen. „Konflikt und Auseinandersetzung sind nicht Notlösung, schon gar nicht ein Mechanismus, um die eine, endgültig richtige Lösung – den einen Führer – zu finden, sondern schon als Chance des Fortschritts die Erfüllung des politischen

Prozesses“ (Dahrendorf 1965, 239). Und weiter: „Konflikt ist Freiheit, d.h. alle Freiheit, die politische Institutionen geben können, liegt im Konflikt.“

Herstellen und sichern lässt sich die Freiheit nicht ohne Strukturen. Was Fraenkel den unstreitigen Sektor nennt, heißt bei Dahrendorf schlicht Spielregeln. Zu denen gehören die Verfassungsbestimmungen, die Kontrolle von Herrschaft und die staatsbürgerliche Gleichheit. „Fehlen die Spielregeln oder sind sie selbst, ist also der Gesellschaftsvertrag ständiges Thema politischer Auseinandersetzung, dann kann diese auch nicht funktionieren“ (Dahrendorf 1965, 240).

Anknüpfend an diese Überlegungen hat die Politikwissenschaft vielfach untersucht, wie das Verhältnis von Konflikt und Konsens in unserem politischen System konkret ausgeprägt ist. Erwähnenswert sind dabei die Forschungsarbeiten zur politischen Elite und zur politischen Klasse. So haben die Mannheimer Elitenstudien um Ursula Hoffmann-Lange aus den 1980er/1990er Jahren gezeigt, dass eine wichtige Grundlage für die Stabilität der Demokratie in der Bundesrepublik eine konsensuell geeinte Elite war. Konsensuell geeint ist die Elite, wenn es in den politischen und gesellschaftlichen Führungsgruppen einen Konsens über die demokratischen Spielregeln gibt und alle darin übereinstimmen, dass allfällige Interessenkonflikte im Rahmen der demokratischen Institutionen zu bearbeiten sind. Außerdem trägt ein dichtes Netzwerk von Kommunikationsbeziehungen zwischen den Repräsentant:innen verschiedener gesellschaftlicher Organisationen zur Integration der Elite bei (Hoffmann-Lange 1992; Hoffmann-Lange/Neumann/Steinkemper 1980). In diesen Interaktionsbeziehungen wird handlungspraktisch umgesetzt, was Fraenkel den grundlegenden Willen zum Kompromiss genannt hat. Das Verhältnis von Konflikt und Konsens lässt sich also auf der Einstellungsebene und auf einer verhaltensbezogenen Ebene untersuchen.

Mit ähnlichen Fragen hat sich auch die Parlamentarismusforschung beschäftigt. Wie gelingt Abgeordneten trotz der gesellschaftlichen Interessen, die sie zu vertreten haben, die Formulierung gemeinsamer, mindestens mehrheitsfähiger politischer Lösungsvorschläge. Es gibt eine ganze Reihe von Einflussfaktoren, welche die erfolgreiche Integration des Parlaments erleichtern. Dazu zählen z. B. die Professionalisierung in typischen politischen Karrieren, die gemeinsame parlamentarische Sozialisation, die erwähnten Kommunikationsnetzwerke, die sich typischerweise nicht nur auf die eigene Fraktion beschränken und gemeinsame Wertorientierungen von Abgeordneten (vgl. u. a. Herzog/Rebenstorf/Weßels 1993; Schöne 1999).

Bislang war von der horizontalen Integration die Rede, dem Verhältnis von Konsens und Konflikt zwischen den Elitenangehörigen. Die konsensuell geeinte Elite hat aber eine Rückseite. Sie kann nämlich die vertikale Integration, also die Vertretung von Einstellungen und Interessen der Bevölkerung durch die Elite erschweren. Denn der Inter-Eliten-Konsens darf nicht so weit gehen, dass sich wesentliche gesellschaftliche und parteipolitische Interessen nicht mehr im Parlament vertreten sehen. In diesem Fall würden die Parlamentarier:innen die Unterstützung durch ihre Wähler:innen verlieren. Politiker:innen agieren also fortwährend im Spannungsverhältnis zwischen dem Druck der Basis auf Interessenvertretung und der Notwendigkeit zur Kooperation mit anderen Eliten. Aus der Perspektive erfolgreicher Elitenintegration ist es daher höchst funktional, dass das Parlament schon lange kein Abbild der Bevölkerung mehr ist. Die moderne Parlamentarismustheorie argumentiert ohnehin, dass sich die Vorstellung proportionaler Repräsentation mit der zunehmenden Heterogenität gesellschaftlicher Interessen erübrigt habe. Repräsentation sei heute eher Gestaltung, die am politischen Output gemessen werde, als Vertretung (vgl. als Überblick z. B. Patzelt 2020, 29ff.). Allerdings finden sich angesichts des Erstarkens populistischer Parteien Stimmen, die genau diese Defizite in der Repräsentationsbeziehung und die Entkoppelung der politischen Eliten von ihrer Basis als Ursache der gegenwärtigen Demokratiekrise verstehen (vgl. Kapitel 3).

Jenseits des Blicks auf die politische Klasse stellt sich die Frage, welches Verhältnis die Bürger:innen zu Konflikt und Konsens haben? Existiert auch heute noch die von Dahrendorf beklagte Abneigung gegen Konflikte? Gibt es Vorbehalte gegen den politischen Streit und die Akteur:innen, die ihn führen? Immer noch instruktiv sind in diesem Zusammenhang die inzwischen älteren Arbeiten der beiden US-Amerikaner John Hibbing und Elizabeth Theiss-Morse. Sie argumentieren, dass Politikverdrossenheit sich nicht in erster Linie aus der Unzufriedenheit mit dem politischen Output speist, sondern die Bürger:innen in liberalen Demokratien prozessverdrossen sind. Sie sind unzufrieden mit all dem, was typisch für professionalisierte Entscheidungsprozesse ist, in denen gewählte Repräsentant:innen die entscheidenden Akteur:innen sind: Sie mögen weder Konflikte noch Dissensmanagement oder Kompromisssuche. Die demokratischen Entscheidungsprozesse sollen besser nicht sichtbar sein. Daher heißt eines ihrer Bücher „Demokratie im Geheimen" (Hibbing/Theiss-Morse 2002) und ein anderes „Der Kongress als Staatsfeind" (Hibbing/Theiss-Morse 1995). Es sind jene Institutionen, in denen politische Konflikte ausgetragen werden – eben der Kongress als US-amerikanische Volksvertretung –, die bei den Bürger:innen am unbeliebtesten sind.

Solche politischen Wahrnehmungen haben sich in Studien auch bei Lehramtsstudierenden und -anwärter:innen gezeigt: Es existieren Vorbehalte gegenüber Konflikten und Streit sowie Unzufriedenheit mit langwierigen, schwer durchschaubaren Entscheidungsprozessen, in denen die Interessen mannigfacher Akteur:innen berücksichtigt werden müssen. Weit verbreitet ist das Bild eines von Interessengruppen und Eigeninteressen der gewählten politischen Akteur:innen okkupierten politischen Entscheidungsprozesses. Dagegen findet sich Wertschätzung für das Wechselspiel zwischen politischem Konflikt und der Suche nach Kompromissen nur selten. Auch fehlt es verbreitet an Einsicht in die intermediäre Funktion von Interessengruppen und Parteien. Eine Differenzierung zwischen unterschiedlichen Interessengruppen findet häufig gar nicht erst statt. Stattdessen zeigt sich eine insgesamt ausgeprägte Distanz gegenüber dem professionalisierten politischen Entscheidungsprozess (Schöne 2010; Boeser-Schnebel 2014; vgl. Oberle/Schöne 2022).

Als Zwischenfazit lässt sich festhalten: Demokratie benötigt Konflikt und Konsens. Es darf weder das eine noch das andere fehlen oder das eine oder andere Überhand nehmen. Ein Maß für ein optimales Verhältnis lässt sich nicht bestimmen. In der empirischen Analyse werden verschiedene Aspekte thematisiert: sozialstrukturelle, professionsbezogene, politisch-kulturelle bzw. ideologische und verhaltensbezogene. Die Stabilität der bundesdeutschen Demokratie erklärt sich nicht zuletzt aus einem ausgewogenen Verhältnis von Konflikt und Konsens. Einesteils hat sich das politische System immer wieder als responsiv erwiesen und relevante politische Konflikte aufgenommen und bearbeitet. Dabei wurden – anderenteils – die Spielregeln „selbstverständliches Gemeingut" (Dahrendorf 1965, 240), gelegentlich diskutiert, gelegentlich modifiziert, aber insgesamt breit akzeptiert. Während bei Fraenkel und Dahrendorf – vor dem Hintergrund des Nationalsozialismus und in Systemkonkurrenz zum Staatssozialismus der DDR – die Sorge um die Freiheit und die Konfliktfähigkeit im Vordergrund stand, rückte mit dem Wertewandel und der zunehmenden Individualisierung und Pluralisierung von Lebensformen stärker der Aspekt der Integration heterogener Gesellschaften in den Mittelpunkt der politikwissenschaftlichen Forschung. Vorbehalte gegen politische Eliten und Kritik am konflikthaften politischen Entscheidungsprozess sind aber nicht erst in den letzten Jahren durch populistische Parteien aufgekommen. Offensichtlich hat sich die von Dahrendorf Mitte der 1960er Jahre diagnostizierte Abneigung gegen Konflikte und die Akteur:innen, die sie auszutragen haben, über die Geschichte der Bundesrepublik erhalten.

3. Konflikt und Konsens in Gegenwartsanalysen zum Zustand der Demokratie

Der Frage, wie aktuelle Analysen zu den gegenwärtigen Herausforderungen der Demokratie das Verhältnis von Konflikt und Konsens beschreiben, wird im Folgenden anhand der Bücher von Armin Schäfer und Michael Zürn „Die demokratische Regression" (2021) sowie Philip Manow „(Ent-)Demokratisierung der Demokratie" (2020) nachgegangen. Beide Texte haben auch in der Medienberichterstattung viel Aufmerksamkeit erfahren (vgl. z.B. Der Spiegel 2022); beide stehen für unterschiedliche Einschätzungen zur Frage, ob die Demokratien der Gegenwart in einer Systemkrise stecken.

Schäfer und Zürn greifen das oben erwähnte Spannungsverhältnis von vertikaler und horizontaler Integration auf. Sichtbarer Ausdruck der demokratischen Regression sei das Erstarken des Populismus. Dafür seien politische Ursachen entscheidend. Weder die sozioökonomische noch die soziokulturelle Erklärung für Populismus sei stichhaltig. Populismus sei nicht zuerst Folge zunehmender materieller Ungleichheit. Populismus sei auch nicht die Folge unterschiedlicher Lebensstile von Kosmopolit:innen und Heimatverbundenen. Populismus sei die Folge eines Repräsentationsdefizits. Das politische System habe die Interessen derjenigen, die von der Globalisierung keine unmittelbaren Vorteile haben, lange Zeit nicht repräsentiert. Die Zusammensetzung der Parlamente führe zu einer „Diplomiertendemokratie" (Schäfer/Zürn 2021, 96). Das Parlament singe mit einem „Oberklassenakzent" (ebd., 93). In der Folge sei die politische Elite horizontal sehr gut integriert. Es gäbe einen liberal-kosmopolitischen Konsens, und Politiker:innen seien überwiegend Parteigänger der liberalen Globalisten. Das habe zu Defiziten in der vertikalen Integration geführt: Es verfestige sich der Eindruck, dass die politische Klasse den Interessen der kosmopolitischen Elite diene und die Globalisierungsverlierer von der Politik nicht gehört würden. Die populistischen Parteien böten sich als Vertreter:innen der auf diese Art Übergangenen an. Als Pointe lässt sich also formulieren: Ein weitreichender Elitenkonsens über die Politikgestaltung in der internationalisierten Welt hat eine neue Konfliktlinie entstehen lassen.

> „Die selektive Responsivität der Parlamente sowie die Verlagerung von Entscheidungen auf nichtmajoritäre, nur indirekt legitimierte Gremien stellen [...] eine Entfremdung der politischen Entscheidungsprozesse vom Ideal der Demokratie dar. Sie führt [...] zu einer Entfremdung von der Demokratie bei jenen Gruppen, die sich nicht länger politisch vertreten fühlen" (Schäfer/Zürn 2021, 121).

Schäfer und Zürn empfehlen als Gegenmaßnahmen Demokratisierung und Re-Politisierung. Den Bürger:innen solle mehr Beteiligung zugetraut werden, die Rekrutierungswege in die Politik müssten wieder offener gestaltet werden und der Streit z.B. über Sinn und Zweck der EU müsse lauter geführt werden. Sie beenden ihr Buch mit dem Satz: „Die Verteidigung der Demokratie erfordert mehr Demokratie."

Das beurteilt Philip Manow gänzlich anders. Die Kernaussage seines Buches lautet, dass es gerade die zunehmende Demokratisierung sei, welche die repräsentative Demokratie herausfordere. Die Demokratisierung der Demokratie bestehe in einer massiven Ausweitung politischer Partizipationschancen. Historisch könne man das am Wahlrecht zeigen. Hier sei eine Exklusion nach der anderen gefallen. Außerdem hätten sich durch das Internet die politischen Kommunikationsmöglichkeiten vermehrt. Es finde eine Demokratisierung des Zugangs zu den Medien statt; heute sei die schnelle unmittelbare und direkte Kommunikation an der Tagesordnung. Ob sich die politischen Konflikte tatsächlich vermehrt haben, sei dabei fast zweitrangig, vervielfältigt und polarisiert hätte sich in jedem Fall die Konfliktkommunikation. Diese Entwicklungen würden alle vermittelnden Institutionen, zuerst die Parteien, damit auch die Parlamente und die klassischen Medien entwerten.

Demokratisierung der Demokratie bedeute Ent-Institutionalisierung der Demokratie. Manow spricht von Resonanz statt Repräsentation. Für die Funktionsbedingungen der repräsentativen Demokratie sei das eine Herausforderung.

> „Die These lautet […], dass eine – […] als Demokratisierung der Demokratie beschriebene – Ausweitung der Partizipationschancen die institutionellen Funktionsbedingungen der Demokratie zu bedrohen scheint […]“ (Manow 2020, 171).

Als Gegenmaßnahmen empfiehlt Manow zunächst einmal verbale Abrüstung. Statt über Sachfragen zu diskutieren, würde heute nämlich dem politischen Gegner schnell unterstellt, mit seinen Positionen die Demokratie zu gefährden. Das gelte für die Populist:innen, die Politiker:innen Verrat am Volk vorwerfen, aber auch für den Faschismusvorwurf in Richtung Populist:innen. Jeweils die anderen würden die Demokratie gefährden. „Ein Ergebnis dieser Überlegungen wäre, dass man […] mit Demokratiegefährdungsdiagnosen zurückhaltend umgehen (sollte). Wir erleben aber gegenwärtig deren Inflation. Aber müssten wir nicht gerade mit den Gegnern der Demokratie so reden, als wären sie keine? Sollte die Demokratie nicht zunächst lehrhaft sein, bevor sie wehrhaft wird?“ (Manow 2020, 150). Hier schließt sich der Kreis der Argumentation: Demokratie funktioniert, wenn die zu klärenden Konflikte weder trivial noch fundamental sind, formuliert der eingangs zitierte Przeworski (2020). Wenn es aber soweit ist, dass über die Demokratie gestritten wird, dann sei das immer grundsätzlich. So gefährde der Demokratiegefährdungsdiskurs die Demokratie.

Anders als Schäfer und Zürn setzt Manow also nicht auf mehr Demokratie, sondern auf mehr Wertschätzung für die institutionalisierten Formen der Politik.

4. Die Schwächen der gegenwärtigen Demokratie und die politische Bildung

Im Mittelpunkt der vorhergehenden Überlegungen stand die Demokratie als Herrschaftsform, die in der Gegenwart mit Krisenerscheinungen umzugehen hat. Die beiden vorgestellten Gegenwartsanalysen verbindet die Sorge um die Funktionsweise der repräsentativen Demokratie und ihrer Institutionen. Demokratie lebt vom Konflikt. Nicht der Konsens macht die Demokratie aus, sondern der Konflikt (vgl. Deitelhoff 2021). Durch Konflikte unterscheiden sich Demokratien von anderen Herrschaftssystemen. Allerdings müssen diese Konflikte eingehegt werden. Ihre Einhegung findet statt durch die Schaffung von Institutionen, durch Institutionalisierung, etwa der politischen Repräsentation, der Opposition, der Parteienkonkurrenz oder von Tarifverhandlungen. Damit werden Räume und Regeln für den Konfliktaustrag geschaffen. Das Geschehen in diesen Räumen und die anzuwendenden Regeln sind komplex und kompliziert.

Bisweilen tun sich die Bürger:innen mit diesen konflikthaften politischen Entscheidungsprozessen schwer. Die Wertschätzung des politischen Prozesses, also von Konfliktaustrag und Dissensmanagement fehlt schon länger. In den multiplen Krisen der letzten Jahre (Finanzkrise, Migrationskrise, Coronakrise, Energiekrise) hat die Verunsicherung, ob Politik noch in der Lage sei, politische Streitfragen zu lösen, noch zugenommen. Insofern gab es für die von populistischen Akteur:innen in den letzten Jahren verstärkt geäußerte Elitenverachtung bereits viele Anknüpfungspunkte: Wo die Artikulation vielfältiger Interessen nicht gemocht wird, wo Konflikte ungeliebt sind, wo die Konfliktbearbeitung in politischen Prozessen nicht wertgeschätzt wird, dort trifft die populistische Idee eines mehr oder weniger einheitlichen Volkswillen, den es einfach nur umzusetzen gilt, auf fruchtbaren Boden.

Daher hat politische Bildung drei Dinge zu tun: Sie hat sich zu kümmern um Institutionenkompetenz, um Konfliktkompetenz und um Komplexitätskompetenz. Mit diesem Dreiklang sollen keine neuen Kompetenzdebatten (vgl. u.a. Frech/Richter 2013) eröffnet werden. Es handelt sich um Akzentuierungen, die sich einerseits aus der Auseinandersetzung mit politikwissenschaftlichen Analysen zum Verhältnis von Konflikt und Konsens sowie mit Gegenwartsdiagnosen zum Zustand der Demokratie ergeben. Andererseits knüpfen diese Akzentuierungen an ältere politikdidaktische Ansätze und Debatten – etwa zur Konfliktdidaktik (Giesecke 1966) oder zum Kontroversitätsprinzip (Grammes 2014, vgl. Pohl/Buchstein 2020) sowie an eingeführte Kompetenzmodelle (GPJE 2004; Detjen u.a. 2012) an.

Institutionenkompetenz meint, dass die politischen Institutionen zurück in den Mittelpunkt der politischen Bildung gehören (vgl. Grammes 1994; Massing 2022). Im Mittelpunkt von Demokratiebildung haben Informationen zu politischen Institutionen und demokratischen Verfahren zu stehen. Manow verwendet die Unterscheidung zwischen „der Politik" und „dem Politischen". Wenn die Krise der Demokratie in der Herausforderung ihrer formalen Institutionen und der repräsentativen Organisationen besteht, dann hat sich die politische Bildung diesen auch stärker zuzuwenden – und dabei zu vermeiden sind „Reflexionen zur gegenwärtigen Lage der Demokratie, in denen Wörter wie ‚Parlament', ‚Verhältniswahl' oder ‚Mehrheitsfraktion' kein einziges Mal auftauchen, verfasst in einem Geist, der es für eine Auszeichnung hält, von der real funktionierenden Demokratie, über deren Krise man räsoniert, keine Ahnung zu haben – denn das sei ja ‚bloße Politik'" (Manow 2020, 173). Die Vermittlung von Institutionenkompetenz hat eine kognitive und eine emotionale Seite; sie bezieht sich auf die Dimensionen des Fachwissens und der Einstellungen und Motivationen. Es geht nicht nur um die Schaffung eines Grundverständnis zur Funktionsweise der repräsentativen Demokratie, sondern um die Vermittlung von Verfassungspatriotismus (Sternberger 1990; Habermas 1987). Es ist die repräsentative Demokratie, die Wertschätzung verdient und nicht nur ein partizipativ erweitertes Idealbild von Demokratie.

Zum Thema Konfliktkompetenz hat Peter Massing bereits in einer früheren Runde der Beutelsbacher Gespräche wichtige Überlegungen angestellt:

> „Konfliktfähigkeit heißt also die […] Anerkennung einer […] heterogenen Gesellschaft sowie des Tatbestandes politischer […] Konflikte und deren positive Bewertung als grundlegendes Kennzeichen einer […] Demokratie. Zusammenfassend bedeutet Konfliktfähigkeit als handlungswirksame Eigenschaft von Bürgerinnen und Bürgern […] bezogen auf die vier Facetten politischen Handelns: Artikulieren […], Argumentieren […], Verhandeln […], Entscheiden“ (Massing 2017, 156).

Konfliktkompetenz bezieht sich also auf die Dimensionen des Fachwissens und der Handlungsfähigkeit. Einerseits sollten Bürger:innen um die Funktionsweise der pluralistischen Demokratie und um die Tatsache, dass Konflikte ein Strukturprinzip offener Gesellschaften sind (siehe dazu die obige Bezugnahme auf Fraenkel), wissen. Andererseits sollen sie in politischen Auseinandersetzungen konfliktfähig sein und durch Kompromissbildung zur Bearbeitung von Konflikten beitragen können.

Die Vermittlung von Komplexitätskompetenz schließlich verweist dieser Tage vor allem auch auf den Umgang mit digitalen Medien und sozialen Netzwerken, auf die Medienbildung also. Politik, zumal in der globalisierten Welt, ist komplexer als ein Tweet oder eine Instagram-Story. Politik lebt von vielfältigen Perspektiven, Widersprüchen, Dilemmasituationen und unintendierten Nebenfolgen, die in der schnellen, zuspitzenden und häufig personalisierten politischen Kommunikation in den sozialen Medien – und in Filterblasen ohnehin – häufig auf der Strecke bleiben. Die Förderung von Ambiguitätstoleranz haben Schäfer und Zürn (2020, 220) dieses Bildungsziel in Anknüpfung an Überlegungen von Dahrendorf genannt. Über

Komplexitätskompetenz zu verfügen, heißt mit Vielfalt und neuen Einsichten umgehen zu können und Kenntnis von der Komplexität demokratischer Entscheidungen zu haben. Einen Beitrag zur Förderung von Komplexitätskompetenz kann die Aufklärung über das voraussetzungsvolle und komplizierte Verhältnis von Konflikt und Konsens in der Demokratie leisten.

Literatur

Boeser-Schnebel, C. (2014): Bekommen wir „politikverdrossene“ Lehrer? Ergebnisse einer ersten empirischen Annäherung bei Lehramtsstudierenden. In: Gesellschaft. Wirtschaft. Politik, Heft 4/2014, S. 491-503.

Crouch, C. (2008): Postdemokratie. Frankfurt/M.

Crouch, C. (2021): Postdemokratie revisited. Berlin.

Dahrendorf, R. (1965): Gesellschaft und Demokratie in Deutschland. München.

Deitelhoff, N. (2021): Konflikt: Quelle oder Gefährdung gesellschaftlichen Zusammenhalts? In: Blätter der Wohlfahrtspflege, Heft 2/2021, S. 47-50.

Der Spiegel (2022): Der Fluch des Elefanten. Putins Angriff auf den Westen, die vielen Le-Pen-Wähler in Frankreich: Stecken die Demokratien in einer Systemkrise? In: Der Spiegel, Heft 17/2022, S. 44-47.

Detjen, J. (2012): Streitkultur. Konfliktursachen, Konfliktarten und Konfliktbewältigung in der Demokratie. Schwalbach/Ts.

Detjen, J./Massing, P./Richter, D./Weißeno, G. (2012): Politikkompetenz – ein Modell. Wiesbaden.

Deutscher Bundestag (2021): Öffentliche Liste über die Registrierung von Verbänden und deren Vertretern. Berlin.

Fraenkel, E. (1968): Um die Verfassung. In: ders.: Zur Soziologie der Klassenjustiz und Aufsätze zur Verfassungskrise 1931-32. Darmstadt, S. 73-88.

Fraenkel, E. (2011): Deutschland und die westlichen Demokratien. Baden-Baden.

Frech, S./Geyer, R./Oberle, M. (Hg.) (2021): Europa in der politischen Bildung. Frankfurt/M.

Frech, S./Richter, D. (Hg.) (2013): Politische Kompetenzen fördern. Schwalbach/Ts.

Giesecke, H. (1966): Didaktik der politischen Bildung. München.

GPJE/Gesellschaft für Politikdidaktik und politische Jugend- und Erwachsenenbildung (2004): Anforderungen an nationale Bildungsstandards für den Fachunterricht in der Politischen Bildung an Schulen. Ein Entwurf. Schwalbach/Ts.

Grammes, T. (1994): Institutionenbewußtsein und Institutionendidaktik: Willensbildungsprozesse in Institutionen und ihre Erscheinungsformen in Alltagsbewußtsein und Schulen. In: Sarcinelli, U. (Hg.): Öffentlichkeitsarbeit der Parlamente. Politikvermittlung zwischen Public Relations und Parlamentsdidaktik. Baden-Baden, S. 170-192.

Grammes, T. (2014): Kontroversität. In: Sander, W. (Hg.): Handbuch Politische Bildung. 4. Auflage, Schwalbach/Ts., S. 266-274.

Habermas, J. (1987): Eine Art Schadensabwicklung. Kleine politische Schriften VI. Frankfurt/M.

Herzog, D./Rebenstorf, H./Weßels, B. (Hg.) (1993): Parlament und Gesellschaft. Eine Funktionsanalyse der repräsentativen Demokratie. Opladen.

Hibbing, J. R./Theiss-Morse, E. (1995): Congress as Public Enemy. Public attitudes toward American political institutions. Cambridge.

Hibbing, J. R./Theiss-Morse, E. (2002): Stealth Democracy. Americans' beliefs about how government should work. Cambridge.

Hoffmann-Lange, U. (1992): Eliten, Macht und Konflikt in der Bundesrepublik. Opladen.

Hoffmann-Lange, U./Neumann, H./Steinkemper, B. (1980): Konsens und Konflikt zwischen Führungsgruppen in der Bundesrepublik Deutschland. Frankfurt/M.

Levitsky, S./Ziblatt, D. (2018): Wie Demokratien sterben. Und was wir dagegen tun können. München.

Manow, P. (2020): (Ent-)Demokratisierung der Demokratie: Ein Essay. Berlin.

Massing, P. (2017): Konfliktfähigkeit – Eine zentrale Voraussetzung für politische Handlungskompetenz. In: Frech, S./Richter, D. (Hg.): Der Beutelsbacher Konsens. Bedeutung, Wirkung, Kontroversen. Schwalbach/Ts., S. 146-161.

Massing, P. (2022): Institutionenkundliches Lernen. In: Sander, W./Pohl, K. (Hg.): Handbuch Politische Bildung. 5. Auflage, Frankfurt/M., S. 271-278.

Mounk, Y. (2018): Der Zerfall der Demokratie. Wie der Populismus den Rechtsstaat bedroht. München.

Oberle, M./Schöne, H. (2022): Politische Prozesse als Gegenstand politischer Bildung. In: Sander, W./Pohl, K. (Hg.): Handbuch Politische Bildung. 5. Auflage, Frankfurt/M., S. 279-287.

Patzelt, W. J. (2020): Parlamentarismusforschung. Einführung. Baden-Baden.

Pohl, K./Buchstein, H. (2020): Die Kontroverse als Konsens? Kontroversität in der Demokratie und der politischen Bildung. In: Journal für Politische Bildung, Heft 4/2020, S. 10-16.

Przeworski, A. (2020): Krisen der Demokratie. Berlin.

Schäfer, A./Zürn, M. (2021): Die demokratische Regression. Die politischen Ursachen des Populismus. Berlin.

Schöne, H. (1999): Probleme und Chancen parlamentarischer Integration. Eine empirische Studie zum Ost-West-Integrationsprozess unter Abgeordneten. Wiesbaden.

Schöne, H. (2010): Politische Institutionen im Urteil von Lehramtsstudierenden und Lehramtsanwärtern. In: Gesellschaft. Wirtschaft. Politik, Heft 1/2010, S. 91-104.

Sternberger, D. (1990): Verfassungspatriotismus. Frankfurt/M.

Thomas Goll

Was ist und zu welchem Zwecke benötigen wir Kontroversität im Politikunterricht?

1. Einleitung

Am 18. November 2019 hielt Bundespräsident Frank-Walter Steinmeier bei der Jahresversammlung der Hochschulrektorenkonferenz eine immer noch aktuelle bzw. nach der Covid-19-Pandemie aktueller denn je anmutende Rede. Ausgangspunkt ist der Plot von Umberto Ecos Roman „Der Name der Rose“, der in einer italienischen Abtei des Spätmittelalters spielt. Der Bibliothekar des Klosters, ein blinder Mönch, will mit Giftmord und unter Inkaufnahme der Zerstörung der gesamten Bibliothek verhindern, dass ein verloren geglaubtes Buch des Aristoteles zugänglich wird, da dieses der kirchlichen Lehrmeinung – so wie er sie interpretiert! – widerspricht. Die Bedeutung der Klöster für das Mittelalter mit der der Universitäten für die Gegenwart parallelisierend – beide waren bzw. sind Orte der Wissenstradierung und -mehrung – formuliert der Bundespräsident eine wesentliche Herausforderung für den Umgang mit Kontroversität:

> „Wer – als Professorin oder als Student – glaubt, verhindern zu müssen, dass unorthodoxe wissenschaftliche Thesen zu Wort kommen; wer glaubt, Bücher mit kontroversen Inhalten sollten aus den Bibliotheken verschwinden – und es gibt tatsächlich wieder solche Ansichten –, der hantiert aus dem Inneren der Wissenschaft mit dem gleichen tödlichen Gift wie der fundamentalistische blinde Mönch aus dem Namen der Rose“ (Steinmeier 2019, 4).

Im Anschluss daran formuliert er vier Thesen, von denen die dritte hier zitiert werden soll, weil sie die ganze Bandbreite des möglichen Umgangs mit Kontroversität aufzeigt und die Brücke zur Demokratie schlägt:

> „Manche verwechseln das Recht auf Meinungsfreiheit mit dem Anspruch darauf, dass auch alle anderen ihre Meinung teilen. Oder mit dem Recht, jede noch so absurde Behauptung müsse ernst genommen werden. Wer sich aber öffentlich äußert, muss natürlich mit der Überprüfung seiner Aussage rechnen und mit Widerspruch. Dem ‚Das wird man ja wohl noch sagen dürfen' folgt eben gern ein ‚Da wird man ja wohl auch widersprechen dürfen' – und das nenne ich nicht Mainstream-Tugendterror, sondern Demokratie!" (ebd., 5).

Ecos Frontstellung und die These des Bundespräsidenten sind komplementär, beide zusammengenommen sind für die Thematik dieses Beitrags konstitutiv. In den Worten des Bundespräsidenten ergeben sie einen Auftrag für Universitäten und damit auch in ihrer propädeutischen Funktion für die Schulen: „Wir haben ein Problem mit unserer Streitkultur. Wir müssen sie aufs Neue lernen" (ebd., 8).

Dabei scheint für die politische Bildung in und außerhalb der Schule die Sache eigentlich ganz einfach. Man könnte auch sagen, die Politikdidaktik hat ihre Hausaufgabe bereits seit Jahren gemacht, denn der zweite Beutelsbacher Konsenssatz formuliert das Kontroversitätsgebot und gibt damit der fachdidaktischen Legitimation von Kontroversität seine Basis: „Was in Wissenschaft und Politik kontrovers ist, muss auch im Unterricht kontrovers erscheinen."

Weiter heißt es an gleicher Stelle:

> „[…] wenn unterschiedliche Standpunkte unter den Tisch fallen, Optionen unterschlagen werden, Alternativen unerörtert bleiben, ist der Weg zur Indoktrination beschritten. Zu fragen ist, ob der Lehrer nicht sogar eine Korrekturfunktion haben sollte, d. h. ob er nicht solche Standpunkte und Alternativen besonders herausarbeiten muss, die den Schülern (und anderen Teilnehmern politischer

> Bildungsveranstaltungen) von ihrer jeweiligen politischen und sozialen Herkunft her fremd sind" (Wehling 1977, 179).

Es scheint, als sei damit die Sache erledigt. Kontroversität ist für den Politikunterricht nicht nur legitim, sie gehört zwingend dazu, damit es erstens zu keiner Indoktrination durch die Lehrkraft bzw. den Lehrenden kommt und zweitens den Schüler:innen bzw. Teilnehmer:innen bislang nicht gekannte Alternativen eröffnet werden können.

Tatsächlich ist aber gar nichts außer einer Verfahrensregel ausgesprochen. Was unter Kontroversität im Einzelnen zu verstehen ist, bleibt ungeklärt. Der Kompromiss ist „inhaltsindifferent" (Weißeno 2017, 47) – und muss es auch sein, weil er sonst nicht geschlossen hätte werden können. Ein Formelkompromiss dient eben der Stilllegung oder Befriedung eines manifesten Konflikts, nicht seiner Austragung. Einer wissenschaftlichen Theorie folgt das Kontroversitätsgebot jedenfalls nicht:

> „Bislang fehlt eine umfassende Definition dessen, was Kontroversität bedeutet. Um dem Kriterium der Explizitheit zu genügen, müssen u. a. folgende Fragen eindeutig beantwortbar sein: Gibt es unterschiedliche Grade von kontroversem Unterricht? Hier ist eine Likertskala von 1 = gar nicht kontrovers/nie kontrovers bis 4 = völlig kontrovers/immer kontrovers als theoretisches Messinstrument möglich. In der Fachdidaktik ebenfalls ungeklärt ist, welche Formen der Kontroversität es gibt. […] Ungeklärt ist darüber hinaus die Frage nach den Grenzen der Kontroversität: Wird diese z. B. durch das Grundgesetz in einer Demokratie oder durch universelle Menschenrechte eingeschränkt oder gilt Kontroversität auch hinsichtlich der Grund- und Menschenrechte? Die normative Zielsetzung politischer Bildung beantwortet diese Frage eindeutig, eine wissenschaftliche Theorie hingegen muss wertfrei andere Maßstäbe explizieren" (Manzel 2017, 38).

Der Beitrag hat sich daher die Aufgaben gesetzt, erstens zu klären, was Kontroversität ist bzw. wie sie fachdidaktisch konzeptualisiert werden kann, und zweitens herauszuarbeiten, zu welchem Zwecke wir diese im Politikunterricht (und darüber hinaus) benötigen.

2. Was ist Kontroversität?

Das Digitale Wörterbuch der deutschen Sprache (DWDS 2022) gibt zwar keine Auskunft darüber, was unter Kontroversität zu verstehen ist, wohl aber unter (1) Kontroverse und (2) kontrovers:

> (1) „Kontroverse f. ‚Streit(frage), Meinungsverschiedenheit, wissenschaftliche Auseinandersetzung', gelehrte Entlehnung (17. Jh.) aus gleichbed. lat. contrōversia, eigentlich ‚entgegengesetzte Richtung'. Das zugrundeliegende Adjektiv lat. contrōversus ‚entgegengewandt, der Erörterung unterworfen, strittig', zu lat. contrā ‚gegen' (s. kontra, hier in der Form eines alten Ablativ Sing. Mask. contrō-) und lat. vertere (versum) ‚wenden, drehen, umkehren' ergibt kontrovers Adj. ‚gegeneinander gerichtet, strittig' (18. Jh.)".

> (2) kontrovers: „1. [bildungssprachlich] sich, einander widersprechend, Gegensätze enthaltend in widerstreitender Weise, mit entgegengesetzten Argumenten und Schlussfolgerungen. 2. [bildungssprachlich] umstritten, gegensätzliche Meinungen hervorrufend".

Kontroversität meint also immer das Vorhandensein von sich ausschließenden Gegensätzen, die umstritten sind.

Interessant sind auch die analysierten Wortverlaufskurven, die seit der zweiten Hälfte der 1980er Jahre eine Konjunktur der Begriffe belegen, sowie die auf empirischer Basis erzeugten Wortprofile, die Aufschluss über die Verwendungszusammenhänge geben: Vieles in der Gegenwart erscheint kontrovers, diese erscheint von Kontroversen geprägt. Was kontrovers ist, das wird diskutiert und debattiert, ist Meinungen und Standpunkten unterworfen. Kontroversen schwelen oder werden ausgelöst bzw. entfacht, sie entbrennen oder entzünden sich, sie sind hitzig oder erbittert. Häufig stammen die Beispiele aus der Welt der Politik.

Kontroversität gehört damit erwiesenermaßen zu den Charaktereigenschaften der Gegenwartsgesellschaft und der Politik – und so müsste auch der Politikunterricht erscheinen, will er seinen Gegenstand nicht verfehlen. Im Folgenden geht es daher um die Frage, was Kontroversität im Politikunterricht ausmacht bzw. wie diese dem Politikunterricht eine Gestalt geben kann. Die Darstellung folgt dabei einem Vorschlag, den ich unlängst gemacht habe (vgl. Goll 2021).

Ausgangspunkt für die dabei vorgeschlagenen Idealtypen von Kontroversität im Politikunterricht ist die nicht zu hintergehende Grundbedingung jeden Unterrichts, dass die gesellschaftliche und politische Wirklichkeit niemals vollumfänglich abgebildet werden kann, sondern dass eine begründete Auswahl der kontroversen Positionen für den Politikunterricht vorgenommen werden muss. Diese Auswahl muss als Mindestkriterium jedoch mit den Zielen der politischen Bildung vereinbar sein und sie sollte einem didaktischen Sinn folgen, also nicht wie eine bloße Pflichtübung erscheinen, sondern die Zusammenhänge der kontroversen Positionen verdeutlichen. Damit ergeben sich einerseits Fehlformen der Kontroversität, andererseits scheint aber auch auf, was Kontroversität im Politikunterricht sein sollte und was sie zu leisten imstande ist.

2.1 Enzyklopädische Kontroversität

Diese Form der Kontroversität verweigert eine Vorauswahl und damit eine inhaltliche Auseinandersetzung mit den in Gesellschaft und Politik vertretenen Positionen. Ohne diese zu strukturieren oder anderweitig zu bearbeiten, werden sie in der Art einer ungewichteten Breite (d. h. möglichst alles, was geäußert wird, wird aufgegriffen, spezifische Kriterien werden zur Auswahl nicht herangezogen) von der Lehrkraft in den Unterricht eingespeist. Die Auswahl und Bewertung der jeweils relevanten Positionen wird den Lernenden überlassen.

Das kann als verantwortungslos gedeutet werden, denn die Folge kann und wird eine Überforderung der Lernenden sein. In den Diskurs um Post-Faktizität eingebettet kann das Vorgehen aber auch als besonders demokratisch bezeichnet und die damit einhergehenden Gefahren können camouflagiert werden, denn damit wird zugleich die politische Macht der Experten in Frage gestellt. Mit dieser „Demokratisierung von Expertise“ ist eine „prinzipielle Gleichwertigkeit divergierender Wissensformen und Weltbilder gemeint“. Dahinter steckt im Kern „eine radikale Abkehr von der Idee des besseren Wissens“ (Bogner 2021, 79). Moral ersetzt dann Rationalität (s. u.).

2.2 Indoktrinäre Kontroversität

Damit sind solche Arrangements von Unterrichtsinhalten durch die Lehrkraft gemeint, die von ihr bewusst vorgenommen werden, die aber die Lernenden sowohl in Hinsicht auf die Auswahlkriterien als auch auf „unterdrückte“ bzw. nicht eingebrachte Positionen im Unklaren lässt. Eine solche Auswahl führt entweder zu Scheinkontroversität im Unterricht oder zu Indoktrination. Sie ist mit politischer Bildung in einer Demokratie unvereinbar und entspricht Gesinnungsunterricht, wie z. B. dem Staatsbürgerkundeunterricht in der ehemaligen DDR (vgl. Grammes/Schluß/Vogler 2006).

Zu beachten ist dabei jedoch, dass diese Art des Vorgehens ihre Berechtigung durchaus aus als positiv verstandenen normativen Festlegungen gewinnen kann (s. u.). Die Problematik liegt dabei nicht in der Normativität an sich, sondern im Verschweigen von legitimen kontroversen Positionen.

2.3 Repräsentative Kontroversität

Repräsentativ ist eine Auswahl von kontroversen Positionen dann, wenn ihre unterrichtliche Präsenz in Relation zur Häufigkeit ihrer Vertretung in der Gesellschaft steht, ablesbar z. B. an Meinungsumfragen oder der medialen Verbreitung. Diese gewichtete Breite stellt den Versuch dar, Einseitigkeiten zu vermeiden und dennoch ein – wenn auch rein formales – Auswahlkriterium für Unterrichtsinhalte anführen zu können. Es lässt inhaltliche Aspekte außer Acht. Das kann zu einer Überforderung der Schüler:innen führen, die zudem noch die Vorstellung entwickeln könnten, dass Mehrheitsmeinungen besser sind als abweichende.

Problematisch ist des Weiteren, dass die Auswahlkriterien selbst nicht objektiv sind, sondern den spezifischen Mechanismen und Logiken der Befragungen wie auch der Medien folgen müssen. Daher sprechen Patrick Donges und Otfried Jarren von „Politik, PR und Journalismus als Produktionsgemeinschaft und Handlungssystem“ (Donges/Jarren 2017, 200). Diesem ist durch Mehrheitsregeln nicht zu entkommen.

2.4 Szientistische Kontroversität

Die Auswahl kontroverser Standpunkte erfolgt nach dem Kriterium des wissenschaftlichen Geltungsanspruchs, also einem epistemischen Kriterium. Legitim sind nur solche Positionen, die ein Mindestmaß an Akzeptanz in der jeweiligen Wissenschaftsgemeinschaft finden. Diese Auswahl ist zwar begründet, läuft aber Gefahr, die Möglichkeit von Paradigmenwechseln zu übersehen. Zudem ist auch hier die Auswahl keine fachdidaktische, sondern folgt einem externen Kriterium.

Problematisch kann dieses Auswahlkriterium auch deshalb werden, weil es voraussetzen muss, dass die Lehrkraft fachwissenschaftlich hinreichend gebildet ist, um diese Auswahlentscheidung treffen zu können. Denn diese Form der Kontroversität geht von der Prämisse aus, dass die Lehrkraft in der Lage ist zu entscheiden, ob es

> „unterschiedliche vernünftige, d. h. gut begründete und (bestmöglich) empirisch fundierte Sichtweisen auf dieses Thema gibt und […] die Sachlage in den relevanten wissenschaftlichen Disziplinen – gemäß deren eigenen Rationalitäts-, Methoden- und Argumentationsstandards und Wissensbeständen – *als genuin kontrovers* [Hervorhebung im Original] gilt“ (Drerup 2021, 69).

2.5 Normative Kontroversität

Die Auswahlentscheidung für Unterrichtsinhalte erfolgt nach normativen Kriterien. Diese können sich auf ethische Grundpositionen (z. B. Berücksichtigung der Grund- und Menschenrechte), weltanschauliche Haltungen (z. B. emanzipatorisch) oder politische Programmatiken (z. B. Bildung für nachhaltige Entwicklung) beziehen. Denkbar ist auch eine Orientierung an gesetzlichen Vorgaben (z. B. Verfassung, Schulgesetz, Lehrplan, Richtlinien).

Problematisch kann ein solches Auswahlkriterium werden, wenn es widerstreitende Positionen nicht zulässt, auch wenn sie in einem demokratischen Diskurs legitimerweise vertreten werden können. Dann wird das Kriterium zwar offengelegt, aber die Entscheidung ist dennoch politikdidaktisch fraglich, da sie selbst nicht in Frage gestellt werden kann.

2.6 Fachdidaktische Kontroversität

Eine fachdidaktische Auswahlentscheidung berücksichtigt normative (z. B. Förderung von Mündigkeit) und wissenschaftsorientierte Entscheidungskriterien. Unterrichtsgegenstände werden danach ausgewählt und begründet, dass sie einerseits die Kontroversität in Wissenschaft und Politik abbilden, andererseits solche Position als unvereinbar mit politischer Bildung markieren (d. h., nicht zwangsweise unterdrücken), die beispielsweise eindeutig demokratiefeindlich sind. Die begründete Auswahl und Kennzeichnung folgt nicht nur den externen Kriterien Wissenschaftlichkeit und Verbreitung, sondern auch dem normativen eines Verfassungsauftrags einer Bildung für Demokratie.

Die Lehrkraft könnte unter Einbeziehung des Kriteriums der wissenschaftlichen Kontroversität die Auswahl also damit begründen, dass solche Fragen im Unterricht kontrovers diskutiert werden dürfen und müssen,

> „wenn auf Basis politischer Grundwerte und -prinzipien, die als konstitutiv gelten können für die Ermöglichung eines guten persönlichen und politischen Lebens in liberal-demokratischen Staaten, *keine eindeutige Antwort* [Hervorhebung im Original] abgeleitet werden kann" (Drerup 2021, 68).

Insofern kombiniert die fachdidaktische Kontroversität szientistische und normative Orientierungen, überwindet deren Einseitigkeit bzw. Blindheit für ihre je andere Begründungslogik und bietet damit zugleich eine Ausbuchstabierung des Kontroversitätsgebot des Beutelsbacher Konsenses.

In Anlehnung an das aus der Literatur zur Partizipation bekannte Stufenmodell von Richard Schröder (1995) kann man diese Idealtypen von Kontroversität auch übersichtlich anordnen (vgl. Abb. 1).

Abb. 1: Stufen der Kontroversität

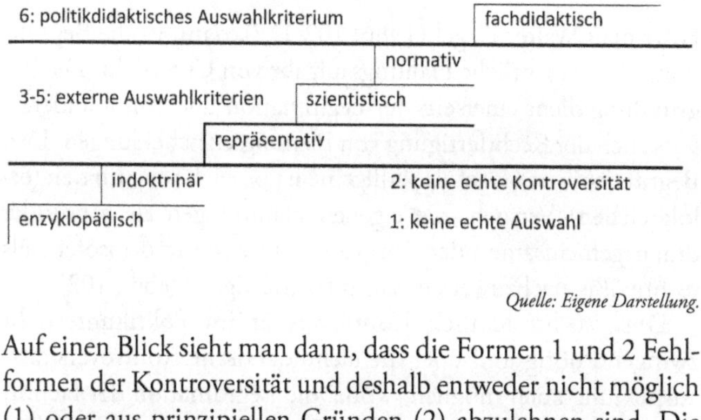

Quelle: Eigene Darstellung.

Auf einen Blick sieht man dann, dass die Formen 1 und 2 Fehlformen der Kontroversität und deshalb entweder nicht möglich (1) oder aus prinzipiellen Gründen (2) abzulehnen sind. Die Formen 3 bis 5 sind zwar begründet, die Begründung ist jedoch eindimensional und folgt gar nicht (3) oder nur bedingt (Wissenschaftsorientierung: 4; Normativität: 5) einer fachdidaktisch möglichen Logik. Von allen Auswahlentscheidungen erscheint nur die letzte (6) politikdidaktisch legitim, weil sie auf einer politikdidaktisch vertretbaren Urteilsbildung basiert. Sie gehorcht den Anforderungen an politisches Urteilen, da sie deren Merkmale aufgreift und erfüllt (vgl. Detjen 2013, 229ff.): Berücksichtigt werden sowohl die sachliche, d. h. epistemologische, als auch wertgebundene, d. h. der Wertordnung des Grundgesetzes folgende, Dimension der Auswahlentscheidung. Das Urteil selbst ist reflexiv und berücksichtigt Mehrdeutigkeiten und es ist zweck- und wertrational zugleich. Zudem entspricht diese Ausprägung der Kontroversität dem Beutelsbacher Konsens.

Da eine solche Entscheidung auch eine wichtige Grundlage für das Planungshandeln der Lehrkräfte und bei Offenlegung gegenüber Schüler:innen geeignet ist, bei diesen die politische Urteilsfähigkeit zu fördern, soll die fachdidaktische Kontroversitätsform im Folgenden im Kontext politikdidaktischer Unterrichtsentscheidungen ansatzweise durchdacht werden.

3. Was ist der Nutzen von Kontroversität?

Folgt man Walter Gagel (1986, 102-117), dann ist die Begründung eine wesentliche Planungsaufgabe von Unterricht. Die Begründung dient einerseits der Legitimation und damit andererseits auch der Rechtfertigung von Planungsentscheidungen. Den Begriff definiert Gagel als „[a]llgemeine Bezeichnung für den (erfolgreichen) Versuch, die eigenen Handlungen als begründet durch gemeinsame oder übergeordnete Ziele und insofern als rechtmäßig nachzuweisen, sie zu rechtfertigen“ (ebd., 102).

Dies ist hinsichtlich Kontroversität im Politikunterricht zwingend nötig und über die fachdidaktische Kontroversitätsausprägung auch möglich, wobei die Legitimation der fachdidaktischen Kontroversität aus deren Begründung erwächst. Diese ist wiederum ein sozialer Prozess, in dem eine Verständigung über den Sinn von Entscheidungen angestrebt wird. Dies setzt eine von vornherein geteilte oder im Laufe des Prozesses erzielte Einigung auf Kriterien voraus. Anders ausgedrückt: In einem dialogischen Prozess strebt die Begründung die Zustimmung der unmittelbar (z. B. Lerngruppe) oder auch nur mittelbar Betroffenen (z. B. Eltern) an. Gagel unterscheidet daher Initiator:innen (= Lehrkräfte, Gestaltende von Lehr-Lern-Prozessen), Betroffene (= Schüler:innen, Teilnehmer:innen) und Interessent:innen (= Eltern, Schulaufsicht). Die fachdidaktische Form der Kontroversität hilft also der Lehrkraft, ihre didaktischen Entscheidungen zu legitimieren.

Dabei ist insgesamt zu bedenken, dass die Angemessenheit didaktischer Entscheidungen nicht allgemein beweisbar, sondern alleine plausibel argumentativ begründbar ist. Dieser Argumentation kann gefolgt werden, ein Zwang dazu besteht nicht. Eine fachdidaktische Begründung ist daher nie dogmatisch. Auch das entspricht dem Kontroversitätsgebot – hier auf den Unterricht selbst gewandt. Sie muss also bereit sein, ihre Geltungsansprüche selbst kritisierbar zu machen. Damit eröffnet sie zugleich eine neue Sicht auf die ausgewählten Inhalte und Methoden usw. und dient deren Erschließung, d.h. der Frage nach der „didaktischen Ergiebigkeit" (Gagel 1986, 106) einer Auswahlentscheidung. Kontroversität wird damit zu einem politikdidaktischen Unterrichtsprinzip (vgl. Detjen 2013, 325-329). Dies ist nötig und entspricht einer Topographie der Gegenwartsgesellschaft und -politik (s.o.).

Allerdings setzt die fachdidaktische Form der Kontroversität auch voraus, dass sie Diskurse über Unterrichtsinhalte und Unterrichtsmittel zulässt. Damit hat sie letzten Endes die Frage nach den legitimen Verfahrensbeteiligten zu beantworten und muss die Dimensionen des diskursiven Raums abstecken. Wer also soll einbezogen werden in den Aushandlungsprozess (Lehrkräfte, Lernende, Eltern, Schulleitung, Öffentlichkeit, Politik usw.) und welche Voraussetzungen sind nötig, damit dieser Prozess stattfinden kann (z.B. Ambiguitätstoleranz, Akzeptanz von Streitkultur) (vgl. Grammes 2020, 134).

Wie ist mit solchen Akteuren umzugehen, die Kontroversität anders deuten als die Mehrheit? Wann ist eine demokratische Streitkultur angesagt und wo sind ihre Grenzen? Ist die Schule tatsächlich der Ort für solche politischen Auseinandersetzungen? Und welche Rolle spielt Emotionalität? Die aktuelle Diskussion um Kontroversität im Politikunterricht ist von solchen Fragen und Differenzen geprägt. Somit ist die fachdidaktische Form der Kontroversität ein Motor zur Weiterentwicklung des Politikunterrichts und zur demokratischen Öffnung der Schule.

4. Fazit: Alternativlosigkeit der Kontroversität

Kontroversität gehört zur Politik, denn sie markiert das Unentschiedene und die um eine Entscheidung ringenden Akteur:innen und dabei je evozierten Vorstellungen. Daher kommt keine Politiklehrkraft an Kontroversität vorbei. Nicht umsonst sind Konflikt- und Problemorientierung etablierte fachdidaktische Prinzipien der Politikdidaktik und die Konfliktanalyse und Problemstudie dazu passende Methoden (vgl. Reinhardt 2019). Wenn dem so ist, dann ist jede Lehrkraft von der Begründung entlastet, warum Politikunterricht Kontroversen thematisieren und selbst kontrovers sein muss. Das Bekenntnis zur Kontroversität, oft festgemacht am Beutelsbacher Konsens, hat damit einen nicht zu unterschätzenden unmittelbaren Nutzen für jede Lehrkraft des Faches, da es rein formal begründet und an öffentliche Papiere wie auch den fachdidaktischen Diskurs problemlos rückgebunden werden kann. Zugleich entspringt daraus aber ein genauso wenig zu unterschätzender Nachteil. Wenn man sich unterschiedlicher Arten von Kontroversität nicht bewusst ist und diese auch nicht in fachdidaktische Begründungen einfließen lassen kann, dann ist der eigene Unterricht u. U. einer fundamentalen Kritik ausgesetzt, Kontroversität nur scheinbar zu achten, bestimmte Positionen aber zu unterdrücken. Diesen Versuchen von Einflussnahme und zum Teil auch (internet-)öffentlicher Anprangerung sehen sich gegenwärtig Lehrkräfte ausgesetzt.

Um gegen eine politische Einflussnahme gewappnet zu sein, die einen angeblich vorhandenen Mangel an Kontroversität vorschützt, um den Politikunterricht in ihrem Sinn zu verändern, und um Planungsentscheidungen zugleich als Gelegenheiten zur Förderung politischer Urteilsfähigkeit nutzen zu können, könnten sich Politiklehrkräfte, was Planung und Gestaltung von Unterricht betrifft, an folgenden Punkten orientieren (vgl. Goll 2021, 168):

(1) Kontroversität ist Ausdruck des Politischen.
Kontroversität ist kein Selbstzweck, ihre Bearbeitung daher keine *l'art pour l'art*, sondern Wesensbestandteil des Politischen. Wird eine Kontroverse Gegenstand des Unterrichts, dann ist sie immer nur ausschnittweise abbildbar. Die Aspekte, die in den Unterricht eingehen sollen (oder eben nicht), müssen begründbar sein.

(2) Kontroversität zum Unterrichtsprinzip zu erheben, ist legitim.
Aus der Logik des Politischen (d. h. das noch nicht Entschiedene, das Umstrittene, das einer Verständigung Bedürfende) (vgl. Meyer 2003, 69) und aus der Werteordnung des Grundgesetzes (Schutz der personalen Würde des Menschen und u. a. Ordnung der Freiheit) ergibt sich die Verpflichtung, Kontroversen so weit wie möglich zuzulassen. Damit ist Kontroversität ein fachdidaktisches Unterrichtsprinzip.

(3) Das Kontroversitätsprinzip ist Ausdruck von Wissenschaftsorientierung.
Die Auswahl kontroverser Standpunkte muss das Kriterium des wissenschaftlichen Geltungsanspruchs berücksichtigen. Legitim sind daher nur solche Positionen, die gemäß den Standards und den Wissensbeständen der jeweiligen Wissenschaftsgemeinschaften ein Mindestmaß an Akzeptanz finden.

(4) Das Grundgesetz bestimmt die Grenzen des Zulässigen.
Eine fachdidaktische begründete und verantwortete Kontroversität ist immer reflexiv und transparent. Sie ist immer (gewollt oder nicht gewollt) normativ und daher in einer Demokratie an deren Werte gebunden (das gilt auch für die Universität; vgl. Art. 5, Abs. 3, Satz 2 GG: „Die Freiheit der Lehre entbindet

nicht von der Treue zur Verfassung."). Die Grenzen der Kontroversität sind damit weit, aber letzten Endes materiell bestimmt. Die Verantwortung für ihre Bestimmung liegt bei der Lehrkraft.

Literatur

Berlin-Brandenburgische Akademie der Wissenschaften (Hg.): Digitales Wörterbuch der deutschen Sprache. Berlin. URL: https://dwds.de [20.09.2022].

Bogner, A. (2021): Die Epistemisierung des Politischen. Wie die Macht des Wissens die Demokratie gefährdet. Stuttgart.

Detjen, J. (2013): Politische Bildung. Geschichte und Gegenwart in Deutschland. 2. Auflage, München.

Donges, P./Jarren, O. (2017): Politische Kommunikation in der Mediengesellschaft. Eine Einführung. 4. Auflage, Wiesbaden.

Drerup, J. (2021): Kontroverse Themen im Unterricht. Konstruktiv streiten lernen. Ditzingen.

Gagel, W. (1986): Unterrichtsplanung: Politik/Sozialkunde. Opladen.

Goll, T. (2021): Vom Nutzen und Nachteil der Kontroversität für das tägliche Leben (als Politiklehrkraft) – ein Essay. In: Drerup, J./Yacek, D./Zulaica y Mugica, M. (Hg.): Dürfen Lehrer ihre Meinung sagen? Demokratie, Bildung und der Streit über das Kontroversitätsgebot. Stuttgart, S. 157-170.

Grammes, T. (2020): Kontroversität. In: Achour, S./Busch, M./Massing, P./Meyer-Heidemann, C. (Hg.): Wörterbuch Politikunterricht. Frankfurt/M., S. 132-134.

Grammes, T./Schluß, H./Vogler, H.-J. (2006): Staatsbürgerkunde in der DDR. Ein Dokumentenband. Wiesbaden.

Manzel, S. (2017): Erfüllt das Kontroversitätsprinzip Merkmale einer politikdidaktischen Theorie? In: Oberle, M./Weißeno, G. (Hg.): Politikwissenschaft und Politikdidaktik. Theorie und Empirie. Wiesbaden, S. 31-43.

Meyer, T. (2003): Was ist Politik? 2. Auflage, Opladen.

Reinhardt, S. (2019): Politikdidaktik. Handbuch für die Sekundarstufe I und II. Berlin.

Schröder, R. (1995): Kinder reden mit! Beteiligung an Politik, Stadtplanung und Stadtgestaltung. Weinheim, Basel.

Steinmeier, F.-W. (2019): Rede von Bundespräsident Dr. Frank-Walter Steinmeier bei der Jahresversammlung der Hochschulrektorenkonferenz am 18. November 2019 in Hamburg. In: Bulletin der Bundesregierung Nr. 141-1 vom 21. November 2019. URL: https://www.bundesregierung.de/resource/blob/975954/1696210/e81441f354b6cd40be7b322332235238/141-1-bpr-hochschulrektorenkonferenz-data.pdf [Zugriff 15.09.2022].

Wehling, H.-G. (1977): Konsens à la Beutelsbach? Nachlese zu einem Expertengespräch. In: Schiele, S./Schneider, H. (Hg.): Das Konsensproblem in der politischen Bildung. Stuttgart, S. 173-184.

Weißeno, G. (2017): Zur Historisierung des Beutelsbacher Konsenses. In: Frech, S./Richter, D. (Hg.): Der Beutelsbacher Konsens. Bedeutung, Wirkung, Kontroversen. Schwalbach/Ts., S. 35-56.

Holger Thünemann

Kontroversen austragen?

Der Beutelsbacher Konsens aus geschichtskultureller Perspektive

1. Einleitung

Geschichte ist omnipräsent und zugleich oft heftig umstritten. Das gilt nicht nur für die Geschichtswissenschaft (vgl. z. B. Sabrow u. a. 2003; Große Kracht 2005), sondern auch für den nichtakademischen Umgang mit Geschichte in Politik, Gesellschaft, Familie und Schule, in den klassischen Printmedien ebenso wie in Film und Fernsehen oder im digitalen Raum. Geschichtskultur (vgl. Thünemann 2018) ist daher keine monolithische Einheit, sondern als „praktisch wirksame Artikulation von Geschichtsbewußtsein im Leben einer Gesellschaft" (Jörn Rüsen) Ausdruck heterogener Orientierungs- und Identitätsbedürfnisse.

Geschichtskultur kann man einerseits verstehen als ein Ensemble kultureller Praktiken des individuellen und gesellschaftlichen Umgangs mit vielfältigen Vergangenheiten. Andererseits spielen die Zeithorizonte der Gegenwart und Zukunft eine zentrale Rolle, denn Geschichtskultur ist zugleich ein diskursives soziales Feld, in dem unterschiedliche Akteur:innen gegenwartsrelevante historische Identitätsangebote machen, Zukunftsentwürfe aushandeln und Geschichte als Bedeutung so immer wieder neu erzeugen. Das zeigt sich nicht zuletzt in geschichtskulturellen Kontroversen, in denen verschiedene historische Orientierungsbedürfnisse und Deutungsmuster diskutiert sowie hinsichtlich ihrer Plausibilität reflektiert werden.

Gerade in den letzten Jahren hat die Intensität dieser Kontroversen offenbar wieder deutlich zugenommen.[1] Dafür nur einige Beispiele: Die sogenannte Hohenzollerndebatte, deren Ende bereits mehrfach eingefordert wurde (Kilb 2021), hat die Geschichtswissenschaft in jüngster Zeit intensiv beschäftigt (vgl. Machtan 2021; Malinowski 2021; Kroll u. a. 2021; Hürter/Süß 2021). Die Rekonstruktion des Berliner Stadtschlosses und die Eröffnung des Humboldt Forums haben sich als zunächst ungewollter Resonanzraum für geschichtskulturelle Kontroversen über Fragen der Restitution und des Umgangs mit kolonialen Vergangenheiten entwickelt (vgl. Sandkühler u. a. 2020; Schönberger 2021). Das Feld der historischen Auseinandersetzung mit den geschichtskulturell aufeinander bezogenen Vergangenheiten der deutschen Kolonialverbrechen und des Holocaust ist mittlerweile derart umkämpft, dass bereits von einem neuen Historikerstreit die Rede ist (Friedländer u. a. 2022). Und die 2018 geführte Diskussion über eine Resolution des Historikerverbandes zu „gegenwärtigen Gefährdungen der Demokratie“ und über das damit verbundene Plädoyer für „Humanität und Recht, gegen die Diskriminierung von Migranten“ (vgl. Thünemann 2020, 5-6) hallt in anderen Kontroversen immer noch deutlich nach (vgl. Walter 2021, 129).

„Was in Wissenschaft und Politik kontrovers ist“, so der zweite Satz des Beutelsbacher Konsenses, „muß auch im Unterricht kontrovers erscheinen“ (Wehling 2016, 24). Obwohl der Beutelsbacher Konsens mit wenigen Ausnahmen (von Borries 2008, 40-42, 120, 229; 2013; Meyer-Hamme 2018, 77-80; Brüning 2021; Thyroff 2021, 261-262) in der Geschichtsdidaktik keine besonders intensive Resonanz gefunden hat, ist diese Forderung für den Geschichtsunterricht ebenso relevant wie für den Politikunterricht. Angesichts des „fundamental kontroversen Charakters von Historie“ (von Borries 2008, 41) ist Kontroversität für historisches Denken und Lernen geradezu konstitutiv. Spätestens seit den 1970er Jahren besteht in der Geschichtsdidaktik jedenfalls ein weitgehender Konsens, dass

Geschichte ein perspektivengebundenes Konstrukt ist, das ausgehend von sich wandelnden historischen Orientierungsbedürfnissen und Fragestellungen immer wieder aufs Neue diskursiv ausgehandelt wird. Das vor allem von Klaus Bergmann profilierte Konzept der Multiperspektivität (Bergmann 1997; 2008; vgl. Lücke 2017), das wiederum in der Politikdidaktik kaum rezipiert wurde (vgl. jedoch Grammes 1998, 352-359), ist das maßgebliche Prinzip, in dem diese Auffassung zum Ausdruck kommt. Seit ungefähr fünf Jahrzehnten sind dieses Prinzip und seine Dimensionen der Perspektivität, Kontroversität und Pluralität in den „geschichtsdidaktischen Wissensordnungen" (Heuer 2021, 38, 47) daher fest verankert.

Wenn Lehrer:innen Kontroversität im Unterricht zur Geltung bringen wollen, dann stehen sie allerdings vor mindestens vier Herausforderungen, die ich im Folgenden kurz skizzieren werde. Sowohl praktisch als auch theoretisch hängen diese Herausforderungen eng miteinander zusammen.

2. Geschichtstheoretische Herausforderung: Ist jede Position gleichberechtigt?

Dass kontroverse Positionen im Geschichtsunterricht ihren Platz haben sollen, lässt sich zumindest dann, wenn man Geschichte als Bewusstseinskonstrukt versteht, kaum bestreiten. Dass Geschichte ein Konstrukt ist, bedeutet jedoch nicht, dass sich jede beliebige historische Position mit gleicher Berechtigung vertreten lässt. Woran also lässt sich die Qualität unterschiedlicher Vorstellungen, Urteile und Einstellungen zu historischen Themen bzw. die Gültigkeit bestimmter historischer Narrationen bemessen?

Im Sinne einer fachspezifischen Profilschärfung bietet das gerade bereits erwähnte geschichtsdidaktische Prinzip der Multiperspektivität hier wesentliche Anregungen. Einerseits lassen sich mit den Dimensionen der Perspektivität, der Kontroversität und der Pluralität unterschiedliche Zeitbezüge und Artikulationsformen historischen Denkens unterscheiden. Andererseits verbinden sich mit dieser Begriffstrias – gerade auch angesichts „rechtspopulistischer historischer Narrative“ (Köster 2018, 72) oder Instrumentalisierungsversuche sowie zunehmend verbreiteter Halbwahrheiten (vgl. Gess 2021) und postfaktischer Fake-News (vgl. Schlinkheider 2020) – notwendige Plausibilitätsansprüche, die den Maßstäben der Humanität und Rationalität als normativen Prämissen historischen Denkens und Lernens Geltung verschaffen.

Abb. 1: Dimensionen historischer Erkenntnis

Teiloperationen historischen Denkens	Ebenen der Multiperspektivität	Dimensionen und Kriterien narrativer Plausibilität
Sachverhaltsanalyse	Perspektivität historischer Quellen	Empirische Plausibilität ■ formal: Quellenvielfalt ■ inhaltlich: Quellenwert
Sachurteil	Kontroversität historischer Darstellungen	Theoretische Plausibilität ■ formal: Theorieförmigkeit ■ inhaltlich: Theoriequalität
Werturteil	Pluralität historischer Orientierungsleistungen	Normative Plausibilität ■ formal: Standpunktreflexion ■ inhaltlich: Wertemaßstab

Quelle: Eigene Darstellung.[2]

Erstens geht es auf der Ebene der Quellen um die Perspektivität unterschiedlicher zeitgenössischer Wahrnehmungen historischer Akteur:innen, Ereignisse und Entwicklungen. Sklaverei beispielsweise bedeutete (und bedeutet!) für davon Betroffene Entmenschlichung, für die Profiteur:innen dagegen verhieß (und verheißt!) sie immensen Reichtum. Die Industrialisierung empfanden die einen als großartigen Fortschritt, die anderen zunehmend als Bedrohung. Die Vereinigung der beiden deutschen Teilstaaten wurde nicht nur euphorisch gefordert, sondern zugleich scharf kritisiert. Und dass Migration, ja sogar Gastfreundschaft, ein unveräußerliches Menschenrecht ist, wurde und wird ebenso nachdrücklich betont (vgl. z. B. Balibar 2018) wie energisch bestritten. Im historischen Erkenntnisprozess kommt es also darauf an, unterschiedliche zeitgenössische Perspektiven so weit und so umfassend wie möglich zu berücksichtigen. Nur unter dieser Voraussetzung können Historiker:innen oder, allgemeiner formuliert, alle diejenigen, die sich mit Geschichte beschäftigen, einen „selektiven Erfahrungsbezug" (Gess 2021, 33) vermeiden und historische Sachverhalte möglichst angemessen beschreiben; nur unter dieser Voraussetzung gewinnt eine bestimmte historische Narration mit den Worten Jörn Rüsens an empirischer Plausibilität. Mit anderen Worten: Wer seine eigene Narration nicht auf eine möglichst breite und zuverlässige Grundlage historischer Zeugnisse stützen kann, der scheitert am „Vetorecht" der Quellen (Koselleck 2013, 206). Um den Begriff der empirischen Plausibilität im Zusammenhang mit dem Prinzip der Multiperspektivität noch genauer zu fassen, liegt es aus meiner Sicht allerdings nahe, eine formale und eine inhaltliche Dimension zu unterscheiden. In formaler Hinsicht geht es um Quellenvielfalt, in inhaltlicher Hinsicht um den Quellenwert, also darum, dass eine möglichst enge Korrespondenz zwischen Quelleninhalten bzw. -aussagen und den untersuchten historischen Sachverhalten besteht.

Zweitens geht es auf der Ebene der von späteren Betrachter:innen verfassten historischen Darstellungen um die Kontroversität unterschiedlicher Deutungen bzw. Sachurteile, wie sie insbesondere in den Debatten von Historiker:innen, aber auch in einer historisch interessierten breiteren Öffentlichkeit zur Sprache kommen. Zur Erklärung von NS-Politik und NS-Verbrechen hat, um ein klassisches Beispiel zu nennen, die Geschichtswissenschaft völlig unterschiedliche theoretische Positionen entwickelt. Während intentionalistisch oder personalistisch argumentierende Historiker:innen vor allem Hitler ins Zentrum ihrer Deutung stellen, betonen die Vertreter:innen funktionalistischer bzw. strukturalistischer Ansätze stärker das polykratische Geflecht konkurrierender Einflussgruppen sowie politische Eigendynamiken und selbsterzeugte Handlungszwänge (vgl. Hildebrand 2009, 150-151, 166-169, 281-284). Unterschiedliche Theorieansätze prägen ebenso die bereits erwähnte Hohenzollerndebatte. Denn die Beantwortung der Frage, ob der ehemalige preußische Kronprinz Wilhelm der nationalsozialistischen Machtetablierung „erheblichen Vorschub" geleistet hat oder nicht, hängt auch davon ab, ob man eher politik- oder kulturgeschichtlich argumentiert, ob man den Fokus also stärker auf konkrete politische Einflussmöglichkeiten oder die Relevanz symbolischen Kapitals richtet (vgl. Hürter/Süß 2021). Je größer die historische „Erklärungskraft" eines bestimmten Ansatzes, desto höher ist seine theoretische Plausibilität (Rüsen 2013, 62). Auch auf dieser Ebene halte ich es allerdings für sinnvoll, zwischen einer formalen und einer inhaltlichen Dimension zu unterscheiden. In formaler Hinsicht geht es darum, ob historische Narrationen überhaupt explizit theorieförmig sind. In inhaltlicher Hinsicht kommt es darauf an, ob die verwendeten Theorien aktuellen Kriterien wissenschaftlicher Qualität entsprechen.

Drittens geht es auf der Ebene der Pluralität um die Vielfalt historisch-politischer Orientierungsleistungen. Mit bestimmten historischen Akteur:innen, Ereignissen und Entwicklungen können sich heute völlig unterschiedliche Werturteile, Valenz- und Relevanzzuschreibungen (Thünemann 2020, 17-18; vgl. Winklhöfer 2020 und Thünemann 2022, 244) verbinden. Und die Konsequenzen, die sich daraus für konkretes politisches Handeln ergeben, sind möglicherweise sehr verschieden. „Das klassische Beispiel", so Bodo von Borries (2013, 83), „ist der Kosovo-Einsatz der Bundeswehr, als für einen Grünen als Außenminister plötzlich ‚*Nie wieder Krieg! Nie wieder Auschwitz!*' auseinanderbrach: ‚*Leider nötiger Krieg, damit nie wieder Auschwitz!*' Dieser Schluss war und ist kontrovers."[3] Auf dieser Ebene kommt es auf die normative Plausibilität (Rüsen 2013, 61-

62) historischer Erkenntnis an. Als wesentliches Kriterium normativer Plausibilität nennt Rüsen das Verfahren der „Standpunktreflexion“. Es geht also darum, die eigene historisch-politische Position reflektiert zu begründen, Urteilsprämissen offenzulegen und eine konkrete historische Orientierungsleistung auf diese Weise argumentativ so transparent wie möglich zu machen. Der Begriff der Standpunktreflexion konzentriert sich aus meiner Sicht allerdings primär auf die formale Dimension normativer Plausibilität. In inhaltlicher Hinsicht geht es zugleich um die Frage, ob und inwieweit die Normen und Werte, die einer bestimmten historischen Narration oder einem historischen Werturteil zu Grunde liegen, zustimmungsfähig sind. Als universaler Maßstab zur Beantwortung dieser Frage werden häufig die Menschenrechte genannt (vgl. von Borries 2011), auch wenn ihre Verbindlichkeit in Politik und Gesellschaft de facto immer wieder zur Disposition gestellt wird.

Diese drei Plausibilitätsdimensionen ergänzt Rüsen schließlich noch um eine narrative Plausibilität. Hier sei „der maßgebliche Gesichtspunkt derjenige der ‚Lebensdienlichkeit‘“. Obwohl Rüsen die Gefahr der ideologischen oder machtpolitischen Instrumentalisierung, die sich mit diesem Kriterium verbindet, durchaus erkennt und obwohl er betont, dass „Lebensdienlichkeit“ immer „auch darauf angelegt“ sei, „‚lebensdienerisch‘ zu sein“ (Rüsen 2013, 62), sind dieser Begriff und die damit verbundene geschichtstheoretische Position von mehreren Seiten problematisiert worden (vgl. v. a. Geiss 2018, 30-33; Köster 2018, 86). Insbesondere der Historiker und Geschichtsdidaktiker Peter Geiss warnt vor einer „sicher nicht gewollten […] ‚postfaktischen‘ Kontamination historischen Denkens im Geiste einer instrumentellen Bedürfnisgeschichte“ (2018, 33). Möglicherweise ist es daher überzeugender, den Begriff der narrativen Plausibilität als formalen Oberbegriff zu verwenden, der die anderen Plausibilitätsdimensionen umfasst.[4] Narrativ plausibel wären historische Narrationen, die sowohl Sachverhaltsanalysen als auch Sach- und Werturteile umfassen, also immer dann, wenn sie unter empirischen, theoretischen und normativen Gesichtspunkten überzeugen können.[5]

Obwohl die skizzierten geschichtstheoretischen Plausibilitätskriterien sicher nicht völlig trennscharf und in der Praxis des Geschichtsunterrichts angesichts des damit verbundenen Reflexivitätsanspruchs wohl auch nicht leicht anzuwenden sind, haben sie doch eine wichtige regulative Funktion. Nur wenn Schüler:innen – und natürlich ebenso ihre Lehrkräfte! – ihre eigenen Narrationen und Urteile auf der Basis möglichst vielfältiger sowie zuverlässiger historischer Quellen, unter Berücksichtigung verschiedener historischer Positionen und in Kenntnis erklärungsstarker Theorien reflektiert entwickeln können, und wenn sie zugleich in der Lage sind, ihren eigenen Standpunkt überzeugend sowie im Rückgriff auf möglichst universale und zustimmungsfähige Werte zu begründen, nur dann ist Kontroversität im Geschichtsunterricht kein postmodernes Spiel des Austauschs beliebiger Meinungen. Nur dann kann das Prinzip der Multiperspektivität bzw. Kontroversität das leisten, was es leisten soll: einen unverzichtbaren Beitrag zum historischen Erkenntnisgewinn und zum geschichtskulturellen Kompetenzerwerb.

3. Geschichtsdidaktische Herausforderung: Geschichtsunterricht ohne Kontroversen?

Damit komme ich zur zweiten Herausforderung, die mit der ersten eng zusammenhängt und primär geschichtsdidaktischer Natur ist. Unbestreitbar besteht nämlich eine bereits seit Langem beklagte Kluft zwischen Theorie und Praxis historischen Lernens, deren Gründe dringend genauer untersucht werden müssten. Auch wenn die Relevanz historischer Kontroversen theoretisch kaum jemand bestreitet, spielt Kontroversität in der Praxis des Geschichtsunterrichts offenbar keine besonders große Rolle. Vor allem von Borries hat auf der Grundlage eigener empirischer Studien immer wieder betont, dass der Umgang mit Geschichte in einem geschichtsdidaktisch anspruchsvollen Geschichtsunterricht zwar „zwingend“ multiperspektivisch, kontrovers und plural sein müsse, dass diese „Grundeinsicht“ aber „leider nicht breitenwirksam“ umgesetzt werde (2008, 229).[6] Besonders aufschlussreich sind in diesem Zusammenhang auch zahlreiche Befunde der Schulbuchforschung, denn zumindest im deutschsprachigen Raum gilt das Geschichtsschulbuch nach wie vor als das „Leitmedium des Geschichtsunterrichts“.[7] Ebenso wie Befragungen zum Schulbuchideal von Lehrer:innen und Schüler:innen (vgl. z. B. von Borries u. a. 2005, 62) deuten zahlreiche Schulbuchanalysen jedenfalls darauf hin, dass das Prinzip der Multiperspektivität bzw. Kontroversität bei der Konzeption von Geschichtsschulbüchern immer noch nicht konsequent genug berücksichtigt wird (vgl. z. B. Fiebig 2013, 329; Buchberger 2020, 322-323; Thyroff 2021, 251-254).[8] Geschichte wird allen theoretischen Einsichten zum Trotz also eher selten als kontroverses Konstrukt verhandelt, sondern erscheint in der Regel als geschlossene Narration mit hohem Anspruch auf Deutungsautorität.[9]

Allerdings gibt es nicht nur einen Mangel an Kontroversitätsangeboten seitens der Lehrer:innen sowie der verwendeten Schulbücher, sondern das Problem ist in erkenntnistheoretischer Hinsicht wesentlich grundsätzlicher. Manuel Köster (2013, 244-245) hat in seiner Studie zum historischen Textverstehen sehr überzeugend nachgewiesen, dass Schüler:innen verschiedene historische Deutungen, also eine historische Kontroverse, aufgrund unbewusster Vorurteilsstrukturen und eines positivistischen Geschichtsverständnisses oftmals überhaupt nicht als solche erkennen. Ganz konkret waren zahlreiche Lernende nicht dazu in der Lage, fundamental verschiedene Ansätze zur Erklärung des Holocaust – Goldhagens These über „Hitlers willige Vollstrecker“ einerseits, ein die deutsche Bevölkerung weitgehend exkulpierender Text andererseits[10] – als solche zu identifizieren. Kontroversität als Prinzip historischen Lernens stellt also nicht zuletzt deshalb eine besondere Herausforderung dar, weil Schüler:innen über ausgeprägte, teils fachspezifische, teils fachübergreifend relevante Kompetenzen des Lesens bzw. sprachlichen Handelns verfügen müssen, wenn sie diesem Prinzip gerecht werden wollen.[11]

Dass es um diese Kompetenzen nicht gut bestellt ist, legen nicht nur geschichtsdidaktische Untersuchungen nahe, sondern auch die jüngste Sonderauswertung der PISA-Studie zum „Lesen im 21. Jahrhundert“ deutet darauf hin. „Beim veröffentlichten PISA-Item aus der Domäne Lesen, bei dem es darum geht, Fakten von Meinungen zu unterscheiden“, lag der Anteil richtiger Antworten in Deutschland bei 45 Prozent, also leicht unter dem OECD-Durchschnitt von 47 Prozent (Sälzer 2021, 6). Mehr als die Hälfte der 15-Jährigen schafft es dieser Studie zufolge also nicht, zwischen Fakten und Meinungen zu differenzieren. Dass diese Befunde gerade aus geschichtsdidaktischer Perspektive eine besondere Herausforderung darstellen, dürfte kaum bestreitbar sein. Denn bei historischen Lehr-Lernprozessen und im Umgang mit historischen Kontroversen kommt es nicht zuletzt darauf an, reine Meinungsäußerungen von empirisch abgesicherten Sachverhaltsaussagen sowie theoretisch und normativ plausiblen Urteilen begründet zu unterscheiden. Welche fachspezifischen Handlungskonsequenzen sich daraus gerade auch im Zeitalter der Digitalität für die Praxis des Geschichtsunterrichts ergeben, müsste eingehend diskutiert werden.

4. Geschichtspolitische Herausforderung: Identität statt Diskurs?

Neben primär geschichtstheoretischen und geschichtsdidaktischen Herausforderungen bezieht sich die dritte Herausforderung auf den Bereich der Geschichtspolitik und damit auf den Zusammenhang zwischen Vergangenheitsrepräsentation und individuellen oder kollektiven Identitätsansprüchen. Historisches Denken beschränkt sich nicht auf die akademische Sphäre der Geschichtswissenschaft oder auf den nur vermeintlich geschlossenen Raum des Geschichtsunterrichts, sondern es vollzieht sich ebenso in einer breiten Öffentlichkeit und ist ein Phänomen politischer Praxis. Geschichte ist stets auch ein Mittel politischer Auseinandersetzung und historischer Identitätsstiftung. Geschichtskulturelle Kontroversen bewegen sich also immer in einem Spannungsfeld zwischen Erinnern, Verdrängen und Vergessen, zwischen Eigenem und Fremden, zwischen Wir und Ihr. Darüber hinaus geht es nicht zuletzt darum, die Grenzen des historisch Sagbaren stets aufs Neue auszuloten. Zu einem zentralen Problem werden die Identitätsansprüche bestimmter geschichtspolitischer Akteur:innen stets dann, wenn sie das Prinzip der Kontroversität grundsätzlich in Frage stellen.

Wolfgang Sander hat diese Gefahr für die Politikdidaktik kürzlich auf die Frage zugespitzt: „Identität statt Diskurs?“, und er sieht darin zu Recht eine „erhebliche Herausforderung für die Professionalität von Lehrerinnen und Lehrern“. Im „Sinne der intendierten Förderung von […] Mündigkeit und Urteilsfähigkeit“ der Schüler:innen, so Sander weiter, dürften sich Lehrkräfte „von Versuchen, identitätspolitisch begründete Tabus zu errichten und Diskursräume einzuengen, nicht beeindrucken lassen“ (Sander 2021, 303). Diese Forderung ist aus meiner Sicht für den Geschichtsunterricht ebenso relevant wie für die politische Bildung. Dass wir es, wie Sander meint, primär mit einer „linken Identitätspolitik“ (Sander 2021, 303) zu tun haben, bezweifle ich allerdings. Zahlreiche Einlassungen der AfD zur NS-Vergangenheit sowie zu den Formen und Praktiken ihrer geschichtskulturellen Vergegenwärtigung sind unter identitätspolitischen Gesichtspunkten jedenfalls keineswegs weniger irritierend. Wenn AfD-Politiker, um nur einige Beispiele zu nennen, NS-Zeit und NS-Verbrechen als „Vogelschiss“ verharmlosen, wenn sie gegen einen angeblichen „Schuldkult“ polemisieren oder ein sogenanntes „Meldeportal“ einrichten, damit Schüler:innen vermeintlich zu wenig neutrale Lehrkräfte denunzieren können (vgl. Brüning 2021, 177-

178), dann sind dies klare Indizien dafür, dass kritische historische Auseinandersetzungen beendet und Diskursfreiräume massiv eingeschränkt werden sollen. Und mit Blick auf die bereits erwähnte Hohenzollernkontroverse ist es ebenso aussagekräftig, dass eine Gruppe konservativer Historiker:innen zwar nicht müde wird, ein angeblich vor allem durch die ehemalige Vorsitzende des Verbands der Historiker und Historikerinnen Deutschlands (VHD) Eva Schlotheuber dekretiertes Ende der Debatte mit äußerster Schärfe zu kritisieren (vgl. Kroll u. a. 2021), aber zugleich erkennbare Sympathien für das sogenannte „Haus Hohenzollern" zeigt, obgleich gerade von dieser Seite die Freiheit des wissenschaftlichen Diskurses durch Unterlassungsklagen und einstweilige Verfügungen immer wieder massiv beschnitten wird.[12]

Um Schüler:innen für die sprachliche Dimension geschichtspolitischer Identitätsstrategien zu sensibilisieren, eignet sich das Beispiel der Hohenzollerndebatte ebenfalls. Öffentliche Kommentare „über die Ansprüche und das Agieren der Hohenzollern", so der Althistoriker Uwe Walter (2021, 127), trügen „bisweilen Züge von generationenübergreifender Sippenhaft, Hassrede und ‚gruppenbezogener Menschenfeindlichkeit'". Hier wird ein Vokabular („Hassrede", „gruppenbezogene Menschenfeindlichkeit"), das ‚rechte' Kritiker als Ausdruck ‚linker' Identitätspolitik umgekehrt wohl deutlich zurückweisen würden, gezielt genutzt, um die eigene Diskursgruppe als Opfer einer vermeintlich zunehmend illiberalen Debattenkultur darstellen zu können. Angesichts derart verhärteter Fronten ist es jedenfalls umso wichtiger, in Gesellschaft, Wissenschaft und Schule entschieden für ein Diskursklima und für eine Art der Kontroverse einzutreten, bei der ausschließlich das bessere Argument und das Ziel gemeinsamen Erkenntnisgewinns Priorität haben.

5. Gesellschaftliche Herausforderung: Kontroversen ohne Konsens?

Damit komme ich zur letzten Herausforderung. Anspruchsvolle und differenzierte Erkenntnisse sind ohne vorausgehende Kontroversen nicht möglich; wissenschaftlich belastbare Erkenntnisse aber – das gilt für die Geschichtsdidaktik ebenso wie für die politische Bildung –, die in Gesellschaft und Schule nicht als zumindest vorläufig gesichertes Wissen geteilt und als konsensfähig akzeptiert werden, sind nutzlos. Nur wenn historische Wahrheit als zumindest regulative Idee Bestand hat bzw. wenn das Ziel einer „Konsensobjektivität" im Sinne Hermann Lübbes (vgl. dazu Rüsen 1983, 129-130; Pandel 2017, 215-216) nicht völlig verworfen wird, ist es überhaupt sinnvoll möglich, historische Kontroversen auszutragen und auf diese Weise historisch zu lernen. Das heißt nicht, dass ein einmal erarbeiteter und methodisch so gut wie möglich abgesicherter – Stichwort Verfahrensobjektivität – wissenschaftlicher Konsens absolute und auf Dauer gestellte Gültigkeit beanspruchen kann, also prinzipiell nicht mehr revidierbar ist. Aber das bedeutet doch, dass die Fähigkeit zur Konsensbildung im Geschichts- ebenso wie im Politikunterricht intensiv gefördert und nachdrücklich gefordert werden sollte. Ohne einen „Minimalkonsens" über bestimmte Kernfragen, so beispielsweise die US-amerikanische Wissenschaftshistorikerin Lorraine Daston vor einiger Zeit in einem Interview (2020, 22), werde es für „Demokratien gefährlich".[13] Das gilt nicht nur für den Kontext der Corona-Krise, in dem dieses Interview entstanden ist, sondern ebenso dann, wenn historische Erkenntnisse, die auf methodisch transparente Weise zustande gekommen sind, leichtfertig ignoriert oder unbegründet in Zweifel gezogen werden.

Mit anderen Worten: Was sich in einem freien wissenschaftlichen Diskurs als Konsens etabliert hat, sollte unter rationalen Gesichtspunkten auch in Politik, Gesellschaft und Schule zumindest vorerst und bis zum Beweis des Gegenteils nicht mehr als kontrovers gelten.

6. Fazit: Kontroversen, Konsens und historisch-politische Orientierung

Zusammenfassend lässt sich festhalten, dass der Beutelsbacher Konsens in geschichtskultureller Hinsicht von großer Bedeutung ist. Er setzt aus guten Gründen auf das in der Praxis des Geschichtsunterrichts oftmals viel zu wenig berücksichtigte Prinzip der Kontroversität bzw. auf die Erkenntnisrelevanz von Kontroversen. Geschichtskulturelle Kontroversen sind allerdings kein Selbstzweck, sondern sie sollten ihrerseits an die regulativen Ideen der Verfahrens- und Konsensobjektivität und an damit verbundene historische Plausibilitätskriterien gebunden bleiben. Um solche Kriterien für die unterschiedlichen Teiloperationen historischen Denkens und die damit verbundenen Ebenen der Multiperspektivität operationalisieren und historisch-politische Orientierung ermöglichen zu können, eignen sich insbesondere Rüsens Plausibilitätsdimensionen, die ich in modifizierter Form zur Diskussion gestellt habe. Die Integration beider Konzepte – Multiperspektivität einerseits, Plausibilität andererseits – trägt aus geschichtsdidaktischer Sicht nicht nur dazu bei, das Kontroversitätsgebot des Beutelsbacher Konsenses genauer zu profilieren, sondern sie eröffnet auch die Möglichkeit, ausgehend von erkenntnisnotwendigen Kontroversen Optionen für einen zumindest vorläufigen wissenschaftlichen Konsens auszuloten, der dann auch in Politik, Gesellschaft und Schule bis auf Weiteres verbindlich und orientierend sein sollte.

Besonders relevant ist in diesem Zusammenhang auch Ralf Dahrendorfs „Prinzip der Ungewißheit". Denn aus der Annahme einer „prinzipiellen Ungewißheit im Hinblick auf das Richtige" folgt zumindest in Demokratien nicht nur die „Notwendigkeit des Konflikts" (Dahrendorf 1972, 300). Sondern es ergibt sich daraus aus meiner Sicht ebenso die Chance, geschichtskulturelle Kontroversen in ihrer potentiellen politischen Sprengkraft auch wieder zu entschärfen – jedenfalls dann, wenn man diese Ungewissheit als Unwissenheit nicht reflexhaft anderen unterstellt, sondern sie reflektiert auf sich selbst bezieht und als grundlegendes Erkenntnisproblem anerkennt. Wie wichtig das ist, zeigt sich im dritten Jahrzehnt des 21. Jahrhunderts vielleicht deutlicher denn je.

Anmerkungen

1 Bei den folgenden Überlegungen handelt es sich um die leicht überarbeitete und gekürzte Fassung eines Aufsatzes, der in einem von Christian Winklhöfer herausgegebenen Sammelband mit dem Arbeitstitel „Der Beutelsbacher Konsens aus geschichtsdidaktischer Perspektive" erscheinen wird.

2 Vgl. hierzu und zum Folgenden neben den bereits zitierten Beiträgen von Klaus Bergmann (1997; 2008) und Martin Lücke (2017) vor allem Jörn Rüsen (2013, 58-63), insbesondere das „Schema der Wahrheitsansprüche des historischen Denkens" (62), und Bodo von Borries (2008, 170-171), insbesondere Grafik 24 zu den „Teiloperationen des Historischen Erkennens". Historische Fragen als Ausgangspunkt historischen Denkens bleiben hier unberücksichtigt. Rüsen spricht inzwischen nicht mehr von Triftigkeiten (1983, 85-136), sondern von Plausibilitäten (2013, 60-62). Seine Triftigkeits- bzw. Plausibilitätsdimensionen sind in der Geschichtsdidaktik zwar intensiv rezipiert, aber sehr unterschiedlich und teilweise auch missverständlich definiert worden. Vgl. zuletzt van Norden (2020, 124).

3 Hervorhebungen im Original. Gemeint ist Joschka Fischer, der sich im Mai 1999 auf einem Parteitag zu dieser Frage äußerte.

4 Rüsen unterscheidet zwar vier Plausibilitätsdimensionen, spricht aber an einer Stelle selbst davon, dass es bei der narrativen Plausibilität um eine „Synthese aus Empirie, Theorie und Normativität" gehe (2013, 59).

5 Alternativ wäre es möglich, den Begriff der narrativen Plausibilität stärker an Gesichtspunkten formaler Kohärenz oder an sprachlichen Registervariablen (field, mode, tenor) auszurichten. Vgl. dazu Köster (2018, 74-86).

6 In eine etwas andere Richtung deutet die von Johannes Meyer-Hamme u. a. (2016) publizierte Analyse einer Doppelstunde zur Oktoberrevolution 1917, die jedoch selbstverständlich nicht repräsentativ ist.

7 Auch wenn diese Einschätzung möglicherweise nicht mehr uneingeschränkt geteilt wird, konnten Ulrike Kipman und Christoph Kühberger (2020, 173) sie für Österreich noch vor kurzem empirisch absichern.

8 Bei Thyroff (2021, 259-261) finden sich auch wichtige Hinweise auf den englischsprachigen Diskurs zum Thema Kontroversität.

9 Vgl. Johannes Jansen (2021, 361, Anm. 1102), der darauf hinweist, „dass sich gängige Konzeptionen von Geschichtsschulbüchern [...] der Ermöglichung wirklicher Kontroversität entziehen", und Kipman/Kühberger (2020, 22, 128, 172).

10 Die beiden Texte sind dokumentiert bei Köster (2013, 300-302).

11 Zum Zusammenhang von historischem Denken, für das das Prinzip der Multiperspektivität bzw. Kontroversität konstitutiv ist, sprachlichen Kompetenzen und Triftigkeitskonzepten vgl. auch Viola Schrader (2021; 2022). Vgl. außerdem die im Vergleich zu Köster (Anm. 10) etwas positiveren Befunde bei Marschnig (2022, 183).

12 Selbst Walter (2021, 127), einer der schärfsten Kritiker von Eva Schlotheuber, kann diesen Widerspruch nicht überzeugend auflösen.

13 Vgl. zur Notwendigkeit eines Minimalkonsenses auch Nguyen-Kim (2021).

Literatur

Balibar, E. (2018): Für ein Recht der Gastfreundschaft. Die Menschenrechte müssen neu interpretiert werden: Wir sind es den Umherirrenden schuldig, dass wir sie nicht als Feinde behandeln. In: Die Zeit, Nr. 37/2018, S. 38.

Bergmann, K. (1997): Multiperspektivität. In: ders. u.a. (Hg.): Handbuch der Geschichtsdidaktik. 5., überarbeitete Auflage, Seelze-Velber, S. 301-303.

Bergmann, K. (2008): Multiperspektivität. Geschichte selber denken. 2. Auflage, Schwalbach/Ts.

Borries, B. v. (2008): Historisch Denken Lernen – Welterschließung statt Epochenüberblick. Geschichte als Unterrichtsfach und Bildungsaufgabe. Opladen.

Borries, B. v. (2011): Geschichtslernen und Menschenrechtsbildung. Auswege aus einem Missverhältnis? Normative Überlegungen und praktische Beispiele. Schwalbach/Ts.

Borries, B. v. (2013): Hände weg vom „Beutelsbacher Konsens"!. In: Erinnern! Aufgabe, Chance, Herausforderung, Heft 1/2013, S. 79-91.

Borries, B. v. u.a. (2005): Schulbuchverständnis, Richtlinienbenutzung und Reflexionsprozesse im Geschichtsunterricht. Eine qualitativ-quantitative Schüler- und Lehrerbefragung im Deutschsprachigen Bildungswesen 2002. Neuwied.

Brüning, C. (2021): Wider den Missbrauch von Beutelsbach – Einwände aus historischer Perspektive und pragmatische Lösungen für den Geschichts- und Politikunterricht. In: Drerup, J. u.a. (Hg.): Dürfen Lehrer ihre Meinung sagen? Demokratische Bildung und die Kontroverse über Kontroversitätsgebote. Stuttgart, S. 173-187.

Buchberger, W. (2020): Historisches Lernen mit schriftlichen Quellen. Eine kategoriale Schulbuchanalyse österreichischer Lehrwerke der Primar- und Sekundarstufe. Innsbruck.

Dahrendorf, R. (1972): Ungewißheit, Wissenschaft und Demokratie. In: ders.: Konflikt und Freiheit. Auf dem Weg zur Dienstklassengesellschaft. München, S. 292-315.

Daston, L. (2020): „Wenn der Minimalkonsens fehlt, wird es für Demokratien gefährlich". Die Berliner Wissenschaftshistorikerin Lorraine Daston spricht im Interview über die Sehnsucht nach einfachen Wahrheiten und über Forschung, die mit einem scheinbaren Chaos aus allen möglichen Hypothesen anfängt – lange vor der Coronakrise. In: Der Tagesspiegel, 20.08.2022, S. 22. URL: https://plus.tagesspiegel.de/wissen/warum-treibt-uns-die-diskussion-um-corona-so-um-wir-brauchen-einen-konsens-ueber-kernfakten-35501.html [08.08.2022].

Fiebig, T. (2013): Textquellenarbeit auf Schulbuchbasis. Analyse, Vergleich, Kritik. In: Schönemann, B./Thünemann, H. (Hg.): Kompetenzorientierung, Lernprogression, Textquellenarbeit. Aktuelle Schulbuchanalysen. Berlin, S. 191-338.

Friedländer, S. u. a. (2022): Ein Verbrechen ohne Namen. Anmerkungen zum neuen Streit über den Holocaust. München.

Geiss, P. (2018): Objektivität als Zumutung. Überlegungen zu einer postnarrativistischen Geschichtsdidaktik. In: Zeitschrift für Geschichtsdidaktik, 17/2018, S. 27-41.

Gess, N. (2021): Halbwahrheiten. Zur Manipulation von Wirklichkeit. Berlin.

Grammes, T. (1998): Kommunikative Fachdidaktik. Politik - Geschichte - Recht - Wirtschaft. Opladen.

Große Kracht, K. (2005): Die zankende Zunft. Historische Kontroversen in Deutschland nach 1945. Göttingen.

Heuer, C. (2021): Von Deutungskämpfen und den disziplinären Ordnungen der Diskurse. Versuch über die soziale Praxis ‚der' Geschichtsdidaktik. In: Österreichische Zeitschrift für Geschichtswissenschaften, 32, Heft 2/2021, S. 35-55.

Hildebrand, K. (2009): Das Dritte Reich. 7., durchgesehene Auflage, München.

Hürter, J./Süß, W. (2021): Die Hohenzollern und der Nationalsozialismus. Einführung. In: sehepunkte, 11/2021. URL: http://www.sehepunkte.de/2021/11/forum/die-hohenzollern-und-der-nationalsozialismus-263/ [08.02.2022].

Jansen, J. (2021): Wie Geschichtsschulbücher erzählen. Narratologische, transtextuelle und didaktische Perspektiven. Köln.

Kilb, A. (2021): Vor dieser Mitsprache muss man sich hüten. Der Worte sind genug gewechselt: In der Hohenzollerndebatte braucht es jetzt keine weiteren Meinungen mehr, sondern Entscheidungen, sei es auf politischem oder gerichtlichem Weg. Stattdessen bläst ein Sammelband aus konservativer Sicht zum lärmenden Rückzugsgefecht. In: Frankfurter Allgemeine Zeitung, Nr. 293/2021, S. 11.

Kipman, U./Kühberger, C. (2020): Einsatz und Nutzung des Geschichtsschulbuchs. Eine Large-Scale-Untersuchung bei Schülern und Lehrern. Wiesbaden.

Köster, M. (2013): Historisches Textverstehen. Rezeption und Identifikation in der multiethnischen Gesellschaft. Berlin.

Köster, M. (2018): Alternative Fakten? Die sprachliche Konstruktion des Faktizitätsanspruchs rechtspopulistischer historischer Narrative. In: Zeitschrift für Geschichtsdidaktik, 17/2018, S. 72-86.

Koselleck, R. (2013): Standortbindung und Zeitlichkeit. Ein Beitrag zur historiographischen Erschließung der geschichtlichen Welt. In: ders.: Vergangene Zukunft. Zur Semantik geschichtlicher Zeiten. 8. Auflage, Frankfurt/M., S. 176-207.

Kroll, F.-L. u. a. (Hg.) (2021): Die Hohenzollerndebatte. Beiträge zu einem geschichtspolitischen Streit. Berlin.

Lücke, M. (2017): Multiperspektivität, Kontroversität, Pluralität. In: Barricelli, M./ders. (Hg.): Handbuch Praxis des Geschichtsunterrichts. Bd. 1. 2. Auflage, Schwalbach/Ts., S. 281-288.

Machtan, L. (2021): Der Kronprinz und die Nazis. Hohenzollerns blinder Fleck. Berlin.

Malinowski, S. (2021): Die Hohenzollern und die Nazis. Geschichte einer Kollaboration. Berlin.

Marschnig, G. (2022): Alles Ansichtssache? Multiperspektivität als sprachliche Herausforderung im historischen Lernen. In: Handro, S./Schönemann, B. (Hg.): Sprachsensibler Geschichtsunterricht. Geschichtsdidaktische Forschungsperspektiven und -befunde. Berlin, S. 182-201.

Meyer-Hamme, J. (2018): Was heißt „historisches Lernen"? Eine Begriffsbestimmung im Spannungsfeld gesellschaftlicher Anforderungen, subjektiver Bedeutungszuschreibungen und Kompetenzen historischen Denkens. In: Sandkühler, T. u. a. (Hg.): Geschichtsunterricht im 21. Jahrhundert. Eine geschichtsdidaktische Standortbestimmung. Göttingen, S. 75-92.

Meyer-Hamme, J. u. a. (Hg.) (2016): Was heißt guter Geschichtsunterricht? Perspektiven im Vergleich. 2., korrigierte und erweiterte Auflage, Schwalbach/Ts.

Norden, J. van (2020): Triftigkeit. In: ders. u. a. (Hg.): Geschichtsdidaktische Grundbegriffe. Ein Bilderbuch für Studium, Lehre und Beruf. Hannover, S. 124-125.

Nguyen-Kim, M. T. (2021): Die kleinste gemeinsame Wirklichkeit. Wahr, falsch, plausibel? Die größten Streitfragen wissenschaftlich geprüft. München.

Pandel, H.-J. (2017): Geschichtstheorie. Eine Historik für Schülerinnen und Schüler – aber auch für ihre Lehrer. Schwalbach/Ts.

Rüsen, J. (1983): Historische Vernunft. Grundzüge einer Historik I: Die Grundlagen der Geschichtswissenschaft. Göttingen.

Rüsen, J. (1994): Was ist Geschichtskultur? Überlegungen zu einer neuen Art, über Geschichte nachzudenken. In: Füßmann, K. u. a. (Hg.): Historische Faszination. Geschichtskultur heute. Köln, S. 3-26.

Rüsen, J. (2013): Historik. Theorie der Geschichtswissenschaft. Köln.

Sabrow, M. u. a. (Hg.) (2003): Zeitgeschichte als Streitgeschichte. Große Kontroversen seit 1945. München.

Sälzer, C. (2021): Lesen im 21. Jahrhundert. Lesekompetenzen in einer digitalen Welt. Deutschlandspezifische Ergebnisse des PISA-Berichts „21st Century Readers". OECD und Vodafone Stiftung Deutschland. Düsseldorf. URL: https://www.vodafone-stiftung.de/pisa-report-lesen-im-21-jahrhundert/ [08.08.2022].

Sander, W. (2021): Identität statt Diskurs? Diskursivität in der politischen Bildung und ihre Gefährdungen. In: Pädagogische Rundschau, Heft 3/2021, S. 293-306.

Sandkühler, T. u. a. (Hg.) (2020): Geschichtskultur durch Restitution? Ein Kunst-Historikerstreit. Köln.

Schlinkheider, S. (2020): Die Relativität der Welt. Über die Potenziale der Geschichtswissenschaft im „postfaktischen Zeitalter". In: WerkstattGeschichte, Nr. 81/2020, S. 119-128.

Schönberger, S. (2021): Was soll zurück? Die Restitution von Kulturgütern im Zeitalter der Nostalgie. München.

Schrader, V. (2021): Historisches Denken und sprachliches Handeln. Eine qualitativ-empirische Untersuchung von Schülertexten. Berlin.

Schrader, V. (2022): Triftigkeitskonzepte in Schüler*innentexten. Eine Studie zum Zusammenhang von Sprache und historischem Denken. In: Handro, S./Schönemann, B. (Hg.): Sprachsensibler Geschichtsunterricht. Geschichtsdidaktische Forschungsperspektiven und -befunde. Berlin, S. 202-221.

Thünemann, H. (2018): Geschichtskultur revisited. Versuch einer Bilanz nach drei Jahrzehnten. In: Sandkühler, T./Blanke, H. W. (Hg.): Historisierung der Historik. Jörn Rüsen zum 80. Geburtstag. Köln, S. 127-149.

Thünemann, H. (2020): Historische Werturteile. Positionen, Befunde, Perspektiven. In: Geschichte in Wissenschaft und Unterricht, Heft 1-2/2020, S. 5-18.

Thünemann, H. (2022): Werturteilsbildung als Herausforderung sprachsensiblen Geschichtsunterrichts. In: Handro, S./Schönemann, B. (Hg.): Sprachsensibler Geschichtsunterricht. Geschichtsdidaktische Forschungsperspektiven und -befunde. Berlin, S. 222-245.

Thyroff, J. (2021): Kontroverse Geschichte(n) unterrichten. Eine Auslegeordnung von Lernzielen an der Schnittstelle historischen und politischen Lernens. In: Kuhn, K. J. u.a. (Hg.): ZwischenWelten. Grenzgänge zwischen Geschichts- und Kulturwissenschaften, Geschichtsdidaktik und Politischer Bildung. Festschrift für Béatrice Ziegler. Münster, S. 251-266.

Verband der Historiker und Historikerinnen Deutschlands: Resolution zu gegenwärtigen Gefährdungen der Demokratie. Verabschiedet von der Mitgliederversammlung am 27. Sept. 2018 in Münster. URL: https://www.historikerverband.de/verband/stellungnahmen/resolution-zu-gegenwaertigen-gefaehrdungen-der-demokratie.html [08.08.2022].

Walter, U. (2021): Die Ebenen trennen – verbandspolitisch unerwünschte Klärungen. In: Kroll, F.-L. u.a. (Hg.): Die Hohenzollerndebatte. Beiträge zu einem geschichtspolitischen Streit. Berlin, S. 121-130.

Wehling, H.-G. (2016): Konsens à la Beutelsbach? Nachlese zu einem Expertengespräch. Textdokumentation aus dem Jahr 1977. In: Widmaier, B./Zorn, P. (Hg.): Brauchen wir den Beutelsbacher Konsens? Eine Debatte der politischen Bildung. Bonn, S. 19-27.

Winklhöfer, C. (2020): Urteilsbildung im Geschichtsunterricht. Frankfurt/M.

Monika Oberle

Wie kontrovers darf es sein?

Vorstellungen von Lehrkräften zu den Prinzipien des Beutelsbacher Konsenses

1. Einleitung

Dass Politikunterricht und staatlich geförderte politische Bildung nicht nur *eine* (partei-)politische Position vermitteln sollten, sondern in Veranstaltungen, Publikationen und anderen Formaten die vorhandene Kontroversität politischer Positionen abbilden müssen, um den Lernenden eine eigenständige politische Urteilsbildung zu ermöglichen, ist hierzulande als grundsätzlicher Anspruch fast eine Selbstverständlichkeit. Wer das fachdidaktische Kontroversitätsprinzip grundsätzlich ablehnt, redet Indoktrination das Wort. Im Fachdiskurs zur politischen Bildung ist der Beutelsbacher Konsens (BK) Bezugspunkt dieser formulierten Ansprüche – hier werden drei weithin anerkannte und über die Jahrzehnte auch in bildungspolitischen Vorgaben verankerte Grundprinzipien der politischen Bildung formuliert (Wehling 1977). Die beiden ersten Prinzipien hängen dabei eng zusammen: Der erste Konsenssatz besagt, dass Lernende nicht im Sinne erwünschter Meinungen überrumpelt werden dürfen (Überwältigungs- bzw. Indoktrinationsverbot). Daraus folgert sich unmittelbar der zweite Satz, dass alles, was in Wissenschaft und Politik kontrovers ist, auch im Politikunterricht kontrovers erscheinen muss (Kontroversitätsgebot). Während diese beiden Prinzipien sich auf die Ebene der Unterrichts*gestaltung* beziehen, fokussiert der dritte, vielschichtige und leider oftmals nur verkürzt und inhaltlich verzerrt als „Schülerorientierung" memorierte Satz des BK die *Ziel*ebene der politischen Bildung. Hier wird das Leitbild der/des interventionsfähigen Bürger:in (vgl. Detjen 2013, 220ff.) formuliert: Die Lernenden sollen in die Lage versetzt werden, ihre eigenen Interessen zu erkennen, die vorgefundene politische Situation im Lichte ihrer Interessen zu analysieren sowie im Sinne ihrer Interessen auf politische Entscheidungen Einfluss zu nehmen, wozu explizit auch die Förderung operationaler Fähigkeiten gehört.

So klar und selbstverständlich sich das in diesem Tagungsband fokussierte Kontroversitätsgebot des BK zunächst liest, so komplex und anspruchsvoll ist seine Umsetzung in der konkreten Unterrichts- bzw. Bildungspraxis. Bei Planungsentscheidungen und situativem Handeln in der politischen Bildung ergeben sich für Lehrkräfte zahlreiche weitere Fragen. Zum einen: Wie kann man dem Kontroversitätsgebot angesichts der enormen Vielfalt an unterschiedlichen gesellschaftlichen Positionen in der engen zeitlichen Begrenzung von Bildungssettings und gemäß der hierbei didaktisch erforderlichen Komplexitätsreduktion gerecht werden? Zum anderen: Gilt das Kontroversitätsgebot ohne Grenzen? Wie ist einerseits mit die Menschenwürde verachtenden, eindeutig demokratiefeindlichen Positionen, andererseits mit rational nicht haltbaren, wissenschaftliche Erkenntnisse negierenden Standpunkten umzugehen? Ist all das angesichts des Kontroversitätsgebots in der politischen Bildung gleichberechtigt und/oder gleichwertig zu behandeln, um eine Überwältigung bzw. Indoktrination zu vermeiden und der damit verbundenen Offenheit von Bildungsprozessen gerecht zu werden?

Wie universitäre Lehrveranstaltungen mit Lehramtsstudierenden, aber auch zahlreiche Begegnungen mit praktizierenden Lehrkräften in Fortbildungen, auf Tagungen und in der Schule zeigen, treiben diese Grundfragen (angehende) Politiklehrkräfte bzw. politische Bildner:innen um, selbst wenn sie den BK (noch) nicht kennen. Zu beobachten ist zugleich, dass die Kenntnis des Wortlauts seiner Prinzipien nicht unbedingt zu weniger, sondern zu neuen Fragen und auch zu Missverständnissen führen kann. Im folgenden Beitrag wird zunächst grundsätzlich auf Chancen, Probleme und Grenzen des Kontroversitätsgebots in der politischen Bildung eingegangen. Anschließend werden empirische Ergebnisse zur Sicht von Lehrkräften auf den BK und zu Fragen der (Grenzen der) Kontroversität im Politikunterricht vorgestellt. Ein Ausblick formuliert Schlussfolgerungen für die Aus- und Fortbildung von Lehrkräften

2. Das Kontroversitätsgebot: Potenziale, Kritik und Grenzen

Kontroversität ist in der Bildungspraxis nie vollumfänglich umsetzbar (vgl. Weißeno 1996; Pohl 2015). Zum einen gibt es – wie eingangs erwähnt – die zeitliche Begrenzung z. B. in Form einer 45-minütigen Unterrichtsstunde, eines Schuljahrescurriculums mit wenigen Wochenstunden oder einer auf Grund von limitierter Lektürezeit oder Aufmerksamkeitsspanne bestehenden Seitenbegrenzung von Schulbuchkapiteln bzw. Zeitbegrenzung von Lernvideos. Zum anderen macht das fachdidaktische Erfordernis der Komplexitätsreduktion eine Auswahl an gesellschaftlichen, politischen und ökonomischen Perspektiven und Positionen notwendig, wodurch niemals alle existenten kontroversen Sichtweisen im Unterricht aufgegriffen werden können. Die Tatsache, dass die Bildungspraxis die Vielfalt an in der Realität bestehenden oder denkbaren kontroversen Positionen bei weitem nicht vollständig berücksichtigen kann, macht das politikdidaktische Leitprinzip der Kontroversität allerdings nicht hinfällig. Denn es macht einen entscheidenden Unterschied, ob man Arrangements der politischen Bildung nicht-kontrovers gestaltet oder aber Kontroversität gezielt und stetig in den Politikunterricht bringt.

Um etwas als kontrovers darzustellen, müssen mindestens zwei widerstreitende bzw. gegenläufige Positionen aufscheinen. In der politischen Bildung werden hierfür gerne Pro-Contra-

Settings genutzt. Daran wurde kritisiert, dass das Format der komplexen Realität nicht gerecht wird, zu viele existierende Positionen außen vorlässt oder performativ überwältigt und Machtkritik ausblendet (u. a. Lösch 2016). Eine solche Verkürzung politischer Kontroversen ist durchaus kritisch zu reflektieren, und Unterricht sollte sich sicherlich nicht allein hierauf beschränken. Allerdings erfüllt auch eine Pro-Contra-Darstellung und -Debatte einen wertvollen didaktischen Zweck, denn sie macht Kontroversen greifbar und nimmt ihnen das möglicherweise „überwältigende“, demotivierende Moment der Hyperkomplexität, richtet sich zugleich gegen die Suggestion einer Alternativlosigkeit und hilft zudem den Lernenden, sich darin zu üben, unterschiedliche Argumente abzuwägen und ihre eigene Urteilsbildung zu begründen. Das für moderne Demokratien fundamentale Pluralismusprinzip kann so in komplexitätsreduzierter Form exemplarisch immer wieder veranschaulicht und verinnerlicht werden.

Tatsächlich zeigt sich in zwei Forschungsprojekten zu europapolitischen Planspielen in der Primarstufe (das Jean Monnet Projekt PEP, Oberle u. a. 2018a, sowie ein aktuell laufendes von der Bundeszentrale für politische Bildung gefördertes Modellprojekt „Die EU spielerisch vermitteln – Europapolitische Planspiele in der Grundschule“), dass Viertklässler:innen in den Planspielen nicht nur lernen, dass es unterschiedliche Ansichten zu gesellschaftlichen Herausforderungen und politischen Regelungsfragen gibt, sondern dass die Kinder besonders beeindruckt sind von der Erkenntnis, dass es für *eine* Position (im Sinne von dafür/dagegen) *mehrere* Argumente gibt – dass es also grundsätzlich nicht nur Meinungen gibt, sondern eine Vielzahl an Argumenten, und dass der Abwägungsprozess in der Urteilsbildung und Entscheidungsfindung keineswegs geradlinig verläuft. In diesem Sinne kann selbst eine Pro-Contra-Debatte die politische Urteilsfähigkeit grundlegend fördern, denn auch hierbei können vielfältige Argumente, Interessen und Wertebezüge angesprochen sowie Argumentationsebenen herausgearbeitet werden. Dies erfordert freilich eine entsprechende Analyse auf der Metaebene, da es in der politischen Bildung nie lediglich um die Entscheidung „dafür“ oder „dagegen“ geht, sondern immer um die Förderung einer Begründungsfähigkeit und -bereitschaft (unter Verwendung kausaler Präpositionen wie „weil …“, „obwohl …“, „trotz …“, „deshalb …“, „wenngleich …“) sowie der Fähigkeit, Sach- und Werturteilsebenen zu unterscheiden.

Diese Wertschätzung der Pro-Contra-Debatte als Bestandteil des politikdidaktischen Methodenrepertoires bedeutet allerdings nicht, dass die Suche nach andersgelagerten Problemlösungen jenseits der Pro-Contra-Frage, nach Kompromissen oder alternativen Lösungswegen nicht ebenfalls angeregt und geübt werden sollte – das sollte sie unbedingt. Auch eine kritische Infragestellung von impliziten Grundannahmen – z. B. bezüglich bestimmter Konzepte, Differenzordnungen, Problemdefinitionen oder Wertehierarchien – und ein *„thinking out of the box“* müssen im Politikunterricht geübt werden, sei es in Diskussionen, Erörterungen, multipolaren Positionierungen, Zukunftswerkstätten oder Planspielen, die auch Gestaltungsurteile (Detjen u. a. 2012) beinhalten.

Auch wenn man mehrere Positionen zu politischen Fragen in den Unterricht einbringt, wird aus den eingangs genannten Gründen eine Auswahl erforderlich sein. – Aber welche ist sinnvoll? Welche ist legitim?

Eine Orientierung an den Positionen von Akteuren, die in Parlamenten (generell oder relativ gewichtig) vertreten sind, ist eine gängige Praxis und mit Verweis auf den Spiegel der Gesellschaft in der repräsentativen Demokratie als Auswahlkriterium zu legitimieren. Doch was ist, auch angesichts von Befunden einer sozialstrukturellen „Repräsentationslücke“ und mangelnden parlamentarischen Responsivität (vgl. Schäfer/Zürn 2021), mit politischen Rand- bzw. Minderheitenpositionen, die in einer lebendigen Demokratie ebenfalls eine Chance haben müssen, Mehrheiten zu finden? Um den Horizont der Lernenden zu erweitern und eine möglichst kritische, reflektierte, fundierte Urteilsbildung zu fördern, spricht viel für die Verbreiterung des Spektrums an Kontroversen und an kontroversen Positionen auch jenseits des „Mainstream" (vgl. hierzu auch Nonnenmacher 2010) – allerdings gilt dies dann für unterschiedliche politische Richtungen und marginalisierte Positionen und kann nicht ausschließlich für bspw. linke oder rechte Minderheitenmeinungen eingefordert werden, wie es teilweise geschieht.

Dies führt zu einer weiteren zentralen Frage bei der Konkretisierung des BK im Unterricht: Gibt es Grenzen der Kontroversität? Gibt es also Aspekte in der Politik, die im Unterricht nicht als kontrovers zu behandeln sind? Falls ja, was ist dem kontroversen Sektor entzogen, worin liegt ggf. der die Kontroversität einschränkende Grundkonsens? Im Folgenden wird vorgeschlagen, den nicht-kontroversen Sektor auf zwei Dimensionen zu bestimmen: einerseits auf der normativen Werteebene und andererseits auf der epistemologischen, erkenntnistheoretischen „Wahrheitsebene".

So stellt sich einerseits die Frage, ob das Kontroversitätsgebot bedeutet, dass auch antidemokratische, die Menschenwürde verachtende Positionen im Politikunterricht akzeptiert bzw. gleichberechtigt eingebracht werden müssen. Dem ist mit Verweis auf den politikdidaktischen Diskurs sowie bildungspolitische Vorgaben entgegenzuhalten, dass dem BK ein immanenter Wertebezug zugrunde liegt – seinen Rahmen bildet unsere freiheitlich-demokratische Grundordnung (fdGO). Die Achtung der Menschenwürde, das Demokratieprinzip und die Rechtsstaatlichkeit sind grundlegende Normen, denen politische Bildung hierzulande verpflichtet ist (vgl. GPJE u. a. 2018; KMK 2018; KM BW 2019). Rassistische, sexistische und andere Positionen Gruppenbezogener Menschenfeindlichkeit (GMF) sind entsprechend in Schule und Unterricht keineswegs gleichberechtigt bzw. gleichwertig zu behandeln. Auch sind politische Positionen, welche eine politische Ordnung ohne die genannten Grundprinzipien der fdGO präferieren – die also die Achtung der allgemeinen Menschenwürde, das Demokratieprinzip und das Prinzip der Rechtsstaatlichkeit ablehnen – eben *nicht* als gleichberechtigt in den Unterricht einzubringen oder zu tolerieren. Damit ist nicht gesagt, dass demokratiefeindliche und menschenabwertende politische Positionen im Unterricht nicht behandelt werden dürfen oder nicht behandelt werden sollten. Für deren Thematisierung sprechen der Bedarf an Aufklärung und die Förderung von Resilienz, aber auch didaktische Überlegungen von Michael May, der solche Äußerungen schülerseitig zulassen würde, um „Diskursausschlüsse" und den „Abbruch von Bildungsprozessen" zu vermeiden sowie undemokratische Ansichten „überhaupt bearbeitbar zu machen" (May 2016, 238f.).

Neben den Fragen des Grundwertebezugs wird das Kontroversitätsgebot andererseits auf einer weiteren Dimension herausgefordert, nämlich mit Blick auf die Behandlung von wissenschaftliche Erkenntnisse negierenden Positionen wie „Fake News" oder Verschwörungstheorien im Politikunterricht (wobei letztere zumeist auch menschenverachtende Züge tragen, wodurch bereits das Kriterium des Grundwertebezugs Verschwörungstheorien als gleichwertig zu behandelnde Positionen disqualifiziert, vgl. Cheema 2021). Hier kommt das (politik-)didaktische Prinzip der Wissenschaftsorientierung (Juchler 2022) zum Tragen. Wissenschaftlicher Konsens kann zwar in unserem kritikbasierten Wissenschaftssystem niemals eine endgültige Wahrheit bedeuten, jedoch durchaus eine heute allgemein anerkannte Erkenntnis darstellen, die als (vorläufig) gültiges Faktum auch in den Politikunterricht einzubringen ist und damit das Kontroversitätsgebot begrenzt. Hier „sticht" das Prinzip der Wissenschaftsorientierung das Kontroversitätsgebot der (politischen) Bildung. Zugleich müssen Schüler:innen neben der Kenntnis wissenschaftlich anerkannter Fakten auch Einblicke in die Funktionsweise von Wissenschaft erhalten und so ein informiertes Verständnis und „kritisches Vertrauen"

(Bromme 2020) in die Wissenschaft aufbauen (vgl. auch Oberle 2022).

Der BK beinhaltet demnach weder ein „Wertneutralitätsgebot“ noch ist er als relativistische Beliebigkeit von Wahrheitsansprüchen zu interpretieren, sondern das Kontroversitätsgebot wird durch die in der fdGO verankerten Grundwerte und Prinzipien sowie den Anspruch einer wissenschaftlichen Fundierung von Erkenntnissen begrenzt.

Abschließend sei noch auf eine weitere mögliche Fehlinterpretation des BK als „Neutralitätsgebot“ eingegangen, die in der Praxis immer wieder beobachtet und von Behauptungen der AfD in ihrer Aktion Meldeplattformen „Neutrale Schule“ verbreitet wurde (vgl. GPJE u.a. 2018): Fordert der BK die „unpolitische Lehrkraft“, impliziert er also ein Verbot der Offenlegung des politischen Standpunkts der Lehrkraft im Politikunterricht? Tatsächlich macht der BK keine Aussage dazu, ob Politiklehrkräfte ihre eigene politische Position bzw. Meinung den Schüler:innen offenbaren sollen oder nicht, auch formuliert er kein politisches Positionierungsverbot. Die im zweiten Satz enthaltene Aussage, die politische Meinung der Lehrkraft sei „verhältnismäßig uninteressant“, unterstreicht vielmehr die Forderung, dass der Unterricht kontrovers zu gestalten ist und Positionen unabhängig von der politischen Couleur bzw. Meinung der Lehrkraft zu Wort kommen sollen. Sie verbietet jedoch keineswegs eine transparente politische Positionierung der Lehrperson (zu den gewichtigen Gründen, die jeweils für und gegen eine solche Positionierung sprechen können, vgl. Oberle 2016, 256).

3. Zur Sichtweise von Lehrkräften auf den Beutelsbacher Konsens und die Kontroversität im Politikunterricht – Befunde empirischer Studien

Der BK wird in der wissenschaftlichen Politikdidaktik bis heute breit rezipiert und seine Bedeutung immer wieder kritisch diskutiert (vgl. z. B. Frech/Richter 2017; Widmaier/Zorn 2016). Auch in anderen Disziplinen ist er zunehmend Bezugspunkt für drängende Debatten um Normativität und Multiperspektivität (vgl. z. B. Bussmann/Haase 2016; Herbst 2021; Thünemann in diesem Band). Doch welche Rolle spielt der 1977 von Hans-Georg Wehling formulierte Konsens heute für die Unterrichtspraxis von Politiklehrkräften? Wie steht es um seine Bekanntheit, wie um seine Interpretation? Inwiefern ist das Kontroversitätsgebot leitend für das Lehrkräftehandeln? Wenn der BK Teil des „Berufsethos" (Henkenborg 2016, 187) und der professionellen Kompetenz (auf Ebene der Kenntnisse und *Beliefs*, vgl. Oberle 2017) von Politiklehrkräften ist – welche Rolle spielt er für den großen Anteil an Politik fachfremd unterrichtenden Lehrer:innen an deutschen Schulen? Im Vergleich zu den Unmengen an theoretischen Abhandlungen existiert noch immer ein bemerkenswertes Defizit an empirischer Forschung zur Rezeption und Umsetzung der Konsensprinzipien seitens der Lehrkräfte. Im Folgenden werden ausgewählte Ergebnisse zweier Göttinger sowie weiterer empirischer Studien vorgestellt, die Einblicke in die Sicht von Lehrkräften auf den BK und auf ihren Umgang mit Kontroversität im Politikunterricht geben. Außerdem werden die Potenziale einer vertieften Auseinandersetzung mit den Prinzipien des BK zur Professionalisierung von (Politik-)Lehrkräften in der Aus- und Fortbildung beleuchtet.

3.1 Grenzenlose Toleranz? Vorstellungen von Politiklehrkräften zum Beutelsbacher Konsens

In einer ersten Studie befragte das Team des Göttinger Lehrstuhls Politikwissenschaft/Didaktik der Politik 125 praktizierende Lehrkräfte und Referendar:innen aus Niedersachsen und Nordrhein-Westfalen, die Politik an Gymnasien, Gesamtschulen oder Berufsbildenden Schulen (BBS) unterrichten, mit einem teilstandardisierten *paper-pencil* Fragebogen (zu Sample und Design der 2016/17 durchgeführten Studie vgl. Oberle u.a. 2018b). Es zeigte sich, dass der BK bei den Lehrkräften zwar breite Bekanntheit und Anerkennung genießt, dass seine Kenntnis allerdings einerseits stark von der fachlichen Ausbildung abhängt und andererseits problematische Missverständnisse des Konsenses als „Neutralitätsgebot“ verbreitet sind. Zwei Drittel der Politik fachfremd unterrichtenden Lehrkräfte war der BK kein Begriff – dagegen hatten über 80 % der fachlich ausgebildeten Politiklehrkräfte und 100 % der Referendar:innen von ihm gehört. Bekannt ist der BK hauptsächlich aus Studium (51,2 %) und Studienseminar (35,2 %), nur zu 4 % aus Lehrkräftefortbildungen und nur zu 2,4 % aus Gesprächen mit Kolleg:innen. Eine kategoriale Inhaltsanalyse offener Antworten ergab, dass den Lehrkräften dabei vor allem die ersten beiden Prinzipien präsent sind, deutlich weniger (nur 37,5 %) erwähnen den dritten Satz. Außerdem zeigte sich, dass die meisten Lehrkräfte, denen der Konsens bekannt war, ihm eine große Bedeutung beimessen – nur 4,5% fanden ihn „eher unwichtig“, nur 1,1 % „eher nicht sinnvoll“. Die Lehrkräfte schätzen den BK als (1) Richtlinie für Lehrende, (2) zur Herstellung von Überparteilichkeit und Mehrperspektivität im Unterricht, (3) zur Förderung der politischen Urteilsbildung und Mündigkeit sowie (4) als Schutz der Lernenden vor Überwältigung. Zugleich sehen Lehrkräfte allerdings Gefahren und Probleme des BK in (1) Vorschubleisten einer unpolitischen Lehrkraft, (2) Umsetzungsschwierigkeiten in der Praxis, (3) Unklarheit der Grenzen der Kontroversität sowie (4) in der Uneindeutigkeit des Interessenbegriffs des dritten Prinzips.

In dem Fragebogen konnten die Lehrkräfte außerdem einige Aussagen zum Konsens und dem Umgang mit Kontroversität im Politikunterricht auf einer vierstufigen Likert-Skala (1=trifft gar nicht zu, 4=trifft voll zu) bewerten, um die vermutete Verbreitung von Missverständnissen zu überprüfen. Tatsächlich stimmen mehr als die Hälfte der Befragten der Aussage zu, dass laut BK eine Lehrkraft ihre eigene Meinung den Schüler:innen im Unterricht *nicht* mitteilen darf. Und fast 25 % der Lehrkräfte ist der Meinung, dass dem BK zufolge „auch extremistische Positionen" im Politikunterricht „gleichberechtigt" behandelt werden müssen.[1] Ca. ein Viertel aller Befragten ist auch persönlich der Meinung, dass „extremistische Positionen" im Politikunterricht gleichberechtigt mit anderen politischen Positionen zu berücksichtigen seien. Auch wenn nicht sicher ist, wie die Befragten die Begriffe „gleichberechtigt" und „extremistisch" interpretierten, weisen Erfahrungen in der Lehrkräftebildung der ersten und dritten Phase darauf hin, dass der Konsens häufig als „Wertneutralitätsgebot", als grenzenloses Kontroversitätsgebot sowie als Gebot, die eigene politische Position den Lernenden zu verbergen, interpretiert wird, woraus sich große Unsicherheiten im Umgang mit konkreten Entscheidungsfragen (z. B. bei der Einladung von Abgeordneten ins Klassenzimmer, bei der Besetzung von politischen Podien, beim Umgang mit antidemokratischen Schüleräußerungen, mit Klimawandelleugnung oder Verschwörungstheorien sowie der Frage nach dem eigenen politischen Engagement) im Unterricht ergeben. Diese Missverständnisse können einen unpolitischen Politikunterricht befördern und die Potenziale der politischen Bildung als Demokratiebildung untergraben.

3.2 Der Beutelsbacher Konsens als Gegenstand von Lehrkräftefortbildungen – Ergebnisse einer empirischen Begleitstudie

Schon seit Jahren bietet der Göttinger Lehrstuhl für Politikwissenschaft/Didaktik der Politik in unterschiedlichen Kontexten Lehrkräftefortbildungen an. Angesichts der Bedeutung der Grundprinzipien für einen professionellen Politikunterricht, der verbreiteten Unkenntnis des BK bei fachfremd unterrichtenden Lehrkräften sowie der genannten, sehr problematischen Missverständnisse wird dabei stets themenspezifisch gezielt auf den BK und seine Bedeutung für den Unterricht eingegangen. Im Jahr 2022 wurden im Rahmen des Projekts „Widerstand – Demokratie – Internationalität"[2] jeweils ein- bis zweitägige digitale und analoge Fortbildungen für Politiklehrkräfte zu den Themen Demokratiebildung, politische Europabildung und politische Medienbildung durchgeführt, mit kleinen Gruppen aus zumeist 10 bis 20 Teilnehmenden. Zielgruppe waren Lehrkräfte aller allgemeinbildenden und berufsbildenden Schulen, die in den Sekundarstufen ein Leitfach der politischen Bildung unterrichten. An den kostenlosen Fortbildungen nahmen überwiegend Lehrkräfte aus Niedersachsen und Hessen, wenige Referendar:innen und vereinzelt Lehramtsstudierende teil. Die Teilnahme an der begleitenden Evaluation der Fortbildungen war freiwillig, die Erhebung erfolgte anonym mittels eines teilstandardisierten Online-Fragebogens jeweils direkt vor und direkt nach der Fortbildung, wobei die Zuordnung der Prä- und Post-Fragebögen zu den befragten Personen mittels eines selbst erstellten Codes erfolgte.

Im Rahmen der empirischen Begleitstudie wurden die Lehrkräfte auch nach ihrer Kenntnis des BK sowie ihrer Einschätzung verschiedener Thesen befragt, die sich auf den Umgang mit Kontroversität im Politikunterricht beziehen. Sowohl das subjektive Wissen zum BK als auch die lehr-lern-theoretischen Einstellungen wurden mit vierstufig Likert-skalierten Items erfasst (1=stimme/trifft gar nicht zu, 4=stimme/trifft voll zu), die sowohl im Prä- als auch im Post-Fragebogen enthalten waren und damit längsschnittliche Analysen ermöglichen. Das Sample des Prätests umfasst 81 Lehrkräfte, von denen ca. 23 % Politik fachfremd unterrichteten, also weder Politik noch ein inhaltsähnliches Fach wie Sozialkunde oder Politik und Wirtschaft studiert hatten. Vertreten waren Lehrkräfte unterschiedlicher Schulformen (ca. 40 % Gymnasium, 25 % BBS, 10 % Gesamtschule, insgesamt 9 % Real- oder Hauptschulen), ca. 54 % Männer sowie eine breite, relativ ausgewogene Mischung an fachlicher Berufserfahrung (ca. 11 % weniger als 1 Jahr, jeweils zwischen 19 und 24 % 1-5 Jahre, 6-10 Jahre, 11-15 Jahre oder mehr als 15 Jahre Unterrichtserfahrung im Fach Politik). Das Längsschnittsample besteht aus 76 Lehrkräften, die an Prä- und Postbefragung teilnahmen und deren Fragebögen zugeordnet werden konnten.

Die Ergebnisse der Datenanalysen bestätigen die Befunde der Studie von Oberle u.a. (2018b): Der BK ist auch in der Schulpraxis weithin bekannt. Nur 11 % der Lehrkräfte gaben zu Beginn der Fortbildungen an, über den BK „gar nichts" zu wissen, 70 % dagegen „eher viel" oder „sehr viel". Allerdings hängt die Kenntnis des Konsenses stark von der fachlichen Ausbildung der Lehrkräfte ab (Fachstudium Politik: Regressionskoeffizient b=.65***), auch unter Kontrolle weiterer soziodemografischer Hintergrundvariablen (Schulform, Berufspraxis, Geschlecht), die allesamt keinen signifikanten Einfluss auf das subjektive Wissen zum Konsens haben. Politik fachfremd unterrichtende Lehrkräfte wissen also deutlich weniger über den BK bzw. kennen ihn teilweise gar nicht.

Die überwältigende Mehrheit der Lehrkräfte ist der Meinung, dass Schüler:innen ihrer Lehrkraft im Unterricht *offen widersprechen* können sollten (M=3,77). Auch sind die Lehrkräfte der Meinung, dass im Unterricht grundsätzlich *unterschiedliche Sichtweisen* vorgestellt werden sollten (M=3,79). Der Wert eines „diskursiven Unterrichtsstils" (Watermann 2003) wird also bejaht. Und auch die Aussage, dass der Politikunterricht überparteilich sein sollte, findet klare Zustimmung – bis auf eine Person stimmen dem bereits zu Beginn der Fortbildung alle Befragten eher oder voll zu (M=3,72). Ein geteiltes Bild zeigt sich dagegen bei der Frage nach der *Wertneutralität* des Politikunterrichts (M=2,36): Im Prätest ist knapp die Hälfte (46,3 %) der Befragten der Ansicht, Politikunterricht müsse *wertneutral* sein. Dieser Befund bestätigt erneut die Vermutung, dass viele Lehrkräfte von einem „Neutralitätsgebot" im Politikunterricht ausgehen. Das ist ausgesprochen problematisch, denn diese Überzeugung der Lehrkräfte steht im Widerspruch zum Wertebezug der schulischen bzw. staatlich geförderten politischen Bildung mit Bezug auf Menschenwürde, Demokratie und Rechtsstaatlichkeit, wie seitens der Bildungspolitik und der Politikdidaktik immer wieder betont wurde und wird (siehe oben). Interessanterweise ist unter den fachfremd Unterrichtenden der Anteil der Befragten, die von einem Wertneutralitätsgebot ausgehen, mit 66,6 % deutlich höher als der Anteil unter den fachlich ausgebildeten Lehrkräften (42,3 %).

Die These, dass laut BK eine Lehrkraft den Schüler:innen ihre eigene politische Meinung *nicht* mitteilen *darf*, findet ein geteiltes Echo (M=1,97): Zwar sieht die Mehrheit der Befragten das anders, doch ca. 25% stimmen dieser Aussage voll oder eher zu. Auch persönlich sind die Befragten mehrheitlich der Ansicht, dass eine Lehrkraft ihre politische Meinung offenbaren *kann* (M=2,94), doch immerhin ein gutes Viertel stimmt dieser Aussage eher nicht zu. Bei der Frage, ob eine Lehrkraft ihre eigene politische Position den Lernenden zeigen *sollte*, schwingt das Pendel um (M=2,25) – zwei Drittel der Befragten geben an, dass eine Lehrkraft die eigene Meinung im Politikunterricht *nicht* zeigen sollte. Ein Drittel ist gegenteiliger Ansicht und befürwortet die Offenlegung des eigenen Standpunktes im Unterricht. Ob man als Lehrkraft die eigene politische Position im Politikunterricht zeigen sollte oder nicht, kann – wie oben dargestellt – unterschiedlich beantwortet werden und ist eine individuelle und oftmals auch situations- und lerngruppenabhängige Entscheidung der Lehrkraft. Die Annahme, dass der BK bedeute, ein:e Lehrer:in müsse den Schüler:innen den eigenen politischen Standpunkt vorenthalten, ist allerdings problematisch und wiederum eine Facette eines falsch verstandenen „Neutralitätsgebots".

Die Auseinandersetzung mit dem Thema in den Fortbildungen veränderte die Einstellungen der Teilnehmenden zu den Fragen rund um Neutralität und Kontroversität im Politikunterricht. Dabei wurde der BK jeweils in einer ca. 1,5-stündigen Einheit thematisiert. Zwischen kurzen Inputs konnten sich die Lehrkräfte anhand kontroverser Thesen und Fallbeispiele aus dem jeweiligen Themenfeld der Fortbildung in intensiven Diskussionen zu den eigenen Ansichten und Unterrichtserfahrungen austauschen. Nach der Fortbildungsteilnahme steigt die ohnehin hohe Zustimmung zur Aussage „Schüler:innen sollten einer Lehrkraft in politischen Fragen offen widersprechen können." weiter an (leichte Effektstärke der Veränderung, Cohens d=.23). Die Aussage „Ich persönlich bin der Meinung, dass eine Lehrkraft ihre eigene politische Meinung im Politikunterricht zeigen kann." findet deutlich mehr Zustimmung (starke Veränderung von M=2,89 auf M=3,43 im Längsschnittsample, Cohens d=.78), ebenso wie die Aussage, dass laut BK eine Lehrkraft ihre eigene politische Meinung den Schüler:innen nicht mitteilen dürfe, nun deutlich stärker abgelehnt wird (Prätest M=2,16, Posttest M=1,40, Effektstärke der Veränderung d=-.95). Schließlich wird die Aussage, Politikunterricht müsse „wertneutral" sein, nach der Fortbildungsteilnahme ebenfalls stärker abgelehnt (M=1,92, d=-.36).

3.3 Perspektiven von Lehramtsstudierenden und Schüler:innen auf den Beutelsbacher Konsens

Es besteht offensichtlich Bedarf an einer gezielten und fundierten Thematisierung des BK und seiner Prinzipien in der Lehrkräfteaus- und -fortbildung, insbesondere auch für Politik fachfremd unterrichtende Lehrkräfte. Wenn man außerdem Demokratiebildung als Schulauftrag ernst nimmt, muss der Wertebezug schulischer Bildung sowie der Umgang mit Kontroversität und dem eigenen politischen Standpunkt in der Aus- und Fortbildung von Lehrkräften *aller* Schulfächer thematisiert werden. Dafür sprechen auch die Befunde von Matthias Heil (2020), der mit einem Online-Fragebogen 252 Lehramtsstudierende unterschiedlicher Fächer (davon 36 Fachstudierende Politik) an der Heidelberg School of Education (HSE) befragte. Insgesamt 68,4 % der Befragten sind der Ansicht, dass Lehrkräfte ihre eigene politische Meinung im Unterricht *nicht* mitteilen *dürfen* (ebd., 120f.). Allerdings sind es unter den Studierenden, die den BK kennen, nur 54,4 % – in der Gruppe, die den BK nicht kennt, liegt der Anteil dagegen bei 73,5 %.

Es ist also weniger die Kenntnis des BK, welche die Missverständnisse der Wertneutralität und der unpolitischen Lehrkraft direkt transportiert, sondern diese Fehlvorstellungen sind auch unabhängig davon bei den Lehrkräften weit verbreitet, wie die hier vorgestellten Studien übereinstimmend zeigen. Die vertiefte Auseinandersetzung mit dem BK, dem Wertebezug der politischen Bildung und den Grenzen der Kontroversität im Unterricht kann zu mehr Klarheit führen und Unsicherheiten der Lehrkräfte vermindern.

Eine empirische Studie von Annika Boltze (2007) zeigt auf, dass es sich lohnt, nicht nur die Lehrkräfteperspektive, sondern auch die Schüler:innenperspektive auf die Umsetzung des BK in den Blick zu nehmen, und zwar sowohl was deren Wahrnehmung des Unterrichtsgeschehens als auch deren Erwartungen an die Lehrkräfte angeht. Die Studie untersuchte die Selbst- und Fremdeinschätzung des Umgangs von Berufsschullehrkräften mit dem eigenen politischen Standpunkt, wobei an baden-württembergischen BBS 21 Gemeinschaftskundelehrkräfte und deren 480 Schüler:innen befragt wurden. Boltze stellt fest, dass ältere Lehrkräfte eher zu einer offenen Haltung tendieren als

Dienstjüngere. Insgesamt weichen allerdings die Schülerwahrnehmungen deutlich von den Selbstwahrnehmungen der Lehrkräfte ab. Die Präferenzen der Schüler:innen bezüglich der Offenlegung des politischen Standpunktes der Lehrkraft halten sich die Waage. Während einige angeben, dass dies für sie hilfreich und interessant sei und die Arbeitsatmosphäre verbessere, lehnen andere die Offenlegung der Position ihrer Lehrer:innen ab, da dies Privatsache sei, oder weil „Hemmungen entstehen könnten, wenn ihre eigenen Ansichten von denen der Lehrkraft abweichen" (ebd., 149). Einige Schüler:innen gehen von einer rechtlichen Verpflichtung der Lehrkraft aus, sich neutral zu verhalten und den eigenen politischen Standpunkt nicht offenzulegen. Diese Befunde weisen darauf hin, dass nicht nur Lehrkräfte, sondern auch Schüler:innen über den BK und das verbreitete Missverständnis eines „Neutralitätsgebots" aufgeklärt werden sollten, um einen angemessenen Politikunterricht einfordern zu können.

4. Ausblick: Der Beutelsbacher Konsens als Gegenstand der Lehrkräfteaus- und -fortbildung

Wie Tilman Grammes feststellte, liegt die „Herausforderung des Konsenses immer in der argumentativen Anwendung seiner Prinzipien auf konkrete pädagogische Handlungssituationen" (Grammes 2016, 155). Auch wenn Überwältigungsverbot und Kontroversitätsgebot prinzipiell schnell Zustimmung finden, bleibt für viele Lehrkräfte unklar, was diese Prinzipien in der konkreten Unterrichtsplanung und -gestaltung bedeuten. Auch sind grundlegende Missverständnisse der Beutelsbacher Prinzipien in der Schulpraxis verbreitet, wie die hier vorgestellten empirischen Studien belegen. Dies bedeutet allerdings nicht, dass man den BK nun *ad acta* legen und in der Lehrkräftebildung vermeiden sollte, vielmehr ist er eingehender und tatsächlich anhand „konkrete[r] pädagogische[r] Handlungssituationen" (ebd.) zu thematisieren. Der BK bietet eine sehr hilfreiche Hintergrundfolie, um zentrale Fragen rund um das professionelle Ethos von Politiklehrkräften und politischen Bildner:innen zu erörtern sowie ihre Professionalität im Umgang mit Kontroversität und mit ihrer eigenen politischen Position zu fördern. Die Gefahr ist groß, dass Unsicherheiten andernfalls die Potenziale der politischen Bildung als Demokratiebildung untergraben oder zu einem unpolitischen Politikunterricht führen, indem Lehrkräfte Kontroversen und das Politische an sich im Unterricht vermeiden, die „Flucht in den sicheren Hafen der schlichten Faktenvermittlung" (Zurstrassen 2022, 25) antreten und außerdem ohne einen reflektierten Umgang mit der eigenen politischen Position an Authentizität und Professionalität verlieren. Daher bedarf es insbesondere entsprechender Fortbildungen für Politik fachfremd unterrichtende Lehrkräfte, die sich besonders häufig an nicht-gymnasialen Schulformen finden (vgl. Grieger/Oberle 2020), sowie einer gezielten, anwendungsorientierten Auseinandersetzung mit den Grundprinzipien der politischen Bildung im Rahmen der Aus- und Fortbildung von Lehrkräften aller Schulfächer.

Anmerkungen

1 Allerdings beantworteten nur 57 der 88 Personen, die vom BK bereits gehört hatten, diese Fragen – fehlende Werte wurden in der Berechnung ausgeschlossen.

2 Das Projekt „Widerstand – Demokratie – Internationalität" wurde von der Universität Göttingen in Kooperation mit der Stiftung Adam von Trott Imshausen e.V. durchgeführt und von der Beauftragten der Bundesregierung für Kultur und Medien gefördert. Das Teilprojekt der Politiklehrkräftefortbildungen wurde von Januar bis Dezember 2022 am Lehrstuhl Politikwissenschaft/Didaktik der Politik durchgeführt. Für die Mitwirkung an der Fortbildungsevaluation sei Henrike Schneider, Wissenschaftliche Mitarbeiterin (Fragebogenentwicklung und Datenerhebung), sowie Julien Biediger, Wissenschaftliche Hilfskraft (Datenanalyse), herzlich gedankt.

Literatur

Boltze, A. (2007): Zur Realisierung des „Beutelsbacher Konsenses". Schüler- und LehrerInnenwahrnehmung im Vergleich. In: Jung, E./Kenner, M. (Hg.): Soziale Integration durch politische Bildung – Erwartungen, Konzepte und Befunde in der beruflichen Bildung. Bielefeld, S. 136-153.

Bromme, R. (2020). Informiertes Vertrauen: Eine psychologische Perspektive auf Vertrauen in Wissenschaft. In: Jungert, M./Frewer, A./Mayr, E. (Hg.): Wissenschaftsreflexion. Interdisziplinäre Perspektiven zwischen Philosophie und Praxis. Paderborn, S. 105-134.

Bussmann, B./Haase, V. (2016): Was heißt es, Indoktrination zu vermeiden? In: Zeitschrift für Didaktik der Philosophie und Ethik, Heft 3/2016, S. 87-99.

Cheema, S.-N. (2021): Verschwörungserzählungen und politische Bildung. In: Aus Politik und Zeitgeschichte, Heft 35-36/2021, S. 48-53.

Detjen, J. (2013): Politische Bildung. Geschichte und Gegenwart in Deutschland. 2. Auflage, München.

Detjen, J./Massing, P./Richter, D./Weißeno, G. (2012): Politikkompetenz – ein Modell. Wiesbaden.

Frech, S./Richter, D. (Hg.) (2017): Der Beutelsbacher Konsens. Bedeutung, Wirkung, Kontroversen. Schwalbach/Ts.

GPJE/Gesellschaft für Politikdidaktik und politische Jugend- und Erwachsenenbildung u. a. (2018): Gemeinsame Stellungnahme von GPJE, DVPB und DVPW-Sektion zur AfD-Meldeplattform „Neutrale Schulen". URL: http://gpje.de/stellungnahmen [27.11.2022].

Grammes, T. (2016): Ein pädagogischer Professionsstandard der politischen Bildung Fachdidaktisches Denken mit dem Beutelsbacher Konsens. In: Widmaier, B./Zorn, P. (Hg.): Brauchen wir den Beutelsbacher Konsens? Eine Debatte der politischen Bildung. Bonn, S. 155-165.

Grieger, M./Oberle, M. (2020): Fächerübergreifendes Unterrichten im Fach Gesellschaftslehre: Herausforderungen und Ansätze für die Lehrerbildung. In Albrecht, A. u. a. (Hg.): Jetzt erst recht: Politische Bildung! Bestandsaufnahme und bildungspolitische Forderungen. Frankfurt/M., S. 147-163.

Heil, M. (2020): Das Lehramt als politischer Beruf. Siegen.

Herbst, J.-H. (2021): Braucht religiöse Bildung einen Beutelsbacher Konsens? Philosophiedidaktische Impulse für die religionspädagogische Debatte. In: Theo-Web, Heft 2/2021, S. 321-338.

Henkenborg, P. (2016): »Eine Kultur des Dissenses«. Über den pädagogischen Sinn des Beutelsbacher Konsenses für die politische Bildung. In: Widmaier, B./Zorn, P. (Hg.): Brauchen wir den Beutelsbacher Konsens? Eine Debatte der politischen Bildung. Bonn, S. 187-196.

Juchler, I. (2022): Wissenschaftsorientierung. In: Sander, W./Pohl, K. (Hg.): Handbuch politische Bildung. 5. Auflage, Frankfurt/M., S. 260-268.

KMK/Kultusministerkonferenz (2018): Demokratie als Ziel, Gegenstand und Praxis historisch-politischer Bildung und Erziehung in der Schule. Beschluss der Kultusministerkonferenz vom 06.03.2009 i. d. F. vom 11.10.2018. URL: www.kmk.org/fileadmin/Dateien/pdf/PresseUndAktuelles/2018/Beschluss_Demokratieerziehung.pdf [27.11.2022].

Lösch, B. (2016): Warum diese Angst vor dem politischen Dissens? Zur Demokratisierung gehören der Streit um Alternativen und die Kritik am Bestehenden. In: Widmaier, B./Zorn, P. (Hg.): Brauchen wir den Beutelsbacher Konsens? Eine Debatte der politischen Bildung. Bonn, S. 224-232.

KM BW/Ministerium für Kultus, Jugend und Sport Baden-Württemberg (Hg.) (2019): Leitfaden Demokratiebildung. URL: https://km-bw.de/Schule/Demokratiebildung [27.11.2022].

May, M. (2016): Die unscharfen Grenzen des Kontroversitätsgebots und Überwältigungsverbots. In: Widmaier, B./Zorn, P. (Hg.): Brauchen wir den Beutelsbacher Konsens? Eine Debatte der politischen Bildung. Bonn, S. 233-241.

Nonnenmacher, F. (2010): Analyse, Kritik und Engagement – Möglichkeit und Grenzen schulischen Politikunterrichts. In: Lösch, B./Thimmel, A. (Hg.): Kritische politische Bildung – Ein Handbuch. Schwalbach/Ts., S. 459-470.

Oberle, M. (2016): Der Beutelsbacher Konsens – eine kritische Würdigung. In: Widmaier, B./Zorn, P. (Hg.): Brauchen wir den Beutelsbacher Konsens? Eine Debatte der politischen Bildung. Bonn, S. 251-259.

Oberle, M. (2017): Wie politisch dürfen, wie politisch sollen Politiklehrer/-innen sein? Politische Orientierungen von Lehrkräften als Element ihrer professionellen Kompetenz. In: Frech, S./Richter, D. (Hg.): Der Beutelsbacher Konsens. Bedeutung, Wirkung, Kontroversen. Schwalbach/Ts., S. 114-127.

Oberle, M. (2022): Medienkompetenz als Herausforderung für Demokratie und politische Bildung. In: Marci-Boehncke, G. u. a. (Hg.): Medien – Demokratie – Bildung. Normative Vermittlungsprozesse und Diversität in mediatisierten Gesellschaften. Wiesbaden, S. 117-133.

Oberle, M./Ivens, S./Leunig, J. (2018a): EU-Planspiele in der Grundschule – Ergebnisse einer Interventionsstudie. In: Schöne, H./Detterbeck, K. (Hg.): Europabildung in der Grundschule. Frankfurt/M., S. 101-117.

Oberle, M./Ivens, S./Leunig, J. (2018b): Grenzenlose Toleranz? Lehrervorstellungen zum Beutelsbacher Konsens und dem Umgang mit Extremismus im Unterricht. In: Möllers, L./Manzel, S. (Hg.): Populismus und Politische Bildung. Frankfurt/M., S. 53-61.

Pohl, K. (2015): Kontroversität: Wie weit geht das Kontroversitätsgebot für die politische Bildung? URL: http://www.bpb.de/gesellschaft/kultur/politische-bildung/193225/kontroversitaet [27.11.2022].

Schäfer, A./Zürn, M. (2021): Die demokratische Regression. Die politischen Ursachen des autoritären Populismus. Berlin.

Watermann, R. (2003): Diskursive Unterrichtsgestaltung und multiple Zielerreichung im politisch bildenden Unterricht. In: Zeitschrift für Soziologie der Erziehung und Sozialisation, Heft 4/2003, S. 356-370.

Wehling, H.-G. (1977): Konsens à la Beutelsbach? Nachlese zu einem Expertengespräch. In: Schiele, S./Schneider, H. (Hg.): Das Konsensproblem in der politischen Bildung. Stuttgart, S. 173-184.

Weißeno, G. (1996): „Was in Wissenschaft und Politik kontrovers ist, muß auch im Unterricht kontrovers dargestellt werden". Probleme bei der Umsetzung dieser Forderung. In: Schiele, S./Schneider, H. (Hg.): Reicht der Beutelsbacher Konsens? Schwalbach/Ts., S. 107-127.

Widmaier, B./Zorn, P. (Hg.) (2016): Brauchen wir den Beutelsbacher Konsens? Eine Debatte der politischen Bildung. Bonn.

Zurstrassen, B. (2022): Viele Herausforderungen, desolate Lage. Politische Bildung an berufsbildenden Schulen. In: Aus Politik und Zeitgeschichte, Heft 48/2022, S. 23-28.

Michael Wehner

Grenzen. Gratwanderungen. Grauzonen.

Das Kontroversitätsprinzip in der Praxis der politischen Bildung

1. Vorbemerkung

Kontroversität ist seit 1976 ein Zauberwort der politischen Bildung. Nachdem es in der politischen Bildung bis heute (zum Glück) kaum möglich ist, sich auf allgemein verbindliche inhaltliche Ziele zu einigen, gilt der Minimalkonsens von Beutelsbach aus dem Jahr 1976 als Meilenstein der Politikdidaktik. Bis heute wird er zurecht gelegentlich als so genannter „Heiliger Gral“ bezeichnet, der mit dem Indoktrinationsverbot und dem Kontroversitätsgebot den formalen Rahmen für die unterschiedlichsten Zugänge, Formate und Positionen der politischen Bildung liefert. Das Postulat bildet die Klammer für – weiterhin unter der Oberfläche sehr disparat – anzutreffende Vorstellungen über Ziele, Inhalte und Methoden der politischen Bildungsarbeit.

2. Kontroversität aus politikdidaktischer Sicht

Bei Diskussionen wird gerne ausgeklammert, wo denn die tatsächlichen roten Linien der Kontroversität liegen, welche Positionen noch im Diskurs der politischen Bildung abgebildet werden können und sollen und welche eben nicht. In der Beantwortung dieser Frage der Grenzziehung unterscheiden sich, wie noch zu zeigen sein wird, die Positionen von Pädagog:innen und Jurist:innen erheblich. Auch die auf den ersten Blick vermeintlich klare Antwort der Mainzer Politikdidaktikerin Kerstin Pohl bleibt in ihrer pädagogischen Konsequenz uneindeutig, wenn es heißt:

> „Alle politischen Bildnerinnen und Bildner sind sich einig, dass in der politischen Bildung nicht jede Position als legitime Position dargestellt werden muss. Vor allem menschenverachtende Meinungen dürfen nicht gleichberechtigt neben anderen stehen. [...] politische Bildnerinnen und Bildner [sind] aufgefordert, Position für die Menschenwürde zu beziehen – womit allerdings keineswegs gesagt sein soll, dass man Schülerinnen und Schüler mit entsprechenden Positionen persönlich verurteilen oder die Auseinandersetzung über ihre Position verweigern sollte“ (Pohl 2015).

Natürlich ist der Hinweis auf die freiheitlich-demokratische Grundordnung und die Bemerkung, dass rassistische, homophobe, xenophobe und sexistische Äußerungen in Veranstaltungen der politischen Bildung keinen Platz haben, sinnvoll und richtig. Doch wie Pädagog:innen im Unterricht mit solchen Positionen umgehen sollen, ist damit nicht beantwortet. Konkreter formuliert: Dürfen solche Ansichten im Unterricht und im Rahmen des „pädagogischen Bezugs“ geäußert werden oder eben nicht?

Und wie weit geht die Meinungstoleranz politischer Bildner:innen zum Beispiel bei den unterschiedlichen Themen Identitätspolitik und Nationalstaatlichkeit? Identitätspolitik ablehnende einerseits und den Nationalstaat befürwortende Äußerungen andererseits müssen wohl nicht nur hingenommen werden, sondern sollten sogar Raum bekommen in einem ergebnisoffenen Lernprozess, der es möglich machen muss, über Fragen der Nationalstaatlichkeit oder europäischen Ordnung kontrovers zu diskutieren sowie über den Sinn oder Unsinn politisch korrekter Sprache.

> „Vielleicht steht sich die Politische Bildung dabei manchmal selbst im Weg. Denn zu häufig machen wir uns inzwischen beinahe unumstrittene, aber eben auch umstrittene politische Ziele zu eigen, die wir im Rahmen auch von Kampagnen begleiten. Beim Thema ‚pro Klimaschutz‘ oder ‚pro Integration‘ halte ich das noch für

> statthaft – zumindest dann, wenn für kontroverse Diskussionen über die Maßnahmen, die zur Erreichung dieser Ziele führen sollen, Platz genug ist. Schwieriger wird es schon bei ‚pro Vielfalt', ‚pro Zuwanderung', ‚pro geschlechtersensible Sprache', ‚pro Ehe für alle', ‚pro Ökologie', ‚pro Bürgerbeteiligung' und vielen anderen Themen, in denen die Politische Bildung zumindest in weiten Teilen für eine bestimmte ‚Haltung' wirbt" (Frick 2021).

Die Aufregung, die das Papier von Lothar Frick, Direktor der Landeszentrale für politische Bildung Baden-Württemberg (LpB), zur Identitätspolitik in Teilen der politischen Bildung und der parteiergreifenden Wokeness-Bewegung ausgelöst hat, ist dafür ein gutes Beispiel. Dabei muten solche von einigen als rückständig empfundenen Aussagen im historischen Vergleich geradezu harmlos an, geht es im Wesentlichen doch „nur" um policy-Felder und nicht um das grundsätzliche in Frage stellen von Teilen des politischen Systems oder der institutionellen Ordnung.

Geht man ein halbes Jahrhundert zurück, so lassen sich durchaus Äußerungen renommierter Politikdidaktiker (alle männlich) finden, die genau dies tun. So ist in der „Einführung in die Politische Bildung" von Kurt Gerhard Fischer aus dem Jahr 1973 zu lesen, „demokratische Politik zielt darauf, die Institution Staat überflüssig zu machen" (Fischer 1973, 124). Ziel einer Staatsbürgerkunde sei es, den Staat überflüssig zu machen und die Schule abzuschaffen. Auch bei Hermann Giesecke sind provokative und widersprüchliche Äußerungen zu finden, wenn es heißt: „Eine auf Emanzipation gerichtete politische Bildung ist durchaus legitimiert, Partei gegen diejenigen Gruppen oder Parteien zu ergreifen, die aufgrund ihrer objektiven Interessen Fortschritte an Demokratisierung zu verhindern betrachten" (Giesecke 1972, 44). Nur, wer bewertet, nach welchen Kriterien und zu welchem Zeitpunkt, welche Partei dem Fortschritt objektiv im Weg steht und welche nicht? Gerade bei unterschiedlichen Auslegungen des Demokratiebegriffs wird deutlich, wie schwierig es werden kann, zu beurteilen, was objektive Interessen sind und was konkret Fortschritte an Demokratisierung bedeuten.

An diesen Beispielen aus Geschichte und Gegenwart der politischen Bildung lässt sich die „Unschärferelation" des Kontroversitätsbegriffs gut erkennen und die Schwierigkeiten erahnen, Einvernehmen darüber herzustellen. Eng mit der Kontroversität verbunden ist ein weiterer Begriff, der hohe Akzeptanz gefunden hat und gerne beschworen wird, wenn es um gelungene diskursive Bildung geht. Doch auch die vielfach beschworene „Streitkultur" garantiert bei genauerer Betrachtung nicht die Versöhnbarkeit unterschiedlicher Positionen und kann nicht die Dissensprobleme der politischen Bildung lösen.

> „In ihrer mangelhaften Präzision eignet sich Streitkultur als polemischer Begriff gegen eine konfliktorientierte Politikauffassung. Er verspricht Befriedung, kämpft aber in Wahrheit selbst für ein problematisches Politikverständnis" (Oberreuter 2012, 303).

3. Streit und Konsensbildung in der Demokratie

Anhand aktueller Diskussionen, wie beispielsweise über die Impfpflicht oder die Vorstellungen fundamentalistischer Klimaaktivist:innen der „Letzten Generation", wird eine weitere Problematik deutlich. Sowohl das Kontroversitätsgebot als auch der Begriff der Streitkultur gehen von der Vorstellung aus, dass ein Konsens in politischen Meinungs- und Weltanschauungsfragen möglich ist. Nur bei einer solchen Annahme stellen dann der Beutelsbacher Konsens und die Streitkultur verlässliche Rahmenbedingungen für das Aushandeln von politischen Positionen bereit.

Radikaldemokrat:innen, Avantgardist:innen, Welterlöser:innen, Matrix-Gläubige und Weltverschwörungsbefreier:innen, die das in einer Demokratie notwendige Mehrheitsprinzip als Kompromissangebot an alle nicht mehr akzeptieren können, stellen damit auch die politische Bildung mit ihren Grundsätzen infrage. Wer im Käfig der eigenen Weltanschauung gefangen bleibt, ist wohl für die politische Bildung wie auch für die Demokratie verloren.

> „Die Matrix ist ein System, Neo. Dieses System ist unser Feind. Aber wenn Sie drinnen sind, sehen Sie sich um, was sehen Sie? Geschäftsleute, Lehrer, Anwälte, Tischler. Die Gedanken der Menschen, die wir retten wollen. Aber bis wir das tun, sind diese Leute immer noch ein Teil dieses Systems und das macht sie zu unserem Feind. Sie müssen verstehen, dass die meisten dieser Leute nicht bereit sind, den Stecker zu ziehen. Und viele von ihnen sind so träge, so hoffnungslos abhängig von dem System, für das sie kämpfen werden, um es zu schützen" (Schunk 2021).

Problematisierend kommt hinzu, dass das Mehrheitsprinzip ja eben nicht die Verfassungsgemäßheit von Entscheidungen garantieren kann und die zeitlich befristete Legitimation des Abgeordnetenmandats ja immer nur für eine Legislaturperiode gilt. Nicht einfacher wird die Diskussion auch, weil gerade Rechtspopulist:innen den Mehrheitsentscheid für sich entdeckt haben, während „Volkes Stimme" zunehmend von denen kritisch beäugt wird, die lange Jahre für mehr plebiszitäre Elemente in unseren politischen Ordnungen eingetreten sind.

Hier lohnt es sich mit den Schriften von Politikwissenschaftler:innen zu beschäftigen, die sich in Zusammenhang mit den neuen sozialen Bewegungen der 1970er Jahre mit diesem demokratietheoretischen Dilemma im Zeitalter existentieller Bedrohungen auseinandergesetzt haben:

> „Tiefgreifende Wertkonflikte, wie sie z.B. aus Anlaß meinungspolarisierender Richtungsentscheidungen von historischer Tragweite aufbrechen oder aus der Latenz heraustreten, sind auf der Basis dieses System jedoch kaum auszufechten. Wird um solche Grundsatzüberzeugungen und nicht mehr nur um Interessen an Geld, Macht, Einfluß und Privilegien gerungen, so könnten die Grenzen der Integrationsfähigkeit […] sehr schnell erreicht sein, – mit der Folge, daß bestimmte politische Entscheidungsthemen und Entscheidungen die geltenden Legitimitätsgrundlagen politischen Entscheidens überstrapazieren. […] Was aber besagen – in der Perzeption von

> Minderheiten – Mehrheiten schon angesichts der ‚drohenden Selbstvernichtung'? [...] Steht die staatliche Überlebensgarantie in Frage, wird sie gar durch Aktivitäten des Staates selbst in Frage gestellt, so ist, für die Betroffenen, gleichsam der *Hobbes'sche* [Hervorhebung im Original] Naturzustand wiederhergestellt. Die Berufung auf die empirische Mehrheit wird als Legitimitätsgrundlage brüchig und haltlos, wenn der negativ entscheidungsbetroffene Bevölkerungsteil sich in fundamentalen Interessen wie denen an Überleben, Sicherheit, Freiheit, Glück, Menschenwürde, lebenswerte Umweltbedingungen usw. betroffen wähnt" (Guggenberger/Offe 1984, 12f.).

Insofern ist es naheliegend, dass sich auch im Sinne des dritten „Gebots" des Beutelsbacher Konsenses (Interessenslage von Schüler:innen) Lehrer:innen bemüßigt fühlen, Partei zu ergreifen und stellvertretend oder mit ihren „Edukanden" gemeinsam zu beurteilen, in welchem Sinne Position bezogen und politische Entscheidungen so bewertet werden, dass sie eindeutige Verhaltensweisen zur Konsequenz haben und die vorgefundene politische Lage im Sinne der Interessen der Schüler:innen beeinflusst werden kann.

Die kurzen Ausführungen und historischen Exkurse machen die Aktualität der Kontroversen um das Kontroversitätsgebots deutlich und zeigen, dass sehr behutsam mit politischen Meinungsäußerungen und Parteinahmen von Lehrer:innen im Gemeinschaftskundeunterricht umgegangen werden muss, selbst wenn Motivation und pädagogischer Impetus darunter leiden.

Dabei soll gerade aber nicht „die Tugend der Meinungslosigkeit, des Sich-Heraushaltens, des Nicht-Flagge-Zeigens" (Nonnenmacher 2011, 91) im Unterricht angewandt und bestimmte Themen aus dem Unterricht ausgeschlossen werden. Eine möglichst weit gefasste Kontroversität im Unterricht zu pflegen bedeutet eben nicht, „daß (der politische Unterricht) auf eine blinde Akzeptierung der bestehenden gesellschaftlichen Machtverhältnisse hinausläuft, dass er ganz im Dienst des gesellschaftlichen Status quo steht" (Teschner 1968, 133). Die Offenheit politischer und gesellschaftlicher Lebensentwürfe erfordert geradezu, sich mit Fragen der Demokratisierung der Demokratie zu beschäftigen und Schüler:innen Angebote zu machen, die ihnen „Analysen, Alternativen und Perspektiven eröffnen, wie Gesellschaft anders und besser gestaltet sein kann“ (Lösch 2013, 12).

4. Kontroversität bei Veranstaltungen im Vorfeld von Wahlen

Die Frage nach den roten Linien und Grenzen der Kontroversität zeigt sich besonders deutlich bei der Organisation von Veranstaltungen im Zusammenhang mit anstehenden Wahlen. Im besonderen Fokus einer – dann auch medialen – Aufmerksamkeit steht die Frage, welche Bandbreiten der Kontroversität politisch darstellbar und im Zweifelsfalle juristisch haltbar sind. Aus methodischen und didaktischen Gründen erfordert z. B. die Besetzung von Podien eine Auswahl von Kandidierenden und Parteien, die eingeladen werden sollen und können. Nur: nach welchen Kriterien sollen Einzelbewerber:innen und Parteienvertreter:innen zu öffentlichen oder schulischen Veranstaltungen eingeladen werden? Gibt es hier einen übergreifenden Konsens der Zentralen politischer Bildung und gar einen verbindlichen Kriterienkatalog?

Wolfgang Sander sieht die Grenzen der Kontroversität „in der Forderung, nur solche kulturellen Positionen als legitim in Bildungsangeboten zu repräsentieren, die ihrerseits bereit sind, andere als die eigene als legitim anzuerkennen“ (Sander 2009, 247).

Joachim Detjen beantwortet die Auswahlfrage wie folgt und benennt weitere Schwierigkeiten:

> „Ich nenne das Kontroversitätsgebot auch gerne Authentizitätsgebot, um auszudrücken, dass die Wirklichkeit der Politik im Unterricht widergespiegelt werden muss. Man muss aber didaktisch reduzieren, und das ist bereits eine Verfälschung der Authentizität. Dennoch kann man wichtige Positionen von Randpositionen un-

> terscheiden. Und da würde ich sagen, dass die politischen Auffassungen der Bundestagsparteien einen gewissen Vorrang haben" (Detjen 2013).

Nur, ist eine Berücksichtigung und damit auch „Privilegierung" der im Parlament vertretenen Parteien wirklich ausreichend? Eine ähnliche Unterscheidung nimmt z. B. auch der Südwestrundfunk vor, der nach dem Prinzip der „abgestuften Chancengleichheit" verfährt und damit begründet, nicht alle Kandidat:innen gleichermaßen und unabhängig von ihren Wahlchancen in seinen unterschiedlichen Formaten zu Wort kommen zu lassen (Südwestrundfunk o. J.).

Die Landeszentrale für politische Bildung Baden-Württemberg hat deshalb zwei weitere Kriterien für die Auswahl von Parteivertreter:innen bei Wahlveranstaltungen hinzugefügt. Erstens müssen zusätzlich die nach den aktuellen Prognosen aussichtsreich bei den anstehenden Wahlen kandidierenden Parteien berücksichtigt werden. Sobald eine Umfrage ermitteln sollte, dass eine Partei bei einem Stimmenanteil von mindestens drei Prozent liegt, ist sie entsprechend einzuladen. Und zweitens werden Parteien, die vom Verfassungsschutz beobachtet werden, bei Veranstaltungen, an denen die Landeszentrale beteiligt ist, grundsätzlich nicht berücksichtigt.

Noch schwieriger wird die Entscheidung darüber, wer auf der kommunalen Ebene zu Podiumsdiskussionen eingeladen werden soll, wie das Beispiel der Oberbürgermeister:innenwahl in Stuttgart 2021 gezeigt hat. Ist es demokratietheoretisch zu rechtfertigen, dass von Parteien und Listen unterstützte Bewerber:innen oder Personen, die schon einmal bei einer Wahl angetreten sind, bevorzugt werden? Oder haben Kandidat:innen mit Verwaltungsausbildung und/oder Verwaltungserfahrung wirklich erfolgversprechendere Chancen für das Amt des Bürgermeisters und sollten deshalb eher zu Podien eingeladen werden? (Landeszentrale für politische Bildung Baden-Württemberg 2020). Beispiele wie das der OB-Wahl in Kehl 2022 zeigen, dass Wähler:innen anderer Meinung sein können und Bewerber:innen mit abweichenden Kompetenzen und Stärken zum Bürgermeister oder zur Bürgermeisterin wählen.

Diese Erfahrungen zeigen, wie schwierig es ist, im Vorfeld von Wahlen entsprechend belastbare Kriterien zu finden, und wie anfechtbar diese sowohl demokratietheoretisch als auch juristisch sind.

Als weiterer Streitfall hat sich in den letzten Jahren der Umgang mit Kandidierenden der Alternative für Deutschland (AfD) herausgestellt. Da die Partei in nahezu allen Landesparlamenten und im Bundestag vertreten ist, steht ihr das Recht auf Teilnahme an Veranstaltungen der politischen Bildung genauso wie in Baden-Württemberg in den 1990er-Jahren den Republikanern zu. Immer wieder wurde deshalb der berechtigte Vorwurf erhoben, die Landeszentralen würden mit dazu beitragen, die Grenzen des Sagbaren zu verschieben. Zahlreiche menschenrechtsverachtende und diskriminierende Positionen von AfD-Parteimitgliedern bestätigen dies. Besonders bei Veranstaltungen zu Themen wie Migration oder Genderfragen gehen manche Äußerungen über die zumutbaren Grenzen des Erträglichen hinaus. Erschwerend kommt hinzu, dass sehr oft emotional argumentiert wird und die faktische Richtigkeit dieser Äußerungen in der begrenzt zur Verfügung stehenden Zeit nur schwer widerlegt werden kann.

Aus diesen Gründen und dem Prinzip der „wehrhaften Demokratie“ allerdings ein generelles Einladungsverbot für die AfD auszusprechen, lässt sich daraus kaum ableiten und ist wohl auch juristisch nicht haltbar.

Und was bedeutet es für eine Podiumsdiskussion, wenn ein:e Kandidat:in der AfD nachweislich der Jungen Alternative (oder noch schwieriger: dem „aufgelösten“ Flügel der Partei) angehört, die in Baden-Württemberg vom Verfassungsschutz beobachtet werden?

Ein Urteil des Verwaltungsgerichts Stuttgart vom 6. Juli 2021 hätte die Landeszentrale für politische Bildung Baden-

Württemberg verpflichtet, einen Vertreter der Jungen Alternative zu einer Podiumsdiskussion einzuladen. Daraufhin hat die LpB die Veranstaltung abgesagt. Dabei wird in dem Urteil vor allem auf das Prinzip der Chancengleichheit wie dem Parteienprivileg als Begründung für diese Entscheidung verwiesen. Im Gerichtsurteil heißt es dazu:

> „Zum anderen sollen aber auch die Parteien, und zwar auch diejenigen, die zwar verfassungswidrig sind, deren Verfassungswidrigkeit aber verfassungsgerichtlich noch nicht festgestellt worden ist, vom Schutzbereich des Parteienprivilegs umfasst sein" (Verwaltungsgericht Stuttgart 2021).

In Folge würde das möglicherweise sogar bedeuten, dass die Landeszentrale z. B. auch den Dritten Weg oder Die Rechte zu ihren Veranstaltungen einladen müsste, sofern sie in Umfragen bei mehr als drei Prozent liegen sollten.

Die juristischen Einschätzungen sind disparat, was die Grenzen der Kontroversität angeht. Weitere bislang ungeklärte juristische Fallstricke könnten z. B. sein, dass das Recht auf freie Meinungsäußerung besonders auch für Bewerber:innen um öffentliche Ämter gelten muss. Und inwieweit eine Beobachtung durch den Verfassungsschutz, eines Organs der Exekutive, ein Ausschlusskriterium für die Bestellung legislativer Repräsentant:innen sein kann/darf.

Dies mag auch die verschiedenen Vorgehensweisen der unterschiedlichen Landeszentralen erklären. So erlaubt die eine Landeszentrale grundsätzlich nur Funktionsträger:innen Auftritte und auch nur, wenn diese in ihrer jeweiligen Funktion auftreten. Eine andere Landeszentrale sprach indessen erstaunlicherweise sogar davon, eigene Veranstaltungen vor Wahlen zu vermeiden.

Die Landeszentrale in Brandenburg hingegen bekennt sich wohl zur liberalsten Einladungspolitik und lädt grundsätzlich alle Kandidierenden zu ihren Veranstaltungen ein:

> „Das Wahlrecht ist so breit, dass auch Extremisten gewählt werden können. Dem haben wir uns zu stellen. Es ist also Auseinandersetzung angesagt und nicht Ausgrenzung. Das ist anstrengend, sehr anstrengend und auch oft abstoßend, aber das sind die Herausforderungen.“[1]

Sachsen orientiert sich am Prinzip der abgestuften Chancengleichheit (s. o.). Parteien wie die AfD von solchen Veranstaltungen fernzuhalten, ist laut sächsischer Landeszentrale allerdings demokratisch nicht zu rechtfertigen. Aus Sicht ihres Leiters ist auch nicht zu erkennen, welcher Schaden durch diese Einladungen entstehen sollte. Die politischen Entscheidungen der Wähler:innen hängen an Großwetterlagen und nicht an den von der LpB durchgeführten Veranstaltungen. Robuste Moderator:innen, gute inhaltliche und methodische Vorbereitung der Veranstaltungen und (wenn nötig) der Einsatz von Sicherheitsdiensten sorgen für den reibungslosen Ablauf der Wahlveranstaltungen in Sachsen.

Freien Trägern oder zivilgesellschaftlichen Organisationen bleibt es hingegen unbenommen, eine beliebigere Parteienauswahl zu treffen und in diesen Fällen nicht mit den Zentralen der politischen Bildung zusammenzuarbeiten, da diese den Beutelsbacher Konsens einhalten wollen bzw. müssen und dementsprechend für ihre Einladungspolitik kritisiert werden. Kommt es hingegen doch zur Kooperation, sind auch diese Partner:innen den Unwägbarkeiten der Kontroversität ausgesetzt.

Diese schmerzliche Erfahrung musste 2019 in Freiburg auch die zivilgesellschaftliche Organisation „Pulse of Europe“ machen, als sie im Vorfeld der Europawahl gemeinsam mit der Landeszentrale für politische Bildung zu einer Veranstaltung im öffentlichen Raum eingeladen hatte. Vertreter:innen von neun Parteien waren dieser Einladung gefolgt und die AfD hatte vermutlich ganz bewusst ihr damaliges Mitglied Dubravko Mandic entsandt. Die Zuhörenden mussten es ertragen, dass auf einer öffentlichen Kundgebung ein Redner auftreten durfte, der wegen rassistischer Beleidigung verurteilt wurde. Ob eine Demokratie so etwas tolerieren und aushalten kann und muss, darüber kann man sehr wohl unterschiedlicher Ansicht sein und muss darüber streiten.

Wenn politische Bildner:innen aber die Überzeugung verloren haben, die (europäische) Demokratie habe nicht die besseren Argumente, dann hat sie den Meinungskampf verloren, selbst wenn man Demokratiegegner:innen Redeverbot erteilt hätte, wobei darauf hinzuweisen ist, dass es den rechtsextremistisch gesinnten Mitgliedern der AfD nicht in erster Linie um den Austausch von Argumenten, sondern um die Verhöhnung und die Aushöhlung der Demokratie geht (vgl. hierzu die Berichterstattung von Florian Kech in der Badischen Zeitung und den Beitrag „Freiburger Fans dürfen AfD-Stadtrat als Nazi bezeichnen" in ZEIT Online vom 27.05.2022).

Irritierend bleibt dennoch, dass die LpB genau für das Einhalten des Beutelsbacher Konsens z. B. auch von Rechtsextemismusforschern an den „Twitter-Pranger" gestellt wird. So beispielsweise im Zusammenhang mit einer Insta-Talk-Reihe zur Diversität, zu der neben Parteivertreter:innen von CDU, Bündnis 90/Die Grünen, FDP, SPD und Die Linke auch ein Europaabgeordneter der AfD eingeladen war. Dabei wurde der Landeszentrale sogar unterstellt, sie würde der „rechtsextremen AfD in die Hände spielen" und dass dies „eine Schande für die politische Bildung" sei.[2]

Vermutlich bleibt letztendlich nur die banale Erkenntnis, dass es unmöglich ist, im Vorfeld von Veranstaltungen juristisch stichfeste Kriterien zu finden, die eine schlüssige und belastbare Einladungspraxis gewährleisten können. Der einfachere bzw. gangbare Weg für Veranstalter:innen ist es, bei rassistischen und menschenfeindlichen Äußerungen von ihrem Hausrecht Gebrauch zu machen und Teilnehmende von Veranstaltungen auszuschließen bzw. digital auszusperren. Dies erfordert allerdings von den Referent:innen vor Ort ein Höchstmaß an Eigenverantwortung und äußerst viel „situative Kompetenz“.

5. Kontroversität im Unterricht

Ähnliches wird wohl für den schulischen Unterricht festgehalten werden müssen, da es kein Kriterium für alle möglichen Fälle und Themen geben wird, das definieren kann, was als kontrovers zu gelten hat und was nicht (Drerup 2021, 67). Politische Bildung sollte selbst die Grundnormen unserer Verfassung thematisieren und als nicht als hinterfragbar darstellen, sondern muss sie dialogisch problematisierend und interpretierend dem Verstehen zugänglich machen. Politische Bildung ergreift nur im Grenzfall Partei, wenn die Politik Menschenrechte oder die Prinzipien der rechts- und sozialstaatlichen Demokratie verletzt. Auch dieses Parteiergreifen kann sinnvoll nur in dialogischer Haltung erfolgen (Sutor 1984, 108).

Die Dilemma-Methodik scheint ein erfolgversprechender Weg zu sein, um diese problematisierenden und polarisierenden politischen Sachverhalte im Unterricht dialogisch darzustellen und die moralischen Zwickmühlen der Kontroversität für Schüler:innen nachvollziehbar werden zu lassen. Auf der Metaebene gilt es einerseits deutlich zu machen, dass eines der Dilemmata in der Politik die Akzeptanz von Mehrheitsentscheidungen ist und andererseits einem reinen Utilitarismus, der sich am Nutzen einer möglichst großen Zahl orientiert, eine Absage zu erteilen ist. Die moralischen Zwickmühlen der Kontroversität machen für Schüler:innen die Perspektivenvielfalt, aber auch die Entscheidungszwänge in einer pluralistischen Demokratie deutlich, in der das Mehrheitsprinzip als Legitimationsgrundlage im Rahmen der verfassungsmäßigen Ordnung Anwendung findet, ohne dabei den Minderheitenschutz aus dem Blick zu verlieren und mit dem Bewusstsein, dass Mehrheitsverfahren zwar zu Entscheidungen führen, diese aber auch falsch sein können.

Lernen an Widersprüchen ist eine besonders intensive Form der Auseinandersetzung mit politischen Fragen und Verfahren von Konsens und Dissens. Moralische Dilemmata fördern die Diskurs-, Urteils- und Entscheidungsfähigkeit von Schüler:innen. Es wird Perspektivenübernahme, Empathie und Ambiguitätstoleranz eingeübt.

Ein Dilemma charakterisiert ein für die Politik mehrheitlich anzutreffendes Problem einer Zwangslage, die eine Entscheidung zwischen zwei gleich (un-)günstigen Möglichkeiten fordert. Schon in der Antike wurde das Wort im Sinn von „Fangschluss" verwendet, also der Formulierung eines „Entweder-oder" (griech. di = zweifach und lemma = Voraussetzung, Annahme). Diese Zwickmühle einer Wahl zwischen zwei gleich unangenehmen Dingen oder ungünstigen Handlungsmöglichkeiten stellt im Regelfall ein anregendes und herausforderndes Lernarrangement dar und zwingt Teilnehmende dazu, sich zwischen zwei oder mehreren Optionen zu entscheiden und die „Regeln des Vorziehens" zu begründen.

6. Dilemma-Methode – Lernen an Widersprüchen

Dilemmadiskussionen sind originäre und methodische Markenzeichen historisch-politischer Bildung und ein Standardwerkzeug problemorientierten Lernens. Oft gibt es in der Politik leider nur das kleinere Übel, für das man sich zu entscheiden hat. Das didaktische Prinzip heißt vereinfacht ausgedrückt: „Lernen an Widersprüchen" und rekurriert auf das Modell des kognitiven Konflikts wie es von Daniel Berlyne (1974) und Leon Festinger (1978) entwickelt wurde.

Das Unerwartete, das Kontroverse oder das Neue kann nur widersprüchlich oder gar nicht eingeordnet werden und entspricht nicht vorhandenen mentalen Modellen und kognitiven Schemata. Der ausgelöste Konflikt, die kognitive Dissonanz, führt mit seinem Aufforderungscharakter zu einer lernanregenden Spannung, die wiederum dazu führt, dass sich die Person darum bemüht, sich Gewissheit über die Situation zu verschaffen. Ein Denken, das sich um Gewissheit bemüht, weckt Interesse, Lernbereitschaft und den Wunsch, das Dilemma zu verstehen bzw. zu lösen. Dieser „Misston", das Vorhandensein einander widersprechender oder unvereinbarer Wissenselemente oder Wahrnehmungen ist der Anreiz für politisches Lernen. Der Mensch strebt nach Widerspruchsfreiheit und verfolgt Reduzierungsstrategien: Die Dissonanz soll durch verändertes Informationsverhalten (selektive Wahrnehmung und/oder aktive Informationssuche) reduziert oder eliminiert werden.

Für die politische Bildung sind analog zu der jüngeren Zweiteilung in Demokratiepädagogik und soziales Lernen bzw. Politiklernen und Institutionenkunde zu unterscheiden zwischen individuellen und gesellschaftlich relevanten Dilemmata. Dilemmadiskussionen sind sowohl eine Methode der politischen Bildung als auch eine des sozialen Lernens und der Demokratiepädagogik.

Dilemmadiskussionen machen deutlich, dass Politik interessengeleitet und wertorientiert ist. Kontroversität, Konsens und Dissens sind elementare Prinzipien demokratischer Auseinandersetzungen und Verfahrensweisen im Ringen um das, was Gemeinwohl bedeuten kann, wobei in immer pluraler und heterogener werdenden Gesellschaften mit konfligierenden Wertsystemen die Herstellung eines gemeinsamen und verpflichtenden Konsenses immer schwieriger wird.

> „Politik beruht auf der Tatsache der Pluralität der Menschen. […] Politik organisiert ja von vornherein die absolut Verschiedenen im Hinblick auf relative Gleichheit und im Unterschied zu relativ Verschiedenen" (Arendt 1994, 9).

Und dieser Minimalkonsens ist meist fragil, nur provisorisch, hat vorläufigen, selten endgültigen Charakter. Der egoistische Eskapismus und die moralische Entrüstung zunehmend radikalisierter Gegner:innen der Coronamaßnahmen hat uns deutlich vor Augen geführt, wie individuelle Moralansichten im

Widerspruch zu gesamtgesellschaftlich verbindlichen Regelungen stehen können.

Wertebasierte Politik und Verantwortungsethik aber haben die Auswirkungen und Tragweite ihrer in der Gegenwart getroffenen Entscheidungen zu bedenken und die Folgen für Um- oder Mitwelt sowie zukünftige Generationen mitzubedenken.

Moralisches Handeln zeichnet sich für den Psychologen und Erziehungswissenschaftler Lawrence Kohlberg darin aus, dass „für moralische Probleme eine Lösung entwickelt wird, die die Rechte anderer respektiert und dennoch das Wohlergehen aller Betroffenen fördert" (Kohlberg/Boyd/Levine 1986, 213).

Die Formel macht schnell deutlich, dass dies auf der individuellen Ebene der autonomen Moral schon schwer zu erreichen ist, auf der gesellschaftlichen und damit politischen Ebene aber so gut wie nie realisierbar sein wird; zumal Letztbegründungen universaler Prinzipien per se unter Ideologieverdacht stehen.

Dilemmageschichten befördern den fruchtbaren Moment im Bildungsprozess, das „Aha-Erlebnis", das Gewinnen von (kategorialen) normativen Einsichten und Erkenntnissen. Das Ausbrechen aus Gewohntem, das Erkunden des Kontroversen, die Werteverunsicherung führen zu einer emotionalen und intellektuellen Spannung, die Interesse weckt und den Prozess des Wissen-Wollens stimuliert. Das Ringen um Kompromisse und um pragmatisch auszuhandelnde Lösungen ist immer auch mit Gewinnen und Verlusten verbunden. Es gehört zum Wesen des politischen Prozesses, dass es Sieger:innen und Verlierer:innen gibt und eben nicht nur pädagogisch mehr gewünschte win-win-Situationen vorliegen.

Weiterhin fördern multiperspektivische Dilemmageschichten die Diskurs-, Urteils-, Entscheidungs- und Konfliktfähigkeit. Vor allem in der politischen Bildung geht es darum, nach Abwägen aller Vor- und Nachteile zeit- und gesellschaftsabhängige, ethisch verantwortbare Entscheidungen zu treffen. Anhand aktueller und exemplarischer Fälle oder aber die Tagesaktualität überdauernde Grundsatzfragen wird um Werte gerungen. Es wächst die Einsicht in ethische Erkenntnisprozesse. Weltbilder werden nach Moralvorstellungen geformt, die Orientierung für sittlich begründetes Handeln und Verhalten liefern, das allerdings nicht ohne intra- und interpersonale Wertkonflikte auskommt.

Oft erleben die Lernenden allerdings auch, dass es in der Demokratie wie im menschlichen Miteinander auch darum geht, Ambivalenzen zu leben und auszuhalten. Dilemmadiskussionen gehen unter die Haut, machen betroffen, sind bedeutsam, verbinden Alltags- mit Lernwirklichkeiten, analysieren Erfahrung, strukturieren Wissen und fordern zum Handeln heraus. Am Ende eines solchen Prozesses steht die Analyse, Argumentation und Akzeptanz des Problems und nicht mehr wie oft zu Beginn einer Diskussion Appelle, Antipathien, Ambivalenzen.

Als Themen für mögliche Dilemmadiskussionen lassen sich z. B. die Energiewende und Energiesicherheit, Klimapolitik, Generationengerechtigkeit, Migration, Haushaltspolitik, Supranationalität, Friedenssicherung oder die Verteidigung der Demokratie benennen.

Beispiele für derartige moralische Dilemmata, die kategorial bildend sind, lassen sich in der tagesaktuellen Berichterstattung unzählige finden: Soll die NATO in Kriege eingreifen, um die Menschen in der Ukraine vor dem russischen Angriffskrieg zu schützen? Sollen nicht-demokratische Regierungen auch mit Waffengewalt gestürzt werden? Sind Menschenrechte unteilbar? Soll die Bundesrepublik Deutschland nur mit Staaten wirtschaftliche Verträge abschließen, die die Menschenrechte einhalten? Wie weit dürfen Einschränkungen des Staates zum Schutz der Gesundheit der Bevölkerung gehen? Wo sind die Grenzen einer liberalen Gesellschaft? Wie gehen freiheitliche Gesellschaften mit Zensur, Extremismus und Pornographie um? Wie viel Integration und Inklusion braucht eine demokratische Gesellschaft? Wer soll wählen und wer nicht (Wahlalter, Menschen mit Behinderung, nur „Staatsbürger“)? Was ist uns wichtiger: Freiheit oder Sicherheit, die Gegenwart oder die Zukunft? Aktive Sterbehilfe ja oder nein? Wie durchlässig bzw. wie stark kontrolliert sollen/müssen Grenzen sein? Wofür muss sich ein Staat verschulden? Was ist gerecht?

Dabei ist darauf zu achten, dass die Diskussionen in einem Klima gegenseitiger Akzeptanz und Toleranz stattfinden und die Schüler:innen ermuntert werden, ihre eigenen Meinungen zu vertreten. Bedeutsam bei Dilemmadiskussionen ist das richtige Nachfragen und Insistieren. Die Lehrenden sollten verhindern, dass die Schüler:innen mit der vermeintlich einfachen und erstbesten Lösung zufrieden sind. Aufgabe ist es, die moralischen Sackgassen und Einbahnstraßen aus ihnen herauszukitzeln, ganz im Sinne von André Gide: „Versteht mich bitte nicht zu rasch." Außerdem ist auch die Unterscheidung zwischen Interessen auf der einen und moralischen, verallgemeinerbaren Prinzipien auf der anderen Seite herauszuarbeiten.

Wichtig bei Dilemmadiskussionen ist vor allem der Prozess der methodischen Reflexion nach der Fallanalyse, der auf der Metaebene sowohl eine inhaltliche als auch methodische Auseinandersetzung gewährleistet: Was waren die wichtigsten Argumente? Welche Instrumentalisierungen und Inszenierungen wurden von wem und mit welchen Absichten eingesetzt? Welche Deutungen wurden entwickelt? Nach welchen inhaltlichen und formalen Kriterien wurde entschieden? Darf die Mehrheit im jeweiligen Fall über eine Minderheit entscheiden? Welche Fakten wurden als objektiv anerkannt, welche als subjektiv und parteiisch?

Im Unterschied zu der rigiden Auffassung von Georg Lind (2015), dass Dilemmadiskussionen immer nach dem gleichen Schema ablaufen sollten, ist in der politischen Bildung nicht nur Pluralismus der Meinungen, sondern auch der Methoden gefragt. Zwar steht das Gespräch immer im Mittelpunkt der Wertklärungen, aber die methodischen Optionen für den ethischen Diskurs sind vielfältig: Simulationen wie Plan- und Rollenspiele, Geschichten, Fallbeispiele, problemorientierte Fallstudien, Positionslinien, Imaginationen, Schreibintervalle oder Szenarien.

Damit wird deutlich, dass die Dilemma-Methodik didaktisch weitaus ergiebiger ist als manche glauben, die meinen, sie sei nichts anderes als moralinsaure Zeigefingerpädagogik. Wie bei allen Gesprächsmethoden ist ihr Einsatz gewinnbringender in den Schularten, die sich besonders der Diskussion verpflichtet fühlen. Die Qualität der Durchführung wächst mit der Möglichkeit des Artikulierens, Argumentierens und des Abwägens. Was aber nicht gleichbedeutend ist mit der Ansicht, Dilemma-Methoden seien nur im Politikunterricht der Gymnasien einsetzbar. Ganz im Gegenteil: Bereits Grundschüler:innen haben ein extremes Gerechtigkeitsempfinden und können dies anhand von ausgewählten Problemen und Geschichten zum Ausdruck bringen. Auch in beruflichen, Gemeinschafts- sowie Werkreal- bzw. Realschulen können normative Ambivalenzen unterrichtlich sehr gut dargestellt und behandelt werden.

7. Schluss

Alle, die in der politischen Bildung tätig sind, sollten sich bemühen, die Debattenkultur zu pflegen, den oder die Andere nicht von vornherein oder einseitig zu stigmatisieren oder zu glauben, man hätte moralisch die höherwertigere Position. Politik ist schließlich ein Aushandlungsprozess mit dem Versuch, einen Konsens zu erzielen. Zusätzlich gilt für jeden Diskurs, dass ein Gespräch mit der Auffassung geführt werden sollte, dass auch der oder die Andere Recht haben könnte (Gadamer 2000).

Andererseits hat die politische Bildung ganz besonders in populistisch-autokratischen Zeiten die Aufgabe, wachsam zu bleiben, weil Taktiken des Verfälschens und des Leugnens von Aussagen das Potenzial für Radikalisierung, für Infragestellung von Gewaltmonopolen oder staatlichen Institutionen vergrößern. Umgekehrt muss es in einer Demokratie aber immer auch darum gehen, Minderheiten zu ihrem Recht kommen zu lassen und im Idealfall Anhänger:innen autoritärer Weltbilder argumentativ zu überzeugen und nicht vorschnell in die Ecke der Unwissenden zu stellen.

In den nächsten Jahren wird das Kontroversitätsprinzip in der politischen Bildung weiteren Bewährungsproben ausgesetzt sein. Im aufgewühlten Meer der Meinungen und Emotionen, in Turbulenzen von Zeitenwenden, Ausnahmesituationen und kriegerischen Auseinandersetzungen wird sich zeigen müssen, ob die Demokratie und die Prinzipien politischer Bildung sich in der Krise bewähren, ob sie wetterfest und zukunftsfähig sind. Fast ist man geneigt zu sagen, das Kontroversitätsgebot sei alternativlos in der politischen Bildung, aber das wäre ja ihr Ende.

Anmerkungen

1 Schriftliche Äußerung der Direktorin der Brandenburgischen Landeszentrale für politische Bildung, Martina Weyrauch, zum Umgang mit Kandidierenden und der Gestaltung von Veranstaltungen im Vorfeld von Wahlen. Das Zitat stammt aus einer E-Mail, die beim Verfasser eingesehen werden kann.

2 Tweet des Rechtsextremismusexperten Matthias Quent vom 5. April 2022. URL: https://twitter.com/Matthias_Quent/status/1511323871756042243 [31.07.2022].

Literatur

Arendt, H. (1994): Was ist Politik? Fragmente aus dem Nachlass. München.

Berlyne, D. E. (1974): Konflikt, Erregung und Neugier. Stuttgart.

Detjen, J. (2013): Wie weit geht das Kontroversitätsgebot für die politische Bildung? URL: https://www.bpb.de/mediathek/video/192835/wie-weit-geht-das-kontroversitaetsgebot-fuer-die-politische-bildung/ [27.05.2022].

Drerup, J. (2021): Kontroverse Themen im Unterricht. Konstruktiv streiten lernen. Ditzingen.

Edelstein, W./Nunner-Winkler, G. (Hg.) (1986): Zur Bestimmung der Moral. Philosophische und sozialwissenschaftliche Beiträge zur Moralforschung. Frankfurt/M.

Festinger, L. (1978): Theorie der kognitiven Dissonanz. Bern.

Fischer, K. G. (1973): Einführung in die Politische Bildung. 3. Auflage, Stuttgart.

Freiburger Fans dürfen AfD-Stadtrat als Nazi bezeichnen. In: Zeit Online vom 27.08.2020. URL: https://www.zeit.de/sport/2020-08/dubravko-mandic-afd-stadtrat-nazi-bezeichnung-sc-freiburg-fans, zuletzt aufgerufen am [27.05.2022].

Frick, L. (2021): Laufen wir nicht in die Falle der Identitätspolitik – Persönliche Anmerkungen zur Gegenwart und Zukunft der Politischen Bildung. Stuttgart. URL: https://www.lpb-bw.de/fileadmin/lpb_hauptportal/pdf/artikel_frick_identitaetspolitik.pdf [03.08.2022].

Gadamer, H.-G. (2000): Rituale sind wichtig. In: Der SPIEGEL, Heft 8/2000. URL: https://www.spiegel.de/kultur/rituale-sind-wichtig-a-3b542daf-0002-0001-0000-000015737880 [30.05.2022].

Giesecke, H. (1972): Didaktik der politischen Bildung. Neue Ausgabe. München.

Guggenberger, B./Offe, C. (Hg.) (1984): An den Grenzen der Mehrheitsdemokratie. Opladen.

Henkenborg, P. (2000): Werte und kategoriale Schlüsselfragen im Politikunterricht. In: Breit, G./Schiele, S. (Hg.): Werte in der politischen Bildung. Schwalbach/Ts., S. 263-287.

Kech, F. (2019): Europa-Freunde bitten AfD-Rechtsaußen Mandic in Freiburg auf die Bühne. In: Badische Zeitung vom 6.05.2019. URL: https://www.badische-zeitung.de/europa-freunde-bitten-afd-rechtsaussen-mandic-in-freiburg-auf-die-buehne–172712687.html [02.08.2022]

Kohlberg, L./Boyd, D. R./Levine, C. (1986): Die Wiederkehr der sechsten Stufe: Gerechtigkeit, Wohlwollen und der Standpunkt der Moral. In: Edelstein, W./ Nunner-Winkler, G. (Hg.): Zur Bestimmung der Moral. Philosophische und sozialwissenschaftliche Beiträge zur Moralforschung. Frankfurt/M., S. 205-240.

Landeszentrale für politische Bildung Baden-Württemberg (2020): Erörterung zu Kriterien der Landeszentrale für politische Bildung Baden-Württemberg für die Berücksichtigung von Kandidatinnen und Kandidaten in ihrem Angebot zu Wahlen. URL: https://www.lpb-bw.de/fileadmin/lpb_hauptportal/aktuell_dossiers/Stuttgart_OB-Wahl/Kriterien-fuer-Angebote-der-LpB-bei-Wahlen-2020.pdf [27.05.2022].

Lind, G. (1993): Moral und Bildung: Zur Kritik von Kohlbergs Theorie der moralisch-kognitiven Entwicklung. Heidelberg.

Lind, G. (2015): Moral ist lehrbar! Wie man moralisch-demokratische Fähigkeiten fördern und damit Gewalt, Betrug und Macht mindern kann. 3. Auflage, Berlin.

Lösch, B. (2013): Was heißt ‚kritische politische Bildung' heute? In: polis, Heft 2/2013, S. 11-14.

Nonnenmacher, F. (2011): Handlungsorientierung und politische Aktion in der schulischen politischen Bildung. Ursprünge, Grenzen und Herausforderungen. In: Widmaier/B./Nonnenmacher, F. (Hg.): Partizipation als Bildungsziel. Politische Aktion in der Politischen Bildung. Schwalbach/Ts., S. 83-110.

Oberreuter, H. (2012): Republikanische Demokratie. Der Verfassungsstaat im Wandel, Baden-Baden.

Pohl, K. (2015): Kontroversität: Wie weit geht das Kontroversitätsgebot für die politische Bildung? Bonn. URL: https://www.bpb.de/lernen/politische-bildung/193225/kontroversitaet-wie-weit-geht-das-kontroversitaetsgebot-fuer-die-politische-bildung/ [02.08.2022].

Sander, W. (2009): Bildung und Perspektivität–Kontroversität und Indoktrinationsverbot als Grundsätze von Bildung und Wissenschaft. In: Erwägen – Wissen – Ethik (EWE), Heft 2/2009, S. 239-248.

Schunck, S. (2021): „Matrix"-Zitate: Die besten Sprüche aus der Sci-Fi-Reihe. URL: https://www.kino.de/artikel/matrix-zitate–2mxxg8x6jc [27.05.2022].

Südwestrundfunk: Das Prinzip der abgestuften Chancengleichheit. URL: https://www.swr.de/unternehmen/artikel-wahlberichterstattung-abgestufte-chancengleichheit-100.html [22.05.2022].

Sutor, B. (1984): Philosophisch-anthropologische Grundlagen der Politischen Bildung. In: Knütter, H. H. (Hg.): Politische Bildung in der Bundesrepublik Deutschland. Bonn, S. 106-108.

Teschner, M. (1968): Politik und Gesellschaft im Unterricht. Eine soziologische Analyse der politischen Bildung an hessischen Gymnasien. Frankfurt/M.

Verwaltungsgericht Stuttgart (2021): Beschluss in der Verwaltungsrechtssache Marco Näger gegen Land Baden-Württemberg, Aktenzeichen 10 K 3517/21, Stuttgart.

Thomas Waldvogel

Mit Zank und Streit kommt man (nicht) weit

Der Einfluss von Kontroversität im Politikunterricht auf (anti-)pluralistische Einstellungen von Schüler:innen

1. Einleitung

Wie beeinflusst Kontroversität im Politikunterricht (anti-)pluralistische Einstellungen von Schüler:innen? Der Beitrag widmet sich dieser Frage, indem er eine Analyse der Antworten von 212 Schüler:innen präsentiert, die zu ihren Erfahrungen über Kontroversität im Politikunterricht sowie zu ihren Pluralismusvorstellungen befragt wurden.

Mit dieser Untersuchung wird an die fachdidaktische Diskussion angeknüpft, inwiefern Kontroversität als didaktisch-methodisches Mittel der unterrichtlichen Inszenierung die politische Bildung von Schüler:innen beeinflusst (Müller 2022). Kontroversität ist dabei als Konstrukt konzeptualisiert, welches die Kriterien von Multiperspektivität und Konflikt (Arendt 2005) erfüllt. Im Fokus des Beitrages über die Beziehung von Kontroversität und der politischen Bildung von Jugendlichen steht die Einstellungsdimension, die in verschiedenen Kompetenzmodellen und fachdidaktischen Konzeptionen eine zentrale Rolle einnimmt, um politische Mündigkeit als das übergeordnete Leitziel politischer Bildungsprozesse zu erreichen (Sander 2022). Im Modell der Politikkompetenz (Detjen u. a. 2012) sind politische Einstellungen (und Motivation) eine eigenständige Dimension, die aus unterschiedlichen Fachkonzepten besteht und die Ausbildung des Fachwissens wesentlich prägt

(Weißeno 2022). Im Kompetenzmodell der GPJE (GPJE 2004) sind politische (Vor-)Einstellungen keine eigenständige Kategorie, vielmehr bilden sie als eine Art Reflexionsfolie die Grundlage für die Ausbildung der politischen Urteilsfähigkeit. Im Leitfaden Demokratiebildung Baden-Württemberg von 2019 werden politische Einstellungen direkt mit Pluralismus und Kontroversität verbunden. Kontroverse Perspektivenvielfalt stellt demnach „ein wichtiges unterrichtliches Handlungsfeld zur Prävention menschenabwertender und antidemokratischer Einstellungen bei Kindern und Jugendlichen dar" (MKS, 37). Sie bilde damit eine wesentliche Voraussetzung, um das Ziel des Politikunterrichts zu erreichen, nämlich die demokratischen Einstellungen der Schüler:innen zu stärken (ebd., 37).

Im Anschluss an die politikwissenschaftliche Populismusforschung ist Antipluralismus – neben „Anti-Establishment" und „Pro-Volkssouveränität" – eine von drei wesentlichen Dimensionen, die antidemokratische Einstellungsmuster definieren (Mudde/Kaltwasser 2019; Müller 2016). Antipluralistische Einstellungen stehen daher dem Leitziel politischer Bildung, die Mündigkeit der Lernenden zu fördern, diametral entgehen. Deshalb ist es Ziel dieses Beitrags zu beurteilen, inwiefern Kontroversität als Grundelement des Beutelsbacher Konsenses, als fachdidaktisches Prinzip und als didaktisch-methodisches Mittel der unterrichtlichen Inszenierung die Ausprägung antipluralistischer Einstellungen beeinflusst.

Mithilfe multivariater Statistik wird gezeigt, dass Methoden und Materialien, die Einsicht in unterschiedliche Sichtweisen auf politische Probleme erlauben, pluralistische Einstellungen befördern. Andererseits führt eine Scheinkontroversität entlang von Mainstream-Meinungen in den Unterrichtsmaterialien zu einem gegenteiligen Effekt. Hingegen weisen Schüler:innen, die sich aktiv mit Perspektiven auseinandersetzen, die nicht den eigenen Sichtweisen entsprechen, einen geringeren Antipluralismus auf. Darüber hinaus können der methodische Einsatz von Streit(-gesprächen) im Politikunterricht und die Etablierung einer konstruktiven Streitkultur im Klassenzimmer antipluralistische Einstellungen einhegen. Schließlich lassen die beobachteten Interaktionseffekte in den Modellen erstens darauf schließen, dass es vor allem Schüler:innen mit einer „streitbaren" Grundhaltung sind, die in besonderer Weise von einer etablierten Streitkultur im Klassenzimmer profitieren. Zweitens wird deutlich, dass Individuen aus „streit-aversiven" Lerngruppen besonders positiv vom Einsatz diskursiver Methoden (z. B. Streitgespräche) beeinflusst werden, da sie in der Lage sind, antipluralistische Einstellungen deutlich abzubauen.

Der Beitrag ist wie folgt strukturiert: Im nächsten Abschnitt skizziere ich schlaglichtartig die fachdidaktische Diskussion zum Thema, woraus die Hypothesen abgeleitet werden, die als Grundlage für die empirische Analyse dienen. In Abschnitt 3 beschreibe ich die Eckdaten der Studie und ihres Designs, bevor ich in Abschnitt 4 die Ergebnisse der Analyse detailliert präsentiere. Ich schließe in Abschnitt 5 mit einer Diskussion über die Grenzen des Beitrags und die Implikationen seiner Befunde für die politische Bildung.

2. Kontroversität: Bezüge und Ebene

Grundlegend für das Verständnis dieses Beitrages ist die Konzeption von Kontroversität als ein Konstrukt, welches die Kriterien von Multiperspektivität und Konflikt beinhaltet (vgl. Arendt 2005). Dieses Verständnis von Kontroversität folgt erstens Hannah Arendts Verortung des Politischen als menschliche Angelegenheit, in der es nicht um die Sicherung des eigenen Überlebens, sondern um die gemeinsame Welt geht, in deren Fokus in Abgrenzung zu präpolitischen Angelegenheiten nicht die privaten Interessen Einzelner stehen (Arendt 2005, 38-47). Für diese politische Angelegenheit stellen Konflikte und Streit ein wesentliches Element dar. Zweitens knüpft die dem Beitrag zugrundeliegende Annahme von Kontroversität an Arendts Verständnis eines multiperspektivischen Urteilens an, wonach nur dort eine gemeinsame Welt, eine „Mitwelt" entstehen kann, „in der ein und dieselbe Welt in den verschiedensten Perspektiven erscheint" (Arendt 2005, 251).

Kontroversität im Sinne eines fachdidaktischen Prinzips und als Mittel der didaktischen Inszenierung von Politikunterricht kann sich (mindestens) auf vier Größen beziehen: (1) die verwendeten Unterrichtsmaterialien, (2) die angewandten Methoden, (3) die Lerngruppe und (4) deren einzelne Individuen (Grammes 1996). Hinzu treten der/die politische Bildner:in bzw. die Lehrkraft selbst und die schulisch-institutionellen Rahmenbedingungen, welche auf Grund forschungspraktischer Restriktionen aber beide in dieser Arbeit weitgehend ausgespart bleiben müssen.

Kontroversität in der politischen Bildung kann nach Peter Henkenborg (2016) als eine „Kultur des Dissenses" (im Politikunterricht) entlang von (mindestens) drei Elementen beschrieben werden. Erstens geht es darum, inwiefern Politikunterricht Perspektivenvielfalt auf politische Probleme ermöglicht und somit Einblicke in unterschiedliche Meinungsbilder gewährt. Ein kontroverser Unterricht gestaltet sich demnach auf einer Wahrnehmungsebene in der Perzeption von Pluralität und Multiperspektivität politischer Weltbilder. Auf der Kommunikationsebene des Politischen verweist seine „Kultur des Dissenses", zweitens, auf die Gestaltung pädagogischer Anerkennungsverhältnisse. Nach Henkenborg setzen solche Anerkennungsverhältnisse „nicht nur Formen emotionaler Zuwendung, sondern auch Formen sozialer Wertschätzung – also die Wertschätzung der jeweils anderen Überzeugungen, Werte und Lebensstile als Beitrag für die gemeinsame Kommunikation – voraus, ebenso Formen kognitiver Anerkennung, also die Anerkennung von Kindern und Jugendlichen als moralisch gleichberechtigte Kommunikationspartner/-innen" (Henkenborg 2016, 193). Drittens geht es einer „Kultur des Dissenses" auf der Deutungsebene darum, Differenzerfahrungen durch Deutungslernen zu ermöglichen. Teilnehmende politischer Bildung sollen durch die didaktische Inszenierung gegensätzlicher Positionen die Möglichkeit zur eigenen politischen Urteilsfähigkeit erhalten. In diesem Zusammenhang kommt das Problem eines „künstlichen Schulwissens" (Grammes 1996, 153) zum Tragen, welches aus einer Scheinkontroversität besteht, die eine selbstständige Auseinandersetzung von Lernenden mit den Lerngegenständen einschränkt (Müller 2022, 236). Die Gefahr, die in diesem Zusammenhang beschrieben wird, ist, dass die Orientierung am Kontroversitätsgebot in einer Verkürzung auf Pro-Contra-Diskussionen und einer Ignoranz gegenüber anderen im Detail variierten Alternativen resultiere (Oberle 2016, 254). Der damit verbundene Vorwurf lautet, dass gerade weniger populäre und radikalere Ansichten in der am Kontroversitätsprinzip orientierten politischen Bildung ausgespart würden, da ja eine scheinbare Kontroversität bereits mit zwei verschiedenen Mainstream-Perspektiven erreicht sei (Ahlheim/Schillo 2012). Deshalb gelte es im Unterricht vielmehr darauf zu achten, für Schüler:innen aus Minderheitenpositionen positive Identifikationsmöglichkeiten bereitzustellen, um ihre demokratischen Einstellungen zu stärken (MKS 2019, 19).

Auf dieser Grundlage lassen sich die folgenden Hypothesen über die Beziehung von Kontroversität im Politikunterricht und (anti-)pluralistischen Einstellungen von Schüler:innen für meine Untersuchung ableiten:

H1a: Materialien, die unterschiedliche Sichtweisen auf politische Probleme präsentieren, wirken antipluralistischen Einstellungen entgegen.

H1b: Materialien, die lediglich Perspektiven der Mehrheitsgesellschaft abbilden, sind nicht in der Lage, antipluralistische Einstellungen einzuhegen.

H1c: Materialien, die auch Meinungen von gesellschaftlichen Minderheiten berücksichtigen, wirken der Ausbildung antipluralistischer Einstellungen entgegen.

H2a: Ein Politikunterricht, der es methodisch erlaubt, Fälle, Konflikte und politische Probleme aus unterschiedlichen Sichtweisen zu betrachten, hegt die Ausprägung antipluralistischer Einstellungen ein.

H2b: Ein Politikunterricht, in welchem diskursive Methoden (zum Beispiel in Form eines Streitgespräches) etabliert sind, die es den Schüler:innen ermöglichen, politische Probleme kontrovers zu verhandeln, führt zu geringeren antipluralistischen Einstellungen der Lernenden.

H2c: Ein Politikunterricht, der es den Schüler:innen erlaubt, auch Meinungen von gesellschaftlichen Minderheiten einzunehmen, wirkt der Ausbildung antipluralistischer Einstellungen entgegen.

H3a: Lerngruppen, in denen unterschiedliche Sichtweisen auf politische Probleme akzeptiert sind, führen zu geringeren Ausprägungen antipluralistischer Einstellungen unter ihren Mitgliedern.

H3b: Lerngruppen bestehend aus Mitgliedern, die eine starke Neigung aufweisen, kontroverse Auseinandersetzung über politischen Themen zu meiden, weisen einen höheren Grad an antipluralistischen Einstellungen auf.

H3c: Lerngruppen aus Schüler:innen, in denen aktiv Meinungen von gesellschaftlichen Minderheiten vertreten werden, weisen geringere antipluralistische Einstellungen auf.

H4a: Schüler:innen, die unterschiedlichen Sichtweisen auf politische Probleme eine hohe Relevanz beimessen, weisen geringere Ausprägungen antipluralistischer Einstellungen auf.

H4b: Schüler:innen, die sich aktiv mit Perspektiven von anderen auf politische Probleme auseinandersetzen, selbst wenn diese nicht der eigenen Sichtweise entsprechen, zeigen eher geringere antipluralistische Einstellungen.

H4c: Schüler:innen, die nicht gerne über Politik sprechen, weil sie keinen Streit mögen, weisen höhere antipluralistische Einstellungen auf.

Tabelle 1 gibt einen zusammenfassenden Überblick über die Zuordnung der einzelnen Hypothesen zu den fachdidaktischen Mitteln der Inszenierung von Kontroversität im Politikunterricht und zu den einzelnen Elementen in der „(Unterrichts-) Kultur des Dissenses" nach Henkenborg (2016). Darüber hinaus zeigt sie die erwartete Beziehungsrichtung der Items zu antipluralistischen Einstellungen unter den Schüler:innen an.

Tabelle 1: Übersicht über die Hypothesen

	Wahrnehmungsebene	**Kommunikationsebene**	**Deutungsebene**
Materialien	H1a (-)		H1b (+), H1c (-)
Methoden	H2a (-)	H2b (-)	H2c (-)
Lerngruppe	H3a (-)	H3b (+)	H3c (-)
Individuen	H4a (-)	H4c (+)	H4b (-)

Lesehilfe: Hypothese 1a (H1a) bezieht sich mit Blick auf die im Politikunterricht verwendeten Materialien auf die Wahrnehmungsebene von Kontroversität. Bei einer ausgeprägten Multiperspektivität in den Materialien wird eine negative Beziehung zu antipluralistischen Einstellungen unter den Schüler:innen erwartet.

3. Studiendesign, Stichprobe und Daten

Studiendesign

Die nachfolgende Analyse untersucht die Antworten von 212 Schüler:innen, die an einer Umfrage zur Kontroversität im Politikunterricht und ihren Pluralismusvorstellungen teilnahmen. Die Befragung fand unmittelbar vor einem, in analoger Präsenz stattfindenden Workshop („Koal-O-Mat on Tour") der Landeszentrale für politische Bildung Baden-Württemberg für Schulklassen statt. Zielgruppe des Workshops waren Klassen ab Klassenstufe 9 an allen weiterführenden Schulen im Regierungsbezirk Freiburg. Im Zeitraum von Mittwoch, 29. September 2021 bis Freitag, 29. Oktober 2021 wurden von den insgesamt rund 50 Schulklassen, die an dem Angebot teilnahmen, zwölf Schulklassen nach ihren Erfahrungen zur Kontroversität im Politikunterricht und den eigenen Pluralismusvorstellungen befragt. Die Datenerhebung erfolgte mittels eines standardisierten Online-Fragebogens zu einem Messzeitpunkt und wurde mit der Software Unipark implementiert. Die Befragung fand stets unmittelbar zu Beginn der Veranstaltung statt. Der Fragebogen bestand aus geschlossenen Fragen zu politischen Dispositionen und soziodemografischen Angaben der Jugendlichen sowie über ihre Erfahrungen und Vorstellungen zu Kontroversität und Pluralismus im Politikunterricht. Die durchschnittliche Bearbeitungszeit betrug knapp sechs Minuten.

Stichprobe

Die der Analyse zugrunde liegende Stichprobe umfasst die Antworten von 212 Schüler:innen, die an der Befragung teilnahmen und für die vollständige Daten zur Verfügung stehen. Die Beendigungsquote lag bei 81 Prozent. Insgesamt weist das Sample eine beachtliche Heterogenität auf: Das Geschlechterverhältnis ist nahezu ausgeglichen (53 Prozent weiblich), das Alter divergiert zwischen 14 und 22 Jahren und liegt im Mittel bei knapp 17 Jahren. Mit Blick auf die Schulart dominieren Gymnasien (47 Prozent) deutlich, dennoch wurden mit beruflichen Schulen (33 Prozent) und Realschulen (20 Prozent) auch eine erhebliche Anzahl an Schüler:innen an anderen Schularten erreicht. Immerhin knapp mehr als ein Drittel der befragten Schüler:innen weist einen Migrationshintergrund (36 Prozent) auf und 45 Prozent zeigen ein (sehr) geringes Interesse an Politik im Allgemeinen.

Daten

Grundlage der Analyse bilden vier Sets an Variablen:

(1) die abhängige Variable über (anti-)pluralistische Einstellungen der Schüler:innen;

(2) ein Set über die Erfahrungen von Schüler:innen mit Kontroversität im Politikunterricht in Bezug auf die angewendeten Methoden, die im Unterricht eingesetzten Materialien und die Lerngruppe;

(3) individuelle Vorstellungen zu Kontroversität im Politikunterricht;

(4) ein Set an Kontrollvariablen über soziodemografische Eigenschaften der Jugendlichen.

Abhängige Variable

Die abhängige Variable der Analyse bilden (anti-)pluralistische Einstellungen, die über einen Summenscore mit vier Items operationalisiert wurden. Die jeweils fünfstufig Likert-skalierten Frageitems sind dabei etablierten Umfragen in der deutschsprachigen Einstellungs- und Wahlforschung entnommen, wie sie beispielsweise auch in der German Longitudinal Election Study (GLES) Verwendung finden (GESIS Datenarchiv 2019). Das Messmodell knüpft an die Populismusforschung in der internationalen Politikwissenschaft an, fokussiert dabei auf die Dimension des „Anti-Pluralismus", die in direkter Verbindung mit dem Kontroversitätsgebot als didaktischem Prinzip der politischen Bildung steht (in Abgrenzung zu den Dimensionen „Anti-Establishment" und „Pro-Volkssouveränität"; siehe Vehrkamp/Merkel 2020). Der in diesem Beitrag verwendete Antipluralismusindex setzt sich als Summenscore aus den Antworten der Teilnehmenden auf die folgenden vier Fragen zusammen: (1) „In der Demokratie geht es darum, Kompromisse zwischen verschiedenen Meinungen zu finden." (2) „Der Mehrheitswille sollte in der Politik durchgesetzt werden, auch wenn dadurch die Sichtweisen von Minderheiten unberücksichtigt bleiben.“ (3) „Was in der Politik Kompromiss genannt wird, ist in Wirklichkeit der Verrat der eigenen Prinzipien und Positionen.“ (4) „Es ist wichtig, dass Meinungen von Minderheiten in Deutschland gehört werden.“

Die Frageitems 1, 2 und 3 sind dem Fragebogenkonstrukt des „demand for populism“ (GESIS Datenarchiv 2019) entlehnt, das Frageitem 4 wurde als inverses Item korrespondierend zu Frage 2 vom Autor zur Batterie hinzugefügt. Zur Bildung des Summenscores wurden Frage 1 und 4 invers rekodiert, sodass sich ein Index im Wertebereich von 0 bis 16 ergibt, wobei hohe Werte ausgeprägte antipluralistische Einstellungen ausweisen. Cronbachs Alpha belegt mit einem Wert von 0.88 eine sehr gute Passung des Messmodells. Der durchschnittliche Antipluralismus-Score liegt in der Stichprobe bei 7.67 mit einer relativ hohen Standardabweichung von 3.86, was darauf hindeutet, dass neben einer dominanten Mitte eine ausgeprägte Polarisierung in den Pluralismuseinstellungen der Stichprobe vorherrscht, was die visuelle Inspektion des Histogramms (grafisch nicht ausgewiesen) bestätigt. Bemerkenswert ist außerdem, dass rund 21 Prozent der Befragten einen ausgeprägten Antipluralismus aufweisen, stimmen sie doch allen vier antipluralistischen Aussagen zu (Summenscore-Werte größer und gleich 12).

Unabhängige Variable

Die Fragebatterie über die Erfahrungen von Schüler:innen mit Kontroversität im Politikunterricht in Bezug auf die eingesetzten Materialien umfasst drei Items. Die Schüler:innen sollten Antwort darauf geben, inwiefern die Aussagen aus ihrer Sicht zutreffend seien, dass die Materialien im Politikunterricht (1) unterschiedliche Sichtweisen auf politische Probleme präsentieren, (2) auch Perspektiven von Minderheiten berücksichtigen oder (3) vor allem die Meinungen der Mehrheit in der Gesellschaft präsentieren. Für alle drei Items ist das Antwortverhalten relativ normal verteilt, das heißt mit vielen Ausprägungen in der Mittelkategorie und abnehmenden Eintragungen zu den extremeren Werten hin. Frageitem 1 (Mittelwert (aM) = 3.00; Standardabweichung (SD) = 1.21) und Frageitem 2 (aM = 2.97; SD = 1.20) werden fast identisch bewertet und erhalten etwas mehr Zustimmung als Frageitem 3 (aM = 2.78; SD = 1.20).

Mit Blick auf die angewendeten Methoden wurden die Schüler:innen in Anlehnung an die Analyse von Catrin Kötters-König (2001, 8) befragt, inwiefern sie den Aussagen zustimmen, dass im Politikunterricht (1) Fälle, Konflikte, Probleme aus unterschiedlichen Sichtweisen untersucht werden, (2) Streitgespräche (z. B. Pro-Contra-Diskussionen oder Debatten) durchgeführt werden oder (3) kaum Gelegenheit besteht, Meinungen von Minderheiten zu vertreten. Auch hier ist das Antwortverhalten für alle drei Fragen (Item 1: aM = 3.03, SD = 1.20; Item 2: aM = 2.80, SD = 1.17; Item 3: aM = 2.97, SD = 1,21) recht homogen, wobei die Durchführung diskursiver Methoden im erfassten Politikunterricht weniger etabliert zu sein scheint.

Ein dritter Fokus bildet die Lerngruppe. Hierzu wurden die Schüler:innen befragt, inwiefern in ihrer Klasse (1) unterschiedliche Sichtweisen auf politische Probleme akzeptiert sind, (2) Streit(-gespräche) über unterschiedliche Sichtweisen auf politische Probleme gemieden und (3) aktiv Meinungen von Minderheiten (z. B. in Diskussionen) vertreten werden. Das Antwortmuster bleibt auch hier weitgehend ausgeglichen (Item 1: aM = 3.08, SD = 1.19; Item 2: aM = 2.89, SD = 1.27; Item 3: aM = 3.13, SD = 1.19).

Eine vierte und letzte Untersuchungsperspektive nimmt die individuellen Dispositionen der Schüler:innen in den Blick. Hier wurden die Jugendlichen gefragt, inwiefern ihnen (1) unterschiedliche Sichtweisen auf politische Probleme wichtig sind, (2) ob sie nicht gerne über Politik sprechen, weil sie keinen Streit mögen und (3) inwiefern sie sich für Perspektiven von anderen interessieren, auch wenn diese nicht der eigenen

Meinung entsprechen. Frageitems 1 (aM = 3.13, SD = 1.28) und 3 (aM = 2.96, SD = 1.22) erhalten dabei tendenziell Zustimmung, wobei Frageitem 2 (a.M. = 2.80, SD = 0.92) in der Tendenz recht einheitlich abgelehnt wird.

Ein Set an Kontrollvariablen umfasst vor allem soziodemografische Angaben der Befragten. Das Geschlecht wurde binär (männlich/weiblich) erfasst, ebenso der Migrationshintergrund (ja/nein) der Jugendlichen. Das Alter wurde numerisch gemessen, die Schulart kategorial. Als zusätzliche Kontrollvariable wird das allgemeine Politikinteresse über eine vierstufige Likertskala gemessen (aM = 2.37, SD = 1.07).

4. Analyse

In Abbildung 1 ist das Ergebnis der linearen Regression dargestellt. Auf der x-Achse ist der standarisierte beta-Regressionskoeffizient abgetragen. Wenn sich der Schätzer rechts der gestrichelten, vertikalen Nulllinie befindet, befördert die Variable tendenziell antipluralistische Einstellungen, liegt der Wert links der Nulllinie, wirkt er ihnen entgegen. Ob dieser gerichtete Effekt auch statistisch signifikant ist, lässt sich anhand der horizontalen Balken entscheiden. Balken, die die Nulllinie nicht passieren, können als signifikante Einflussfaktoren gelten. Der dünnere Balken ist dabei restriktiver und legt die etablierte fünfprozentige Irrtumswahrscheinlichkeit zu Grunde, der dickere Balken ist weniger einschränkend und geht von einer zehnprozentigen Irrtumswahrscheinlichkeit aus. Auf der y-Achse sind die unabhängigen Variablen abgetragen. Bei der Interpretation der Grafik ist zu berücksichtigen, dass die Kontrollvariablen (Politikinteresse, Schulart, Geschlecht, Migration, Alter) zur Beurteilung der relativen Stärke des Einflusses des einzelnen Prädikators auf die abhängige Variable (Antipluralismus-Score) nicht mit den übrigen Variablen vergleichbar sind, weil sie auf einer anderen Skala erhoben wurden. Die Items über die Materialien und Methoden, die Lerngruppe und individuellen Dispositionen hingegen basieren alle auf einer fünfstufigen Likertskala und sind damit untereinander in ihrer Einflussstärke vergleichbar.

Wenden wir unseren Blick zuerst auf die Kontrollvariablen. Wir sehen, dass weder das Politikinteresse, noch der Migrationshintergrund, das Geschlecht oder Alter erklärungskräftige Variablen darstellen. Anders hingegen sieht es mit Blick auf die Schulart aus. Hier weisen in der nicht-repräsentativen Stichprobe Schüler:innen von Berufsschulen signifikant höhere antipluralistische Einstellungen im Vergleich zu Gymnasiast:innen auf, die als Referenzkategorie dienen.

Abb. 1: Lineare Regression über Einflussfaktoren antipluralistischer Einstellungen

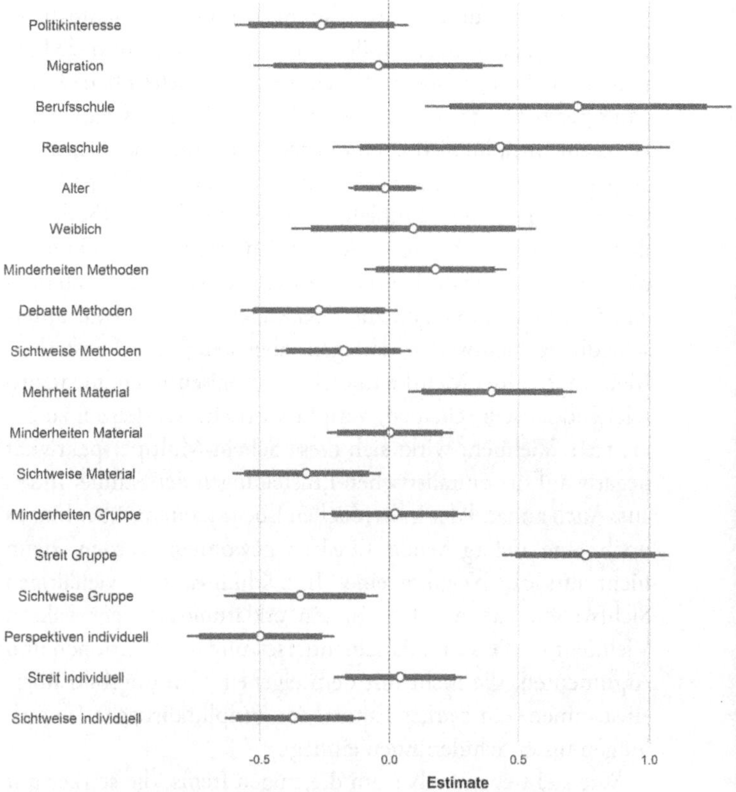

Lesehilfe: Auf der x-Achse ist der standarisierte beta-Regressionskoeffizient abgetragen. Wenn sich der Schätzer rechts der gestrichelten, vertikalen Nulllinie befindet, befördert die Variable (tendenziell) antipluralistische Einstellungen, liegt der Wert links der Nulllinie wirkt er ihnen entgegen. Ob dieser gerichtete Effekt auch statistisch signifikant ist, lässt sich anhand der horizontalen Balken entscheiden. Balken die die Nulllinie nicht passieren, können als signifikante Einflussfaktoren gelten. Der dünnere Balken ist dabei restriktiver und legt die etablierte 5-prozentige Irrtumswahrscheinlichkeit zu Grunde, der dickere Balken ist weniger einschränkend und geht von einer 10-prozentigen Irrtumswahrscheinlichkeit aus. Auf der y-Achse sind die unabhängigen Variablen abgetragen. Die Schulart „Gymnasium" bildet die Referenzkategorie zu den anderen Schularten und wird folglich nicht dargestellt.

Quelle: Alle Abbildungen in diesem Beitrag eigene Darstellung.

Mit Blick auf die erklärenden Variablen zeigt sich, dass über die verschiedenen Kategorien hinweg der Ermöglichung für die Schüler:innen, unterschiedliche Sichtweisen einnehmen zu können, eine besondere Rolle zukommt. Sowohl für die Materialien, die Lerngruppe und auch die individuelle Ebene ist die Multiperspektivität ein hochsignifikanter Faktor, wenn es darum geht, antipluralistischen Einstellungen unter Schüler:innen entgegenzuwirken; und auch hinsichtlich der vielfältige Sichtweisen auf politische Probleme ermöglichenden Methoden ist diese Wirkungsrichtung in der Tendenz erkennbar. Wenn wir die Items über die im Politikunterricht verwendeten Materialien näher betrachten, fällt auf, dass Materialien, die zwar unterschiedliche Sichtweisen darlegen, aber lediglich Mainstream-Meinungen einer Mehrheitsgesellschaft präsentieren, nicht ausreichend zu sein scheinen, antipluralistische Tendenzen zu begrenzen. Vielmehr wirkt sich diese Schein-Multiperspektivität negativ auf die pluralistischen Einstellungen der Schüler:innen aus. Auch anhand der individuellen Ebene kann darüber hinaus noch eine tiefergehende Einsicht gewonnen werden, denn nicht nur die Neigung eines Individuums, sich vielfältigen Sichtweisen zuzuwenden, ist ein erklärungskräftiger Faktor. Vielmehr ist die aktive Auseinandersetzung mit Positionen und Argumenten, die nicht mit dem eigenen Meinungsbild übereinstimmen, ein starker Faktor, der antipluralistische Einstellungen unter Schüler:innen einhegt.

Wie steht es nun aber um diejenigen Items, die stärker mit dem Attribut der Kontroversität und des politischen Streits verbunden sind? Vielfältige Sichtweisen auf politische Probleme sind allein noch kein hinreichendes Kriterium, um den Einfluss von Kontroversität auf antipluralistische Einstellungen unter Schüler:innen beurteilen zu können. Hier ist das Bild gemischt: Die individuelle Disposition, sich über Politik in einer kontroversen Art und Weise auseinandersetzen zu wollen, ist kein Prädikator für die Ausprägung antipluralistischer Einstellungen von Schüler:innen. Mit Blick auf die methodische Gestaltung des Politikunterrichts, die in interaktiver Form z. B. durch Streitgespräche eine kontroverse Auseinandersetzung über politische Probleme ermöglicht, zeigt in der Tendenz eine antipluralistische Einstellungen einhegende Wirkung, bleibt in diesem Modell aber insignifikant. Eine ausgeprägte Streitvermeidungstendenz innerhalb der Lerngruppe hingegen begünstigt in der Stichprobe in starkem Maße die Ausbildung antipluralistischer Einstellungen.

Abb. 2: Interaktionen zwischen Variablen über die Kontroversität im Politikunterricht

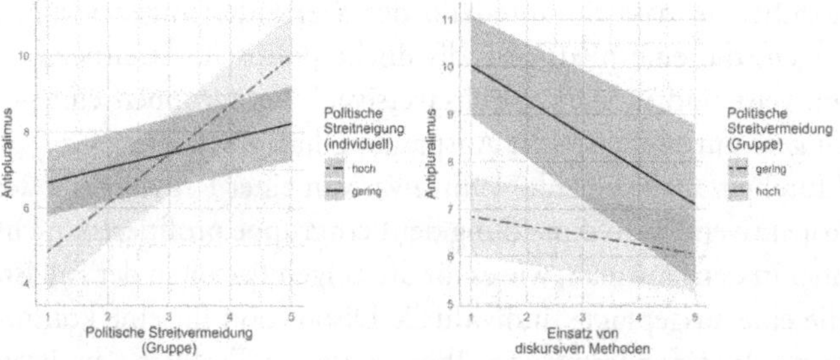

Da es Ziel des Beitrages ist, zu prüfen, inwiefern Kontroversität im Politikunterricht (anti-)pluralistische Einstellungen bei Schüler:innen beeinflusst, werden wir uns im Folgenden den Interaktionen zwischen den verschiedenen Variablen zuwenden, die den streitbaren Aspekt des Politikunterrichts betonen. Ein erstes Interaktionsmuster ergibt sich dabei aus dem Zusammenspiel zwischen individuellen Dispositionen und den Eigenschaften der Lerngruppe. Konkret wird betrachtet, wie sich gemäß dem Modell die antipluralistischen Einstellungen der Schüler:innen für verschiedene Gruppen der individuellen politischen Streitneigung (gering vs. hoch) über unterschiedliche Ausprägungen der kollektiven Streitvermeidung der Lerngruppe entwickeln. Diese Beziehung ist in der linken Grafik der Abbildung 2 dargestellt. Es zeigt sich, dass Individuen mit einer hohen individuellen Streitneigung, die sich in „streit-aversiven“ Lerngruppen befinden, die höchsten antipluralistischen Einstellungen ausbilden. Nimmt die kollektive Streitvermeidung der Lerngruppe ab, können diese Individuen stark davon in dem Sinne profitieren, dass sich ihre antipluralistischen Einstellungen reduzieren. Die starke Neigung der gestrichelten Gerade führt sogar dazu, dass diejenigen Personen, die eingangs einen hohen Antipluralismus gepaart mit einer hohen individuellen Streitneigung aufweisen, in Abhängigkeit der politischen Streitvermeidung der Lerngruppe in die Lage versetzt werden, ihre antipluralistischen Einstellungen in einem solchen Maße abzubauen, dass sie unterhalb der Werte derjenigen Gruppe liegen, die eine niedrige individuelle politische Streitneigung aufweist und in stark „streit-aversiven“ Lerngruppen eine geringere antipluralistische Ausprägung hat. Auch diese Gruppe (durchgezogene Gerade) kann zwar von einer Reduzierung der kollektiven Streitvermeidung der Lerngruppe profitieren, nicht aber in dem Ausmaß, wie es für diejenigen Personen der Fall ist, die eine ausgeprägte, individuelle Disposition für eine kontroverse Auseinandersetzung über politische Probleme besitzen (gestrichelte Linie).

Ein zweites Interaktionsmuster, das sich als signifikant erweist, ist die Beziehung zwischen der kollektiven Streivermeidung der Lerngruppe und dem Einsatz interaktiver Methoden (z. B. Streitgespräche), die eine kontroverse Auseinandersetzung mit politischen Positionen und Argumenten erlauben (dargestellt in der rechten Grafik in Abbildung 2). Im Vergleich von Individuen, die sich in Lerngruppen mit hoher bzw. niedriger politischer Streitvermeidung verorten, können nach diesem Modell vor allem diejenigen Gruppenmitglieder von einem Einsatz Kontroversität befördernder Methoden profitieren, die ihre Lerngruppe als „streit-aversiv“ beurteilen (durchgezogene Gerade). Die Neigung der gestrichelten Geraden zeigt, dass dieses Beziehungsmuster auch für Individuen gilt, die sich in Lerngruppen mit einer geringeren politischen Streitvermeidung verorten, der konditionale Effekt, visualisiert durch die geringere Neigung der gestrichelten Geraden, aber schwächer ausfällt. Letztlich zeigen aber beide Geraden auf, dass die Individuen innerhalb beider Lerngruppen mit unterschiedlichen Ausprägungen an kollektiver Streitvermeidung (hoch vs. gering) in dem Sinne vom Einsatz interaktiver Methoden profitieren können, dass sie in die Lage versetzt werden, antipluralistische Einstellungen abzubauen.

5. Diskussion

Der Beitrag verfolgte das Ziel, zu beurteilen, inwiefern Kontroversität im Politikunterricht (anti-)pluralistische Einstellungen bei Schüler:innen beeinflusst. Zur Beantwortung dieser Frage wurden die Antworten eines Gelegenheitssamples von 212 Schüler:innen analysiert, die an einer Umfrage zur Kontroversität im Politikunterricht und ihren Pluralismusvorstellungen teilnahmen. Trotz der begrenzten Fallzahl weist die Stichprobe in ihren Charakteristika und ihrem Antwortverhalten eine hohe Heterogenität auf, sodass mithilfe multipler OLS-Regression „multiperspektive" und „kontroverse" Faktoren aus dem Politikunterricht identifiziert wurden, um deren Wirkung auf (anti-)pluralistische Einstellungen der Schüler:innen zu beurteilen. Auf Basis der Analyse können für die Praxis der politischen Bildung sechs zentrale Erkenntnisse festgehalten werden, wenn es darum geht, mithilfe der didaktisch-methodischen „Inszenierung" eines auf dem Kontroversitätsgebot des Beutelsbacher Konsenses basierenden Politikunterrichts antipluralistische Einstellungen unter Schüler:innen einzuhegen bzw. pluralistische Weltsichten zu befördern:

1. Die Materialien und Methoden im Politikunterricht sollten Einsicht in unterschiedliche Sichtweisen auf politische Probleme ermöglichen.
2. „Scheinkontroversität" in den verwendeten Materialien scheint antipluralistische Einstellungen zu verstärken.

3. Schüler:innen sollten befähigt werden, sich aktiv mit Perspektiven auseinanderzusetzen, die *nicht* den eigenen Sichtweisen entsprechen.
4. Streit(-gespräche) sollte(n) aktiv in den Unterricht integriert werden; sowohl methodisch als auch „atmosphärisch" im Sinne einer konstruktiven Streitkultur innerhalb der Lerngruppe.
5. Schüler:innen mit „streitbarer" Grundhaltung profitieren in besonderer Weise von einer etablierten Streitkultur im Unterricht.
6. Individuen, die sich in „streit-aversiven" Lerngruppen verorten, scheinen besonders vom Einsatz diskursiver Methoden (z. B. Streitgespräche) zu profitieren.

Die Ergebnisse der hier präsentierten Studie unterliegen aber einigen Einschränkungen. Die verwendeten Konstrukte sind auf Grund erheblicher forschungspraktischer Einschränkungen sehr kurzgehalten. Darüber hinaus fehlen mit den Lehrkräften und den schulisch-institutionellen Rahmenbedingungen mindestens zwei Faktorenbündel in der Analyse, von denen angenommen werden kann, dass sie die Wirkung von Kontroversität im Politikunterricht auf (anti-)pluralistische Einstellungen der Schüler:innen wesentlich mitprägen. Neben der relativ kleinen Fallzahl ist zudem noch darauf zu verweisen, dass keine Zufallsauswahl unter den Schüler:innen erfolgte und die Daten auf Ebene der Klasse genestet sind, was in der Analyse nur rudimentär kontrolliert wird.

Jenseits dieser Einschränkungen bin ich aber zuversichtlich, erkenntnisbringende Muster in der Beziehung von Kontroversität im Politikunterricht und den antipluralistischen Einstellungen der Schüler:innen zu präsentieren.

Mit Blick auf die drei Ebenen einer „Kultur des Dissenses" nach Henkenborg (2016) findet sich eine starke empirische Evidenz für die Wirksamkeit der Wahrnehmungsebene, sind doch drei von vier Hypothesen (H1a, H3a, H4a) in unserem

Modell signifikante Erklärungsfaktoren für die Ausprägung antipluralistischer Einstellungen mit der erwarteten, einhegenden Wirkungsrichtung.

Für die Kommunikationsebene ist die Bilanz hingegen gemischt: Während sich übereinstimmend mit H3b ein signifikanter und stark positiver Effekt der gruppenbezogenen Streitvermeidung auf antipluralistische Einstellungen feststellen lässt, kann dies für H2b allenfalls in der Tendenz gezeigt und für H4c gar nicht bestätigt werden. Auch hinsichtlich der Deutungsebene ergibt sich ein uneinheitliches Bild: Während die Ergebnisse die Hypothesen H1b und H4b mit Wirkungen in die erwartete Richtung stützen, finden sich keine empirischen Hinweise für die Hypothesen H1c, H2c und H3c.

Abschließend kann festgehalten werden, dass die Analyse in der Lage ist, auf Grundlage empirischer Ergebnisse konkrete Handlungsempfehlungen für die Praxis der politischen Bildung zu geben, um die didaktisch-methodischen Mittel für die Inszenierung von Kontroversität als fachdidaktisches Prinzip im Politikunterricht so einzusetzen, dass sie die Förderung demokratischer Einstellungen und die Befähigung zur politischen Mündigkeit unterstützen.

Literatur

Ahlheim, K./Schillo, J. (Hg.) (2012): Politische Bildung zwischen Formierung und Aufklärung. Hannover.

Arendt, H. (2005): Vita activa oder vom tätigen Leben [1960]. München.

Detjen, J./Massing, P./Richter, D./Weißeno, G. (2012): Politikkompetenz: Ein Modell. Wiesbaden.

GESIS Datenarchiv (2019): TV-Duell-Analyse, Befragung (GLES 2017). ZA6810 Datenfile Version 1.0.0. Köln. URL: https://doi.org/10.4232/1.13256 [02.08.2022].

GPJE (2004): Nationale Bildungsstandards für den Fachunterricht in der Politischen Bildung an Schulen. Ein Entwurf. Schwalbach/Ts.

Grammes, T. (1996): Unterrichtsanalyse – ein Defizit der Fachdidaktik. In: Schiele, S./Schneider, H. (Hg.): Reicht der Beutelsbacher Konsens? Schwalbach/Ts., S. 143-169.

Henkenborg, P. (2016): »Eine Kultur des Dissenses«. Über den pädagogischen Sinn des Beutelsbacher Konsenses für die politische Bildung. In: Widmaier,

B./Zorn, P. (Hg.): Brauchen wir den Beutelsbacher Konsens? Eine Debatte der politischen Bildung. Bonn, S. 187-196.

Kötters-König, C. (2001): Handlungsorientierung und Kontroversität. Wege zur Wirksamkeit der politischen Bildung im Sozialkundeunterricht. In: Aus Politik und Zeitgeschichte, Heft B50/2001, S. 6-12.

MKS/Ministerium für Kultus, Jugend und Sport Baden-Württemberg (Hg.) (2019): Demokratiebildung: Schule für Demokratie, Demokratie für Schule. Stuttgart.

Mudde, C./Kaltwasser, C. R. (2019): Populismus. Eine sehr kurze Einführung. Bonn.

Müller, J.-W. (2016): Was ist Populismus? Ein Essay. Berlin.

Müller, S. (2022): Kontroversität. In: Sander, W./Pohl, K. (Hg.): Handbuch politische Bildung. 5. Auflage, Frankfurt/M., S. 231-239.

Oberle, M. (2016): Der Beutelsbacher Konsens: eine kritische Würdigung. In: Widmaier, B./Zorn, P. (Hg.): Brauchen wir den Beutelsbacher Konsens? Eine Debatte der politischen Bildung. Bonn, S. 251-259.

Sander, W. (2022): Geschichte der politischen Bildung. In: ders./Pohl, K. (Hg.): Handbuch politische Bildung. 5. Auflage, Frankfurt/M., S. 13-28.

Vehrkamp, R./Merkel, W. (2020): Populism Barometer 2020: Future of democracy, 02.2020. Policy Brief September 2020. URL: https://www.bertelsmann-stiftung.de/fileadmin/files/BSt/Publikationen/GrauePublikationen/ZD_Policy_Brief_2_2020_Populism_Barometer_EN.pdf [03.08.2022].

Weißeno, G. (2022): Quantitative empirische Forschung zur politischen Bildung. In: Sander, W./Pohl, K. (Hg.): Handbuch politische Bildung. 5. Auflage, Frankfurt/M., S. 110-121.

Tilman Grammes, Hinrich Kindler, Hannes Lübcke

An den Grenzen der Kontroversität

Reflexionen am Beispiel einer Unterrichtseinheit zum Afghanistankonflikt

1. Vorüberlegungen: Stößt der Beutelsbacher Konsens an seine Grenzen?

Blickt man auf die Publikationen zum Beutelsbacher Konsens, entsteht der Eindruck, es wäre inzwischen nun wirklich das meiste gesagt. In einer solchen Situation ist ein Fortschritt der didaktischen Diskussion nur durch Beispiele möglich, also in Form einer Kasuistik, weil sonst die pragmatische gegenüber der theoretisch-legitimatorischen Wurzel der Didaktik verdorrt. In diesem Sinne war es von Anfang an eine gute Tradition der Beutelsbacher Gespräche, die drei Konsenskriterien entlang von erprobten Unterrichtsbeispielen didaktisch zu reflektieren. Der erste Tagungsband (Schiele/Schneider 1977) enthält zwei bemerkenswerte Unterrichtsbeispiele, in denen zwar das Überwältigungsverbot in den Vordergrund gerückt wird, sich damit aber interessante didaktisch-methodische Implikationen für den Umgang mit Kontroversität verbinden (Uffelmann 1977; Weber 1977). Wir möchten in unserem Beitrag an diese Tradition der Gründungsschrift zum Beutelsbacher Konsens anknüpfen. Weil der Beutelsbacher Konsens nur lebendig bleibt, wenn immer wieder Unterricht abwägend diskutiert wird, haben wir diesen Beitrag in einem Team von Hochschuldozent (Tilman Grammes), Lehramtsstudent im Schulpraktikum (Hannes Lübcke) und Mentor an der hospitierten Schule (Hinrich Kindler) verfasst, um die Perspektiven einer kollegialen Lehr- und Lerngemeinschaft in Form einer *Lesson Study* aufzuzeigen.

Vor allem das Kontroversitätsprinzip scheint in der Unterrichtspraxis Überreaktionen hervorzurufen und geradezu am eigenen Erfolg zu ersticken. Die Kritik an einem schematisch ausgeführten Kontroversitätsprinzip, das im Unterricht zu „relativierenden Meinungsgirlanden" führe – wie es der Fachseminarleiter Hans-Peter Viechtbauer formulierte –, ist nicht neu. Die Hessischen Rahmenrichtlinien forderten, es sei „der Eindruck zu vermeiden, als wären alle Standpunkte grundsätzlich gleichermaßen gültig; diese Gleich-Gültigkeit kann zu einer allgemeinen Gleichgültigkeit gegenüber Urteilen und Handlungen im gesellschaftlichen Bereich führen" (Hessischer Kultusminister 1972, 15).

Die Leitfrage der Tagung „Kontroversität ohne Grenzen?" erörtern wir an einer Unterrichtseinheit zum Afghanistankonflikt. Dabei können wir „Grenzen" auf drei Ebenen thematisieren:

a) als nationalstaatliche Grenzen: Die politische Geographie bildet einerseits den „natürlichen" Rahmen von Politikunterricht in deutschen Schulen, die von einer Didaktik der internationalen Beziehungen andererseits konzeptionell auch transzendiert werden soll. Bereits aufgrund der schulischen Verkehrssprache Deutsch und der dadurch begrenzten Quellenauswahl verlaufen Kontroversen im politischen Klassenzimmer naturwüchsig entlang eines narrativen Pfades von „uns" und „den anderen". In den Sozialwissenschaften wird von „methodologischem Nationalismus" gesprochen, wenn Nationalstaaten „als abgegrenzte, unabhängige und relativ homogene Einheiten" und konstituiert „durch nationale Grenzen, Institutionen und Gesetze" beschrieben und unreflektiert als Untersuchungseinheiten der sozialwissenschaftlichen Analyse zugrunde gelegt werden (Beck/Grande 2010, 189). Die Arbeit an den Grenzen meiner Sprache, die zunächst auch die Grenzen meiner Welt darstellen, erforderte aufwendige Übersetzungsleistungen. Politikunterricht in deutschen Schulen ist dadurch in seiner Adressierung in erstaunlichem Maße Staatsbürger:innenkunde geblieben – möglicherweise strukturell weitaus mehr als Geographieunterricht oder das Fach Geschichte, das sich inzwischen einer Didaktik der Weltgeschichte zumindest konzeptionell geöffnet hat. Auch da, wo Politikunterricht sich ganz selbstverständlich „in weltbürgerlicher Absicht“ (Kant) versteht, bleiben Adressat:innen deutsche Staatsbürger:innen, denen ein weltoffenes, vielleicht sogar kosmopolitisches Bewusstsein nahegebracht werden soll.

b) als Grenzen von Wissensformen: Bleibt man nah am Text des Beutelsbacher Konsenses, fällt auf, dass das Kontroversitätsprinzip eine subtile, aber präzise Differenzmarkierung enthält: „Was in Wissenschaft und Politik kontrovers ist …“ Mit der hier getroffenen Unterscheidung von Wissenschaft und Politik sind verschiedene Modi von Kontroversität angesprochen, denn in unterschiedlichen sozialen Kontexten und Räumen gelten spezifische Entscheidungskriterien: In der politischen Sphäre ist die kontrovers zu diskutierende Frage nach Kooperation mit den Taliban unweigerlich mit der Machtfrage gekoppelt, inwiefern dies zu einer Stabilisierung des Regimes führe, dessen Illegitimität wiederum kaum kontrovers diskutiert werden kann. In der sozialwissenschaftlichen Sphäre gilt es, die Kontroversität verschiedener theoretischer Positionen herauszuarbeiten, die auf unterschiedliche Weise das Erstarken bestimmter Gruppierungen zu erklären versuchen. Derartige epistemologische Kontroversen lassen sich analytisch von politischen, psychologischen und emotionalen unterscheiden, auch wenn sie sowohl im öffentlichen Diskurs wie auch im darauf reflektierenden Unterrichtsgespräch häufig zusammenfallen (vgl. Bogner 2021). Ein vom Europarat herausgegebener didaktischer Ratgeber zum Unterrichten fächert Kontroversität entlang dieser Wissensgrenzen auf (Kerr/Huddlestone 2015; vgl. Christensen/Grammes 2020, 6).

Bei einem internationalen und interkulturellen Thema verkomplizieren sich die Bezüge im Politikunterricht: nationale politische Kulturen (Afghanistan, Deutschland) und soziale Milieus treffen auf Lebensformen, die als unerklärlich fremd empfunden werden können, bis hin zur Inkommensurabilität. Im Fall des Regimes der Taliban bedeutet letzteres, dass ein gemeinsam geteilter Beurteilungsrahmen, etwa die Menschenrechte, nicht vorausgesetzt werden kann, insofern sich die Herrschaftsordnung auf eine transzendente Referenz bezieht (Gottesstaat), was sich dann in unüberbrückbaren Unterschieden, etwa der Ordnung der Geschlechter, niederschlägt (Künhardt 2005; Sukopp 2011).

c) als Grenzen der staatlichen Gewalt(en): In handlungsorientierten Lernformaten gemäß dem dritten Beutelsbacher Prinzip werden Kontroversen überwiegend im legislativen Modus der parlamentarischen Debatte zwischen Regierung und Opposition oder der begleitenden öffentlichen Meinungsbildung didaktisch inszeniert. Handlungsorientierung bedeutet hier zunächst kommunikatives, strategisches (reine Interessenvertretung, Taktieren, Spiele der Macht) oder verständigungsorientiertes simulatives Probehandeln, das auf politische Urteilsbildung orientieren soll. Dieser legislative Modus der Konfliktrepräsentation dominiert nach unserem Eindruck in der Praxis von Politikunterricht. Strukturell ins Hintertreffen geraten dadurch weitere Aktionsräume von Politik. Wir plädieren auch hier für ein Überschreiten von Grenzen, eine Erweiterung und systematische Ergänzung um die Perspektive der Exekutive – die Rolle von Governance, Diplomatie und Projektmanagement – sowie der Judikative – beispielsweise Rechtsprechung und Korruptionsbekämpfung (vgl. Giustozzi 2010, 19).

Wie eine Reflexion dieser drei Grenzen zu einer Ausdifferenzierung der Didaktik und Methodik des Kontroversitätsprinzips im Bereich der internationalen Beziehungen führen kann, möchten wir anhand des folgenden Unterrichtsbeispiels zeigen.

2. *Lesson Study*: Müssen wir mit den Taliban kooperieren?

Die hier vorgestellte Unterrichtseinheit ist im Rahmen eines einsemestrigen Schulpraktikums entstanden, welches in Hamburg verbindlicher Teil der Lehramtsausbildung im Masterstudium ist. Die Darstellung folgt dabei den vier Phasen eines *Lesson Study*-Zyklus: 1. Kooperative Planung, 2. Durchführung mit gemeinsamer Hospitation und Dokumentation, 3. Analyse und Bewertung durch das Team, 4. Erarbeitung konkreter Handlungskonsequenzen (vgl. Gervé 2007; Achour 2016).

2.1 Kooperative Planung

Ein zentrales Element von *Lesson Study* ist die Zusammenarbeit in einer kollegialen Lerngemeinschaft, die unter einer konkreten Fragestellung eine Unterrichtssequenz entwickelt, erprobt, auswertet und verantwortet. Im vorliegenden Fall konzentriert sich die Zusammenarbeit während der Planungsphase auf die enge Absprache zwischen dem studentischen Praktikanten und seinem schulischen Mentor.

Tabelle 1: Verlaufsstruktur der Unterrichtseinheit zum Afghanistankonflikt

Phasen	**Thema und Durchführung**
I. Konfrontation	Afghanistankonflikt: Worum geht es und wer ist beteiligt? • Konfrontation durch Vorlesen des Beginns eines Artikels mit abschließender Leitfrage, die in der Phase der Stellungnahme beantwortet werden soll. • Anschließend Sammeln von Eindrücken und Fragen

Phasen	Thema und Durchführung
II. Analyse	Afghanistankonflikt: Worum geht es und wer ist beteiligt? • Analyse entlang eines Konfliktanalyseschemas mit selbstgewählten Leitfragen Ist der Krieg in Afghanistan ein „neuer Krieg“ nach Herfried Münkler? • „Neue Kriege“ als Analyseinstrument Ist Frieden in Afghanistan möglich? • Zivilisatorisches Hexagon als Analyseinstrument
III. Stellungnahme	Warum ist der Westen in Afghanistan gescheitert? • Erneutes Vorlesen des Beginns eines Artikels mit abschließender Leitfrage; anschließend eigene Stellungnahme • Vergleich mit der Stellungnahme von Gregor Gysi und Norbert Röttgen, Reflexion vor dem Hintergrund von Theorien der internationalen Beziehungen
IV. Kontroversverfahren	Afghanistan vor dem Abgrund: Müssen wir jetzt mit den Taliban kooperieren? • Talkshow aus der Position des Realismus und Liberalismus mit anschließender Reflexion über die Positionen, politischen Theorien und das Format der Talkshow • Vergleich mit Diskussion von Gregor Gysi und Norbert Röttgen
V. Generalisierung	Handlungsmöglichkeiten der internationalen Gemeinschaft im Umgang mit innerstaatlichen Konflikten • Bearbeitung eines wissenschaftlichen Textes und Einordnung des Autors zur institutionalistischen Denkschule

Quelle: Die Übersicht orientiert sich an Reinhardt (2020, 91ff.) und Dietz (2020, 46f.).

Die Unterrichtseinheit in einem Kurs Politik-Gesellschaft-Wirtschaft des 12. Jahrgangs an einem Hamburger Gymnasium sollte im Anschluss an die Analyse des im Januar 2022 noch schwelenden Konflikts zwischen der Ukraine und Russland ein weiteres abiturvorbereitendes Anwendungsbeispiel für Denkschulen der internationalen Beziehungen sein. Dementsprechend lautet die Formulierung der Lernziele für die hier vorgestellte vorletzte Doppelstunde der Reihe:

- Die Schüler:innen können ausgehend von einer Fragestellung eine politische Handlungsempfehlung aus Sicht des Liberalismus oder Realismus formulieren, indem sie aus einem Meinungsartikel die Positionen herausarbeiten und ein Statement zur Fragestellung verfassen.
- Die Schüler:innen erweitern ihre Konfliktfähigkeit, indem sie nach ihrer eigenen Talkshow und einem Videoausschnitt einer realen Talkshow reflektieren, dass es nicht eine richtige Handlungsempfehlung geben kann, und so Differenzen in Wahrnehmung, Menschenbild und Interessen kennenlernen und akzeptieren.
- Die Schüler:innen können das Medienformat der politischen Talkshow kritisch einordnen und so ihre Medienkompetenz erweitern, indem sie ihre Rolle als Repräsentant:in einer Position in der Talkshow und ihre Beobachtung zur eigenen Talkshow und einem Videoausschnitt einer realen Talkshow reflektieren.

2.2 Durchführung mit gemeinsamer Hospitation und Dokumentation

Eine in vertretbarem zeitlichen Rahmen rezipierbare und dennoch anschaulich bleibende Dokumentation des Unterrichtsversuchs ist die unverzichtbare Basis von professioneller Reflexion, sowohl von Noviz:innen im studentischen Praktikum wie auch in *Lesson Study*-Settings. Als innovatives Dokumentationsformat hat Hannes Lübcke für die Reflexion seines Unterrichtsversuchs die Form einer videobasierten Unterrichtsreportage entwickelt. Sie soll Außenstehenden in einem begrenzten zeitlichen Rahmen einen Eindruck vom Geschehen vermitteln und dabei ein Kino im Kopf erzeugen, als ob man selbst dabei gewesen wäre – so die journalistische Bestimmung der Textsorte. Interessant ist, dass die Videoreportage auch die für Beobachter:innen sonst verborgene Phase vor Beginn einer Unterrichtsstunde veröffentlicht.

Wir empfehlen vor dem Weiterlesen zunächst diese Videoreportage zu sehen. Sie hat eine Länge von 15 Minuten.

Abb. 1

URL: www.youtube.com/watch?v=0BqMwW_VU5M

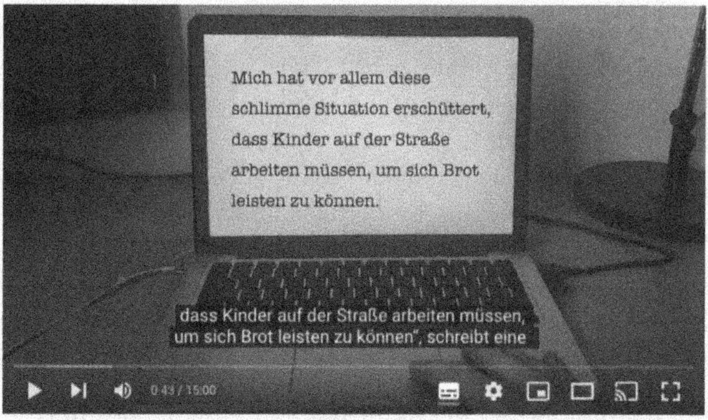

> „Mich hat vor allem diese schlimme Situation erschüttert, dass Kinder auf der Straße arbeiten müssen, um sich Brot leisten zu können“, schreibt eine Schülerin zu einem Auslandsjournal-Bericht zur Lage in Afghanistan. Sie schreibt weiter: „Außerdem war es mir nicht klar, dass ein Teil der zivilen Bevölkerung die Taliban unterstützt […]“

Der Praktikant bekommt beim Lesen dieser Antwort auf die vorbereitende Hausaufgabe „ein mulmiges Gefühl“ und lässt die Zuschauenden an seinen eigenen Gedanken angesichts der bevorstehenden Hospitationsstunde teilhaben:

Abb. 2

> Die Taliban werden heute Thema sein. Es wird darüber geredet, ob wir mit ihnen kooperieren sollten. Aber was weiß meine Klasse überhaupt über die Taliban, was weiß ich darüber? Der Bericht lässt Taliban und Zivilist:innen zu Wort kommen. Er irritiert die Schüler:innen. Das ist gut, aber darüber heute ausgiebig zu sprechen, war gar nicht geplant. Die nächste Stunde auch nicht, sowieso gar nicht in der ganzen Unterrichtseinheit.

Die Videoreportage nimmt uns mit in die unterschiedlichen Planungsstadien einer Stunde. Dabei wird deutlich, dass Unterrichtsplanung sich nicht auf die einsame Arbeit am Schreibtisch im Vorfeld beschränkt, sondern eher einem zirkulären Prozess entspricht, bei dem Entscheidungen auch während der Durchführung des Unterrichts angesichts unerwarteter Ereignisse und Äußerungen fortlaufend revidiert werden müssen. Für das Konzept *Lesson Study* ist die am Schluss der Reportage formulierte Einsicht zentral, es könne die rundum perfekte Stunde gar nicht geben. Vielmehr zeichnet sich wirksamer Unterricht dadurch aus, dass er für alle Beteiligten Anlässe und Anregungen für den weiteren Lehr-Lern-Prozess bietet.

Abb. 3

Ich habe ein gutes Gefühl, dass die zum Teil abstrakten Denkschulen internationaler Beziehungen sehr gelungen auf einen realen Fall angewendet wurden. Die Reflexion wird fortgeführt, indem wir über Sinn und Zweck politischer Theorien reden und das Format der Talkshow kritisch einordnen. Eine Schülerin merkt an: „Aber gerade, wenn es darum geht, mit anderen Menschen zu verhandeln, ist es ja auch wichtig, deren Position zu verstehen oder zu erkennen." Mit diesem Wortbeitrag soll die Reportage enden, denn er verdeutlicht, was dieser Unterrichtsstunde oder dieser Unterrichtseinheit gefehlt hat. Oder aber, was jetzt noch kommen muss. Wenn das Verstehen grundlegend ist, dann sollten wir versuchen, in einen Dialog zu treten mit den Menschen vor Ort und auch mit dem vermutlich Bösen, den Taliban.

2.3 Analyse und Bewertung durch das Team

Die gemeinsame Analyse erfolgt mehrperspektivisch im Kreis von studentischen Praktikant:innen, schulischem Mentor, Hochschuldozent:innen und Referendariats-Seminarleitung: Was „lief" wie geplant? Was könnte bei einer erneuten Durchführung verändert werden? Was sind konkrete Konsequenzen für die Folgestunden innerhalb der bestehenden Reihe? Ein *Lesson Study*-Zirkel fokussiert nicht auf die Persönlichkeit oder das Handeln der Lehrer:innen, vielmehr auf das sich vollziehende Unterrichtsgeschehen als Ganzes und dessen Praxislogik, für das gemeinsam Verantwortung getragen wird. Oft stehen Lern- und Entwicklungsgänge einzelner Schüler:innen im Zentrum der Beobachtungen. Entlang der drei einleitend definierten Grenzen einer Didaktik internationaler Beziehungen lässt sich Folgendes bilanzieren:

a) Die Grenzziehungen eines methodologischen Nationalismus werden nicht überschritten, sondern eher gefestigt. Das zeigt sich sowohl in der Formulierung der Stundenfrage „Müssen wir jetzt mit den Taliban kooperieren?“ als auch in den oben zitierten Lernzielen, wenn eine Handlungsempfehlung für die deutsche Außenpolitik formuliert werden soll und ungeachtet aller inhaltlichen Kontroversen als Akteur:innen der internationalen Beziehungen vordergründig Staaten bzw. deren Regierungen in den Blick genommen werden.

b) Die Grenzen verschiedener Formen des Wissens, die kontroverse Frage nach der institutionellen Macht sowie der erkenntnistheoretischen Wahrhaftigkeit werden zwar in der Formulierung der Lernziele getrennt und auch in den unterschiedlichen Unterrichtsphasen und Sozialformen berücksichtigt: parallele Fraktionssitzungen zur Debattenvorbereitung, konfrontative Sitzordnung während der Talkshow und anschließender Stuhlkreis zur Reflexion der vorherigen Inszenierung. Gerade die Vielzahl der in dieser Doppelstunde angerissenen Kontroversen wirkt rückblickend jedoch auch fragwürdig hinsichtlich der didaktischen Eignung. Lassen sich Parteipositionen überhaupt schematisch Denkschulen der internationalen Beziehungen zuordnen?

c) Die Grenzen innerhalb des institutionellen Wissens werden weder in der Anlage des Unterrichts noch in seinem Verlauf entfaltet. Das Gespräch zwischen den Schüler:innen bleibt im Modus legislativen *Policy Makings,* überdies fiktionalisiert: Welche Position würden wir als Vertreter:in einer Partei von der Bundesregierung fordern? Daraus folgende Kontroversen im exekutiven und judikativen Bereich werden nicht angedacht: Auf welcher normativ-institutionellen Grundlage und wie könnten die geforderten *Policies* auf internationaler Ebene umgesetzt werden?

2.4 Erarbeitung konkreter Handlungskonsequenzen

Der Schluss der Videoreportage von Hannes Lübcke deutet bereits an, in welche Richtung die didaktischen Überlegungen als Konsequenz dieser *Lesson Study* gehen könnten:

> Es ist einfach, als Hamburger Schulklasse über das Schicksal Afghanistans zu diskutieren. Es ist bequemer, offensichtliche Irritation zu verdrängen, wie zum Beispiel die in dem Auslandsjournal-Bericht gezeigte Unterstützung der Taliban durch einige Zivilist:innen. Statt nur über etwas zu reden, was die Schüler:innen des Politikprofils wahrscheinlich sowieso außerhalb des Unterrichts tun, ist es auch meine Aufgabe als Politiklehrer, die Schüler:innen in einen Dialog mit Menschen zu bringen, die sie bisher nicht kennengelernt haben: Kontakt herstellen und Resonanz zu erzeugen, um so ihre Erfahrungen zu erweitern.

Damit die Lernenden aus dem Hamburger Gymnasium auch ohne persönliche Begegnung zumindest in einen imaginierten Dialog mit den Menschen kommen, über deren Schicksal hier debattiert wurde, wäre eine erste Konsequenz für die unmittelbare Folgestunde, dass die Schüler:innen nach Antworten auf Fragen suchen, die der Bericht des Auslandsjournals bei ihnen aufgeworfen hat. Wieso bittet ein junger Arzt beim Kampf gegen seinen korrupten Klinikdirektor um Unterstützung bei den Taliban? Wieso schickt ein Vater in der afghanischen Provinz seine kleinen Kinder auf die Straße zum Betteln und seine Frau bei Besuch ins Nebenzimmer? Wieso behauptet der Talibansprecher, der Westen sei schuld an der wirtschaftlichen Lage? Zur probeweisen Beantwortung dieser Fragen müsste die Grenze vom legislativen Debattenformat überschritten werden – hin zu einer kontroversen Erörterung von *Global Governance*-Möglichkeiten und den vielfältigen Ursachen von *Failing States* wie

Armut, Korruption, Abhängigkeit. Die Orientierung an den subjektiven Interessen der Schüler:innen als drittes Prinzip des Beutelsbacher Konsenses erfährt dabei eine andere Akzentuierung, weil es hier vielleicht nicht um die unmittelbar eigenen politischen Interessen und deren Verwirklichung geht, aber um genuin drängende Erkenntnisinteressen in einer zunehmend undurchsichtig erscheinenden Weltlage.

Auf die Anlage der gesamten Unterrichtsreihe bezogen wäre eine Konsequenz, bei einer erneuten Durchführung statt der hier realisierten Konfliktanalyse als Lernweg eine Problemstudie anzulegen, bei der die Fragen der *inner*-afghanischen Unterstützung der Taliban, der *inter*nationalen Kooperation *jenseits* der Regierungsebene sowie der *inter*kulturellen Verstehensgrundlagen den Rahmen bilden.

Damit verschiebt sich die Kontroversität vom inszenierten institutionellen Meinungsaustausch über die Grenze der Wissensformen hin zu einer kontroversen sozialwissenschaftlichen Ursachenforschung, die im August 2021 in vielen Massenmedien vermittelt wurde. Der Einstieg in die Unterrichtsreihe war bereits problemorientiert angelegt, als exemplarisch für viele andere Texte die folgende Frage eines Artikels vorgelesen wurde:

> „Wie kann es sein, dass die USA, die mächtigste Militärnation der Erde als Anführerin der mächtigsten Militärallianz in der Geschichte der Menschheit mit einem Einsatz von 2,2 Billionen US-Dollar es nicht schafft, in einem Zeitraum von 20 Jahren Sicherheit, Freiheit und Demokratie zu etablieren?“ (Anpalagan 2021).

Die Problemstudie als Lernweg legt die intensive Auseinandersetzung mit dieser Frage nahe, die auch in vielen Äußerungen von Schüler:innen als authentische Irritation, Staunen oder Empörung zum Ausdruck kam, wie beispielsweise in der Videoreportage dokumentiert: „Die Taliban sieht das Problem überhaupt nicht in sich; sie behaupten sogar, dass sie gar keine Terrororganisation sind.“ Wie einigen Beiträgen der Unterrichtsreportage zu entnehmen ist, hat sich entlang der Grenze des methodologischen Nationalismus ein Narrativ von „wir und die" (*Othering*), „fortschrittlich und rückständig" oder von „gut und böse" verfestigt.

Bei genauer Analyse zeigt das Unterrichtsgespräch, dass aber ein Schüler in einem bemerkenswerten Beitrag das Deutungsmuster des *Othering* explizit infrage stellt. Mit Bezug auf die Taliban erläutert er das Menschenbild des Liberalismus:

> „Und deswegen sollte man denen auch helfen, weil tief in denen drin ist halt dieses Streben nach vernünftigem Handeln. [Es sei aus liberaler Sicht sinnvoll,] dass wir denen helfen, weil ja jeder Mensch diesen Grundkonsens des vernunftgeleiteten Wesens irgendwo hat. [...] Also so ne Wette so'n bisschen auf die Zukunft."

Diese „Wette" auch im Unterricht einzugehen, das heißt in diesem Fall verstehen zu wollen, worin die Ratio der Taliban und der sie unterstützenden Menschen liegt, erfordert didaktischen Mut. Aber es könnte sich lohnen, weil dadurch paternalistische Narrative aufgelöst werden können, was einer Stigmatisierung des Fremden entgegenwirkt. Eine analytische Auseinandersetzung mit den Taliban kann zu unerwarteten Einsichten führen, die über den konkreten Fall hinaus Bildungswert besitzen: Während beim eigenen Staat diverse innenpolitische Agenden und eine Regierung mit unterschiedlichen Interessen angenommen werden, erscheinen fremde Akteure im Unterricht zu internationalen Beziehungen oftmals didaktisch verfälschend reduziert auf eine vermeintlich nicht-kontroverse Regierungspolitik. So auch wenn im vorliegenden Unterrichtsbeispiel von „den Taliban" als vermeintlich homogene Gruppe gesprochen wird. Treffender wäre es, sie als dezentralisierte Organisation zu beschreiben, die vor allem durch persönliche Beziehungen in der Gesellschaft gut vernetzt ist (Giustozzi 2010, 5f.). Die verschiedenen Netzwerke, aus denen sich die Taliban zusammensetzen, haben zum Teil sehr unterschiedliche ideologische Ausrichtungen (ebd., 13f.). Im Unterricht könnte eine genaue Analyse auch die Hoffnung vermitteln, dass selbst fundamentalistische Regime häufig wegen interner Machtkämpfe kollabieren. Besonders erkenntnisfördernd könnte auch eine Untersuchung der von den Taliban eingesetzten Justiz sein. Diese scheint zumindest von Teilen der Bevölkerung geschätzt zu werden. Antonio Giustozzi bezeichnet die „Bereitstellung von Justizdiensten und die Beilegung von Streitigkeiten durch die Taliban, sei es durch ausgebildete Richter oder durch die Taliban-Feldkommandeure, als Trumpfkarte" der Taliban (ebd., 19; Übersetzung HL).

Ein unterrichtlicher Versuch, die Unterstützung der Taliban verstehbar zu machen, bedeutet nicht, dass damit relativiert wird, dass politische Gegner massakriert, Mädchen der Zugang zu Bildung verwehrt und Frauen in vielerlei Hinsicht massiv diskriminiert werden (siehe dazu u. a. Wani 2019; UNAMA 2021; Shoib u. a. 2022). Universelle Menschenrechte sind nicht kontrovers zu erörtern – hier ist eine klare Grenze der Kontroversität. Aber: eine kritikwürdige gesellschaftliche Realität zu verstehen, bedeutet nicht sie zu billigen. Und gerade dort, wo in Klassenraum, Wissenschaft und Gesellschaft weitgehende Einigkeit über die Ziele einer Veränderung des Status Quo herrscht, gilt es, die Kontroversen in den Problemdiagnosen und Wegen zur Zielerreichung herauszuarbeiten.

3. Fazit: Kann das regulative Prinzip der Kontroversität eine Didaktik internationaler Beziehungen begründen?

Wenn wir mit religiösem oder nationalem Fundamentalismus konfrontiert sind, mag es uns als aufgeklärten Menschen schnell ergehen wie Herrn Keuner in Bertolt Brechts Kalendergeschichte von „Vaterlandsliebe, der Hass gegen Vaterländer": „Wodurch, fragt sich Herr K., bin ich für diese Minute ein Nationalist geworden? Dadurch, dass ich einem Nationalisten begegnete. Aber darum muss man die Dummheit ja ausrotten, weil sie dumm macht, die ihr begegnen."

Anstelle einen nicht zu billigenden Fanatismus kurzerhand als Dummheit abzutun, könnte diese von Gottfried Keller (in „Der grüne Heinrich" 1854, 299) „Eselfrage" genannte kommunikative Konstellation zumindest den didaktischen Versuch motivieren, das Fremde und Befremdliche zunächst einmal als Willensentscheidung verstehen zu wollen, „da gewiss von 1000 Fanatikern, welche für ihre religiöse Meinung im Blute wateten, 999 nur aus dem Grunde den Frieden verrieten und Scheiterhaufen anzündeten, weil ihnen aus dem Trotz der Verfolgten das Wort Esel entgegen zu tönen schien."

Der Erkenntnisgewinn von kontroversen Debatten stößt dann an Grenzen, wenn sich der Meinungsaustausch im Unterrichtsraum und auf politikdidaktischen Tagungen auf abstrakte Werturteile beschränkt, ohne dass dabei die eigene Komfortzone verlassen wird. Am Beispiel des hier vorgestellten Unterrichtsversuchs wollen wir zeigen, dass die von den drei Prinzipien gezogenen Grenzen des Beutelsbacher Konsenses auch heute noch zur didaktischen Orientierung im verwirrend komplexen Feld der internationalen Beziehungen dienen können.

Die Grenzen des Vertrauten sollen auch hinsichtlich der Art und Weise von Unterrichtsdokumentation mit diesem Beispiel verschoben werden. Die in der Videoreportage detailliert geschilderten äußeren Umstände und inneren Eindrücke – von Zweifeln und Sorgen angesichts der ersten Lehrerfahrungen bis hin zur gespannten Hoffnung, dass die Stunde schon gut klappen werde – bieten einen Gesprächsanlass über die besonderen Bedingungen von Lehrversuchen im Kontext von Schulpraktika in der ersten Phase der Lehramtsausbildung: Studierende sehen zu den verschiedenen Unterrichtsphasen wechselnde Standbilder und hören neben den echten Stimmen der Lernenden und des Praktikanten auch die innere Stimme ihres Kommilitonen. Das Recht am eigenen Bild der Lernenden kann per verfremdenden Filter mit einem Klick in einem Standardprogramm (hier: Comicfilter in iMovie) gewahrt werden, die Untertitel erleichtern den Zuschauenden das Verständnis und eröffnen der Lehrkraft weitere Ebenen der Reflexion – ohne dass das Gefühl eingeschränkt wird, im Raum dabei zu sein.

Bei vielen aktuellen globalen Konflikten ist zunächst kontrovers, was überhaupt als kontrovers zu gelten habe und wo eventuelle Grenzen der Kontroversität im Unterricht zu ziehen sind. Kontroversität ist mithin selbst kontrovers und insofern legitimer Bestandteil nicht nur der öffentlichen Diskussion, sondern auch des Politikunterrichts: Wie universal sind die Menschenrechte? Kann es eine trans-kulturelle nicht-kontroverse globale Werteordnung und Weltordnung geben? Die Kontroverse um die Kontroversität muss Gegenstand von metakognitivem Lernen sein, indem doppelte Reflexionsschleifen im Unterricht durchlaufen werden: Wo liegen die Grenzen meiner Bereitschaft zu verstehen? Wie kann bei Inkommensurabilität von Werteordnungen Zusammenleben noch möglich sein?

Unterrichtsbeobachtungen deuten an, dass Zuschreibungen von vermeintlich typischen Nationalcharakteren gerade in engagierten Diskussionen in den Lerngruppen eine zentrale Rolle spielen, wie ja auch in der gesellschaftlichen Realität. Das Kontroversitätsprinzip des Beutelsbacher Konsenses verlangt mit der Formulierung „in Gesellschaft und Wissenschaft" einerseits die Aufnahme von solchen komplexitätsreduzierenden Sprechpraktiken – d. h. keine Überwältigung im Sinne von Sprachverboten, andererseits aber unmissverständlich eine zweite Runde der sozialwissenschaftlichen Reflexion, ein *second order thinking:* Sozialwissenschaftliche Begriffe sind analytische Instrumente, keine Wesenseigenschaften von Menschen.

Der Gegensatz von Orientierung auf „mein Land" oder einer kosmopolitischen Perspektive erweist sich als Scheindilemma, wenn aus der nationalstaatlichen deutschen Perspektive eine europäische oder weltbürgerliche Perspektive und umgekehrt aus der Perspektive einer Weltinnenpolitik regionale Perspektiven erschlossen und geöffnet werden. Soll ein Thema kontrovers verhandelt werden, öffnet erst der internationale Vergleich einen Lernweg.

Internationale Konflikte sollten daher didaktisch „mit der Lupe" lokal und regional betrachtet werden, um nach pragmatischen Konfliktregulierungen zu suchen. Die Frage „Mit den Taliban verhandeln?" wird didaktisch erst fruchtbar, wenn Stammeskulturen und -strukturen auf lokaler Ebene nachvollziehbar werden. Eine Art politische Landeskunde im Sinne moderner *Area Studies* könnte deutlich machen, dass der afghanische Nationalstaat ein Konstrukt ist und es auch innerhalb der heterogenen Gruppe der Taliban verschiedene Strömungen und Kontroversen gibt (vgl. zu Diplomatie als Lerngegenstand: Bauer 2017).

Das Kontroversitätsprinzip steht auch nach mehr als vierzig Jahren noch im Mittelpunkt der fachdidaktischen Diskussion – zurecht, da Kontroversität die Konsequenz aus dem Überwältigungsverbot und zugleich der Grund für die Subjekt- und Handlungsorientierung ist. Was das Beispiel der *Lesson Study* zum Afghanistankonflikt zeigen sollte: Kontroversität geht über den Schlagabtausch von Meinungen hinaus und benötigt das dynamische Zusammenspiel aller drei Prinzipien des Beutelsbacher Konsenses. Interpretieren wir als Lehrende das erste Prinzip als Toleranzgebot gegenüber ethischen, sprachlichen und kulturellen Fremdheitszumutungen und das dritte Prinzip im weitesten Sinne als Befähigungsgebot zum Verstehen einer zunehmend komplexen Weltlage, kann der Beutelsbacher Konsens auch in einer Didaktik der internationalen Beziehungen als Kompass beim Überschreiten von Grenzen helfen.

Internetquellen der Filme

Auslandsjournal ZDF (2021): Hunger und Elend im Reich der Taliban. URL: https://www.youtube.com/watch?v=-jyPOU-ByXw [15.08.22].

Lübcke, Hannes (2022): Unterrichtsreportage. Müssen wir mit den Taliban kooperieren? URL: www.youtube.com/watch?v=0BqMwW_VU5M [15.08.22].

Literatur

Achour, S. (2016): Kollegiales Coaching in der Schule? Ko-konstruktive Unterrichtsplanung im Kollegium, Studium und Referendariat. In: Achour, S./Massing, P. (Hg.): Politikunterricht. Wochenschau Sonderheft 2016, S. 60-66.

Anpalagan, S. (2021): Der Westen in Afghanistan. Eine Chronik des Scheiterns. 17. August 2021. URL: https://krautreporter.de/4052-der-westen-in-afghanistan-eine-chronik-des-scheiterns [15.08.2022].

Bauer, J. (2017): Fachdidaktik der Diplomatie. Unveröffentlichte Masterarbeit Universität Hamburg.

Beck, U./Grande, E. (2010): Jenseits des methodologischen Nationalismus. Außereuropäische und europäische Variationen der Zweiten Moderne. In: Soziale Welt, Heft 3-4/2010, S. 187-216.

Böttger, G./Frech, S. (Hg.) (1996): Der Nord-Süd-Konflikt in der politischen Bildung. Schwalbach/Ts.

Bogner, A. (2021): Die Epistemisierung des Politischen. Wie die Macht des Wissens die Demokratie gefährdet. Ditzingen.

Christensen, A./Grammes, T. (2020): The Beutelsbach Consensus – the German approach to controversial issues in an international context. Acta Didactica Norden, Vol 14. Nr 4, Art 4. URL: https://dx.doi.org/10.5617/adno.8349 [19.10.2022].

Dietz, A. (2020): Konfliktanalyse. In: Reinhardt, S./Richter, D. (Hg.): Politik-Methodik. Sekundarstufe I und II. Berlin, S. 43-48.

Frech, S./Hesse, W./Schinkel, T. (Hg.) (2000): Internationale Beziehungen in der politischen Bildung. Schwalbach/Ts.

Gervé, F. (2007): Lesson Study als Modell für die schulpraktischen Studien. In: Flagmeyer, D./Rotermund, M. (Hg.): Mehr Praxis in der Lehrerausbildung – aber wie? Möglichkeiten zur Verbesserung und Evaluation der Lehrerausbildung. Leipzig, S. 115-130. URL: https://www.ph-heidelberg.de/fileadmin/wp/wp-gerve/texte/gerve2007_lehrerbildung_lesson-study-manuskript.pdf [15.08.2022].

Gessner, S./Klingler, P. (2020): Politische Bildung: Fachunterricht planen und gestalten. Frankfurt/M.

Giustozzi, A. (2010): Negotiating with the Taliban. Issues and Prospects. A Century Foundation Report. The Century Foundation. New York.

Grammes, T. (2014): Kontroversität. In: Sander, W. (Hg): Handbuch der politischen Bildung. 4. Auflage, Schwalbach/Ts., S. 266-274.

Grammes, T./Torrau, S. (2021): Bürgerschaft/citizenship global? Anregungen, Bürgermodelle mit sprachlichen Bildern zu unterrichten. In: Gesellschaft, Wirtschaft, Politik, Heft 3/2021, S. 442-453.

Hessischer Kultusminister (1972): Rahmenrichtlinien Sekundarstufe I Gesellschaftslehre. Frankfurt/M.

Hilligen, W. (1987): Mutmaßungen über die Akzeptanz des Beutelsbacher Konsenses in der Lehrerschaft. In: Schiele, S./Schneider, H. (Hg.): Konsens und Dissens in der politischen Bildung. Stuttgart, S. 9-26.

Kerr, D./Huddlestone, T. (2015): Teaching Controversial Issues. Training Pack for Teachers. Strasbourg.

Künhardt, L. (Hg.) (2005): Menschenrechte, Kulturen und Gewalt. Ansätze einer interkulturellen Ethik. Baden-Baden.

Reinhardt, S. (2020): Politik-Didaktik. Sekundarstufe I und II. Handbuch. Berlin.

Schiele, S./Schneider, H. (Hg.) (1977): Das Konsensproblem in der politischen Bildung. Stuttgart.

Schiele, S./Schneider, H. (Hg.) (1987): Konsens und Dissens in der politischen Bildung. Stuttgart.

Schiele, S. (Hg.) (1988): Politische Bildung als Begegnung. Schwalbach/Ts.

Shoib, S. u.a. (2022): Women in Afghanistan: a call for action. The Lancet Psychiatry. URL: https://doi.org/10.1016/S2215-0366(22)00039-6 [19.10.2022].

Sukopp, T. (2011): Kann ein Kulturrelativist universelle Normen fordern? Wege interkultureller Menschenrechtsbegründungen. In: Sandkühler, H. J. (Hg.): Recht und Kultur. Menschenrechte und Rechtskulturen in transkultureller Perspektive. Frankfurt/M., S. 21-42.

Uffelmann, U. (1977): Die Befähigung zum sozialen Handeln als Dimension des Verbots der Überwältigung des Schülers. In: Schiele, S./Schneider, H. (Hg.): Das Konsensproblem in der politischen Bildung. Stuttgart, S. 185-201.

UNAMA (2021): Afghanistan. Protection of Civilians in Armed Conflict. Annual Report 2020. URL: https://unama.unmissions.org/sites/default/files/afghanistan_protec- tion_of_civilians_report_2020_revs3.pdf [28.03.2022].

Wani, S. A. (2019): Political Indifference and State Complicity. The Travails of Hazaras in Balochistan. In: Strategic Analysis, Heft 4/2019, S. 328-334.

Weber, E. (1977): „Die nivellierte Mittelstandsgesellschaft". „Überwältigungsverbot" im politischen Unterricht einer 10. Oberschulklasse. In: Schiele, S./Schneider, H. (Hg.): Das Konsensproblem in der politischen Bildung. Stuttgart, S. 202-215.

Wegerif, R. (2022): Beyond Democracy: Education as Design for Dialogue. In: Culp, J. u.a. (Hg.): Liberal Democratic Education: a Paradigm in Crisis. Paderborn, S. 157-180.

Anja Besand

Zuwendung oder Abwendung

Stolpersteine in der Auseinandersetzung mit Gruppenbezogener Menschenfeindlichkeit

Abb. 1: © Johanna Benz.

1. Einleitung

Der wichtigste und wohl auch bekannteste Punkt des Beutelsbacher Konsenses ist unter dem Namen Kontroversitätsgebot bekannt. Alles, was in Wissenschaft und Politik kontrovers ist, muss auch im Rahmen politischer Bildung kontrovers erscheinen. Das ist so einleuchtend. Das kann sich jeder und jede merken. Auch Studierenden, denen man diesen Merksatz des Beutelsbacher Konsenses im ersten Semester präsentiert, leuchtet das sofort ein. Kompliziert wird es erst, wenn man dieses Prinzip anwenden möchte – zumal in polarisierten Zeiten, in denen von einer Konsenskultur in Politik und Gesellschaft keine Rede (mehr) sein kann. Die Frage ist allerdings: Gab es jemals eine Konsenskultur oder was ist heute anders, dass die Aktiven im Feld der politischen Bildung so nachdenklich geworden sind? Seit einigen Jahren ist in jedem Fall die Debatte um Grenzen der Kontroversität wieder in Gang gekommen (vgl. Autorengruppe Fachdidaktik 2015). Es gibt erhebliche Unsicherheiten. Von diesen Unsicherheiten will ich heute berichten.

Im Mittelpunkt meiner Ausführungen stehen dabei Erfahrungen, die ich gemeinsam mit Rico Behrens und Stefan Breuer im Rahmen des Projekts „Starke Lehrer – Starke Schüler" gemacht habe. Dieses Projekt lief in Sachsen als Kooperationsprojekt des Sächsischen Kultusministeriums, der Technischen Universität Dresden und der Robert Bosch Stiftung zwischen 2015 und 2018 zunächst in einer ersten Modellprojektphase und wurde anschließend in der sogenannten Transferphase dauerhaft in die Trägerschaft des sächsischen Landesamts für Schule und Bildung überführt. Das Projekt ist sehr erfolgreich und wurde aus diesem Grund in der Zwischenzeit von anderen Bundesländern (Niedersachsen, Brandenburg, Hessen) ebenfalls in ersten Modellphasen initiiert. Der Entwicklung dieses Projekts in Sachsen gingen zwei wichtige Studien voraus. Die erste Studie war die Untersuchung „Solange sie sich im Klassenzimmer anständig benehmen" von Rico Behrens (2014), die zweite die Studie „Monitor politische Bildung an beruflichen Schulen", die ich (ebenfalls im Jahr 2014) vorgelegt habe. Die Besonderheit beider Studien liegt dabei darin, dass sie sich (im Titel mehr oder weniger sichtbar) auf das pädagogische Handlungsfeld der beruflichen Schulen konzentrieren und sichtbar machen, welche Herausforderungen für die politische Bildung in diesem Bereich liegen. Entscheidend für das Projekt „Starke Lehrer – Starke Schüler" war aber insbesondere die Arbeit von Rico Behrens, die im Kern auf die Frage gerichtet war, welche Herausforderungen sich in der (berufs-)schulischen Auseinandersetzung mit Rechtsextremismus ergeben. Behrens hat dabei – anders als viele andere Autor:innen dieser Zeit – seinen Fokus nicht auf Präventionsansätze gerichtet, sondern einen sehr detaillierten Blick darauf geworfen, welche Handlungsstrategien Lehrkräfte aus dem Bereich der politischen Bildung nutzen, wenn sie mit bereits rechtsextrem eingestellten Schüler:innen konfrontiert sind. Behrens Befunde sind in diesem Zusammenhang schwerwiegend. Er kann nicht nur zeigen, dass Lehrkräfte rechtsextreme Äußerungen und Handlungen von Schüler:innen zumeist als Bewährungsprobe erleben, die oft mit starken Verunsicherungen einhergeht, sondern auch, dass Lehrkräfte dazu neigen, diesen Auseinandersetzungen oft sehr grundsätzlich aus dem Weg zu gehen. Nach diesen Erkenntnissen stand für uns fest, dass wir ein Projekt entwickeln müssen, das Lehrkräfte dabei unterstützt, mehr Handlungssicherheit in der Auseinandersetzung zu entwickeln. Gesagt, getan. Mit der Hilfe der Robert Bosch Stiftung waren wir in der Lage, das sächsischen Kultusministerium zu überzeugen und 25 Lehrkräfte an insgesamt neun Berufsschulzentren für ein langfristig angelegtes Schulentwicklungsprojekt zu gewinnen. Das Projekt war dabei so konzipiert, dass Lehrkräfte über den gesamten Projektzeitraum (also über drei Jahre hinweg) die Möglichkeit hatten, orientiert an den ganz konkreten Problemen vor Ort Coaching- und Weiterbildungsangebote zu erhalten. Das Projekt richtete sich also nicht an Schüler:innen, sondern ganz explizit an Lehrer:innen. Das war sehr hilfreich für die beteiligten schulischen Akteure, denn ihre Sorgen und Probleme standen im Mittelpunkt. Umgekehrt ermöglichte uns die Projektanlange gleichzeitig aber auch tiefe Einblicke in die Herausforderungen in diesem Handlungsfeld.

Eine erste Erkenntnis, die sich nach einer Phase des Kennenlernens und der Vertrauensbildung in den teilnehmenden Schulen aufdrängte, war dabei, dass Herausforderungen und Zwischenfälle mit menschenfeindlichen oder manifest rechtsextremen Hintergründen nicht zwangsläufig durch Schüler:innen ins schulische Handlungsfeld hineingetragen werden. Schüler:innen sind – wie wir feststellen mussten – sogar häufiger Opfer als Täter:innen in diesem Zusammenhang. Zwischenfälle mit rassistischem, revisionistischem oder allgemein menschenfeindlichem Hintergrund ergeben sich in der Auseinandersetzung mit Kolleg:innen, Eltern oder anderen schulnahen Personen, und eben das macht die Zwischenfälle auch so herausfordernd. Lehrkräfte gehen auch aus diesem Grund einer Bearbeitung nicht selten zunächst aus dem Weg. Sie schwanken zwischen Zuwendung oder Abwendung. Um das zu veranschaulichen, möchte ich fünf Fallbeispiele vorstellen.

2. Fallbeispiele[1]

Die folgenden fünf Fallbeispiele stammen aus einer umfangreichen Fallsammlung mit 32 Fällen, die im Rahmen des Projekts erstellt und in der Zwischenzeit auch publiziert wurden (vgl. Behrens/Besand/Breuer 2021). Sie veranschaulichen einerseits sehr gut die Komplexität von Herausforderungen, die sich in der Auseinandersetzung mit rassistischen, revisionistischen oder menschenverachtenden Äußerungen ergeben, und sind andererseits geeignet, sichtbar zu machen, in welchen Situationen und aus wie vielen unterschiedlichen Richtungen sich diese Herausforderungen ergeben.

Fall A: Eltern beschweren sich über verordnete Weltoffenheit

Mehrere Schulen der Kreisstadt Falkenwald nehmen an der „Aktionswoche gegen Rechtsextremismus“ teil. In dieser Woche finden in Kooperation mit außerschulischen Bildungsträgern verschiedene Workshops und Aktionen zum Thema „Rechtsextremismus, Toleranz und Vielfalt“ statt. Zum Abschluss – das hatten die beteiligten Schulleitungen so abgesprochen – wird an den Schulen ein Gruppenbild mit allen teilnehmenden Schüler:innen angefertigt. Die Schüler:innen halten auf diesen Bildern Transparente und Schilder in den Händen, mit denen sie für Weltoffenheit und Toleranz werben. Die Aktionswoche wird sogar in der Presse besprochen. Am Tag nach den ersten Presseartikeln beschweren sich allerdings einige Eltern. Sie sind der Meinung, ihre Kinder wurden hier politisch instrumentalisiert. Die Aktion sei viel zu einseitig. „Wir fordern politische Chancengleichheit und eine politische Neutralität der Schule." und „Das ist ja wie früher in der Staatsbürgerkunde." sind Formulierungen, die wiederholt vorgetragen werden. Im Kollegium entsteht daraufhin eine heftige Debatte, ob man auf solche Angebote in Zukunft nicht lieber verzichten sollte und mehr Rücksicht auf die Gefühle dieser Eltern nehmen muss.

Fall B: Schüler zeigt Mitschüler:innen an

In Antons Klasse setzte sich bereits vor einiger Zeit ein merkwürdiger Trend durch. Schüler:innen seiner Klasse sendeten sich (zunächst im klasseninternen WhatsApp-Chat) Bilder, mit deren Hilfe sie sich über die Gräueltaten des Nationalsozialismus lustig machten. Aber dabei blieb es nicht: „Heil Hitler" war plötzlich eine witzige Art, sich auf dem Schulhof zu begrüßen, und „Jude" wurde zu einer Beleidigung, die man fast täglich im schulischen Kontext hören konnte. Das Verletzendste war aber das Foto einer Rauchwolke mit der Bildunterschrift „Jüdisches Familienfoto", das eines Tages auf Antons Arbeitstisch lag. Er versuchte immer wieder, deutlich zu machen, dass er das nicht lustig findet, aber das führte nur dazu, dass er selbst zum Mittelpunkt der Auseinandersetzung wurde. „Dann wander' doch nach Polen aus." oder „Du hast wohl zu viel tote Juden eingeatmet." waren Aussagen, die er daraufhin zu hören bekam. Das ging eine Weile so. Letztendlich entschloss sich Anton – auch weil er keine Unterstützung durch Lehrkräfte erfuhr –, seine Mitschüler:innen wegen Volksverhetzung bei der Polizei anzuzeigen.

Fall C: CONSDAPLE-Shirt am Elternabend

Eine Lehrerin berichtet vom Elternabend, der in der letzten Woche stattgefunden hat. Eigentlich war dieser Abend wenig spektakulär. Wichtigstes Thema war der Wechsel in die Kursstufe nach dem nächsten Schuljahr. Es gab keine Zwischenfälle. Aber ein Gedanke lässt die Lehrerin trotzdem nicht los. Ein anwesender Vater trug an diesem Abend demonstrativ ein CONSDAPLE-Shirt und achtete auch darauf, dass alle es sehen konnten. CONSDAPLE ist ein eindeutig rechtsextremes Kleidungslabel. „Aber was hätte ich denn tun sollen in dieser Situation? Das sind erwachsene Menschen und die Tätowierungen des Hausmeisters kommentiere ich ja auch nicht", sagt sich die Lehrerin seither zur eigenen Beruhigung immer wieder.

Fall D: SEK-Einsatz in der Schule – War da was?

An einem Vormittag taucht ein Sondereinsatzkommando der Polizei an der Schule auf und nimmt mehrere Schüler:innen vor den Augen anderer Schüler:innen fest. Erst durch die anschließende Berichterstattung in der regionalen und überregionalen Presse erfahren einzelne Kolleg:innen der Schule, dass sich der Einsatz gegen eine mutmaßliche rechte Terrorzelle gerichtet hat. In der Folge übernimmt die Bundesanwaltschaft die Ermittlungen, es kommt zur Anklage und später auch zur Verurteilung der festgenommenen Schüler:innen, die sich unter anderem der Gründung einer terroristischen Vereinigung schuldig gemacht haben. Ein Lehrer, für den diese Vorgänge zutiefst verstörend waren, ergreift die Initiative und regt an, das Geschehene mit den Schüler:innen bzw. auch unter den Kolleg:innen zu besprechen. Gleichzeitig schlägt er vor, auf professionelle Unterstützung zurückzugreifen. Seit kurzer Zeit kooperiert die Schule mit einer außerschulischen Initiative zur Extremismusprävention. Das Engagement des Lehrers wird allerdings jäh durch die Schulleitung gestoppt, die eine Thematisierung mit den Expert:innen untersagt. Auch ein zweiter Anlauf der Lehrkraft, mit weiteren Kolleg:innen ein Projekt zu den Hintergründen des früheren Nationalsozialistischen Untergrundes (NSU) zu planen, scheitert am Widerstand der Schulleitung. Der Lehrer, der in der Schule bisher verstärkt für Demokratiebildung zuständig war, fühlt sich in der Folge zunehmend resigniert und überlegt, sein Engagement in diesem Bereich gänzlich einzustellen.

Fall E: Uwe Mundlos als Profilbild

Seit einigen Jahren pflegt eine Lehrerin eher sporadisch ein spezielles Facebook-Profil, über welches sie auch mit einigen Schüler:innen verbunden ist. Auch wenn über das Profil keine wichtigen Informationen vermittelt werden und die Kollegin sich mit diesem Profil eher passiv verhält, genießt sie es doch, über diesen Weg im lockeren Austausch mit ihren Schüler:innen zu stehen und damit einen guten Zugang zu aktuellen Interessen, Fragestellungen und Problemen der Schüler:innen zu finden. Erschreckt und verstört hat die Lehrerin allerdings der Umstand, dass vor ein paar Tagen einer ihrer Schüler sein Profilbild durch das Bild des NSU-Terroristen Uwe Mundlos ersetzt hat. Ist das ein schlechter Scherz oder was will der Schüler damit sagen? Sie ist sich unsicher, ob sie auf dieses Bild reagieren und das Gespräch mit dem Schüler suchen soll, schließlich ist das Bild von Uwe Mundlos nicht verboten.

Mit Blick auf die fünf hier vorgestellten Fälle wird sichtbar: Herausforderungen ergeben sich nicht immer durch Äußerungen und Handlungen von Schüler:innen, sondern werden nicht selten durch Eltern (Fall A und C) ins schulische Umfeld hineingetragen. Selbst dann, wenn Probleme durch Schüler:innen initiiert werden (Fall B, D und E), entsteht der eigentlich und schwer zu lösende Konflikt zwischen Kolleg:innen oder zwischen Kolleg:innen und Schulleitung, weil unterschiedliche oder keine Lösungsstrategien verfolgt werden oder weil die Zuständigkeit für die Bearbeitung ungeklärt erscheint (Fall C, D und E). Was soll eine Lehrkraft machen, wenn geschichtsrevisionistische Symbole durch Eltern in die Schule hineingetragen werden oder sich die Schulleitung weigert, ein offensichtliches Problem zu thematisieren? Was ist, wenn Schüler:innen Hilfe suchen und diese im schulischen Umfeld einfach nicht finden können, weil niemand sich zuständig fühlt? Solche Herausforderungen sind nicht leicht und oft nicht ohne Unterstützung zu lösen. Aber auch wenn Sie beim Lesen den Eindruck gewonnen haben, es handele sich um konstruierte und besonders zugespitzte Darstellungen – alle Fälle der Fallsammlung sind tatsächlich authentisch. Sie wurden nicht dramatisiert, sondern lediglich anonymisiert und in ihrer Darstellung auf wesentliche Punkte verdichtet.

3. Von Zuwendung und Abwendung

Wenn wir uns der Frage zuwenden, welche Probleme entstehen, wenn Lehrkräfte im schulischen Kontext mit rassistischen, revisionistischen oder allgemeiner menschenfeindlichen Zwischenfällen konfrontiert sind, lassen sich verschiedene Muster finden. Lehrkräfte haben nicht selten sehr grundsätzliche Schwierigkeiten, menschenfeindliche Zwischenfälle zu identifizieren (Fall A, B, C und E). Sie haben Probleme, sich zuständig zu fühlen oder zuständig zu erklären (Fall B, C und E). Sie haben keine Zeit oder keine Ressourcen zur Bearbeitung und/ oder sie haben Schwierigkeiten, sich zu positionieren (Fall A, B, C und D). Bei genauerer Betrachtung lassen sich hier sogar zwei Problemebenen unterscheiden.

Auf einer ersten Ebene haben wir es mit Problemen zu tun, die sich institutionell, strukturell sowie im Zugang zur Sache ergeben. Hier geht es um Fragen der Wahrnehmung und der Verantwortungsübernahme (z. B. Zuständigkeit bestimmter Akteure wie Lehrkräfte, Schulsozialarbeiter:innen, Schulleitungen, Bildungsadministration). Es geht aber auch um die generelle Einordnung und Identifikation von Herausforderungen. Auf dieser Ebene wird sichtbar, warum schulische Akteure nicht selten Schwierigkeiten haben, rassistische, sexistische, fremdenfeindliche – oder allgemeiner menschenfeindliche – Zwischenfälle aktiv wahrzunehmen und sich zu positionieren bzw. auf sie zu reagieren.

Auf einer zweiten Ebene sind Probleme gelagert, die sich in der aktiven Auseinandersetzung mit Ungleichwertigkeitsvorstellungen in Bildungssituationen ergeben. Hier geht es um den praktischen Umgang im Kontext persönlicher Angriffe, z. B. durch Verwaltungs- und Dienstaufsichtsbeschwerden oder Shitstorms (vgl. Behrens/Besand/Breuer 2021). Das Kontroversitätsgebot bzw. ein falsches Verständnis des Kontroversitätsgebots oder des gesamten Beutelsbacher Konsenses spielt bei all diesen Schwierigkeiten eine erhebliche Rolle.

Abb. 2: Problemfelder im Hinblick auf Zuwendung und Abwendung

EBENE I: Probleme bei Zugang zur Sache	Probleme bei der Identifikation von Gruppenbezogener Menschenfeindlichkeit (GMF)	Probleme, sich zuständig zu fühlen für Gruppenbezogene Menschenfeindlichkeit (GMF)
EBENE II: Probleme in der Bearbeitung	Probleme fehlender Kapazität und Professionalisierung	Probleme der Positionierung; Grenzen abstecken

Quelle: Eigene Darstellung.

Kontroversität endet nicht erst da, wo es strafrechtsrelevant wird

Abb. 3: © Johanna Benz.

Betrachten wir zunächst die Probleme, die sich bei der Identifikation von Menschenfeindlichkeit im schulischen Kontext ergeben, am Beispiel des vorgestellten Falls E. Darin bemerkt eine Lehrerin mit Schrecken, dass ein Schüler sein Profilbild in einem sozialen Netzwerk durch das Bild von Uwe Mundlos ersetzt hat. Uwe Mundlos war Teil des NSU-Trios und ist verantwortlich für eine beispiellose rassistisch motivierte Mordserie. Die Lehrkraft weiß nicht, ob sie auf eine so „marginale Sache" wie ein anstößiges Profilbild reagieren soll, und schließlich ist die Nutzung dieses Bildes unter strafrechtlichen Gesichtspunkten nicht verboten.

Im Projekt „Starke Lehrer – Starke Schüler" haben wir unzählige Argumentationen dieses Musters erlebt. Die Grenze zwischen dem Sagbaren und Nicht-Sagbaren, zwischen Tolerierbarem und Nicht-Tolerierbarem oder, mit den Worten des

Beutelsbacher Konsenses, zwischen dem Kontroversen und Nicht-Kontroversen wird mit Hilfe des Strafrechts gezogen. Solange die Schüler:innen nichts Verbotenes tun und nicht Gewalt anwenden, befinden sie sich nach dieser Vorstellung in einem Handlungsrahmen, der zwar vielleicht schmerzhaft, aber doch tolerierbar erscheint. Diese Vorstellung ist falsch und sie ist naiv! Wenn Schüler:innen sich positiv auf rechte Terrorgruppen beziehen, gibt es ein manifestes Problem, das pädagogisch nicht vernachlässigt werden kann. Der Beutelsbacher Konsens mahnt uns nicht, Sympathien zu rechtextremen Gruppen zu tolerieren. Er soll uns vielmehr täglich erinnern, uns für Pluralismus einzusetzen.

Demokratische Arbeit endet nicht nach 90 Minuten

Abb. 4: © Johanna Benz.

Auch im Hinblick auf die Probleme schulischer Akteure, sich in der Auseinandersetzung mit Menschenfeindlichkeit zuständig zu fühlen, spielt ein Fehlverständnis des Beutelsbacher Konsenses eine Rolle – beispielhaft lässt sich dies am Fall C erkennen. Im Fall C ist eine Lehrkraft im Rahmen eines Elternabends mit verfassungsfeindlichen Symbolen konfrontiert. Im konkreten Fall trägt ein Vater (demonstrativ) ein Shirt mit der Aufschrift CO*NSDAP*LE. Obwohl die Lehrkraft in der Lage ist zu erkennen, dass es sich um ein eindeutig verfassungsfeindliches Symbol handelt, bleibt sie im Hinblick auf eine Reaktion doch unsicher, schließlich sitzt kein Schüler oder keine Schülerin vor ihr, sondern ein Vater. Viele Menschen glauben, der Beutelsbacher Konsens und die in ihm eingebetteten demokratischen Bildungsziele wären lediglich auf den Unterricht in der politischen Bildung bezogen: im Deutsch-, Sport- oder Kunstunterricht gelten diese Regeln nicht und schon gar nicht im Kontext außerunterrichtlicher Aktivitäten oder Elternarbeit. Aber politische und demokratische Bildung kann nicht gelingen, wenn sie sich lediglich auf ein Fach begrenzt, das bestenfalls mit ein oder zwei Wochenstunden ausgestattet ist. Wenn wir uns im Rahmen politischer Bildung Regeln geben und diese im Rahmen von Schulgesetzen oder auch Hausordnungen Ausdruck finden, dann gelten sie nicht nur in einem begrenzten Bildungsbereich.

Die Schulleitung als Nadelöhr demokratischer Schulentwicklung

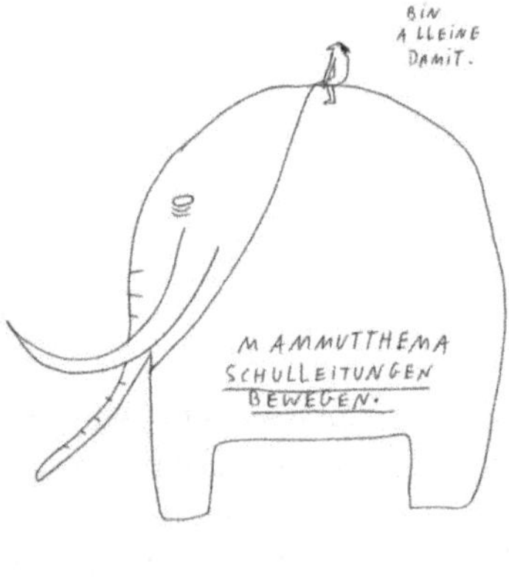

Abb. 5: © Johanna Benz.

Ähnlich gelagert, aber doch leicht anders akzentuiert, ist das Problem fehlender Kapazität und Professionalisierung, welches sich am Beispiel von Fall D gut illustrieren lässt. In diesem zugegebenermaßen nicht alltäglichen Fall weigert sich ein Schulleiter, die Tatsache zu thematisieren und zu bearbeiten, dass an seiner Schule eine rechte Terrorzelle angesiedelt war. Trotz wiederholter Aufforderungen aus dem Kollegium, die Probleme schulintern zu bearbeiten, sieht die Schulleitung dazu keine Veranlassung. Die Schulleitung selbst wird hier zum Nadelöhr, das die Thematisierung von Problemen, die die Schüler:innenschaft unmittelbar betreffen, verhindert. Eben dies widerspricht allerdings dem Beutelsbacher Konsens. Er mahnt in seinem dritten Satz, dass Schüler:innen in die Lage versetzt werden müssen, in den sie betreffenden politischen Problemlagen kompetent zu handeln. Eine Schüler:innenschaft, die wahrscheinlich über Jahre unmittelbaren Kontakt mit einer Terrorgruppe hatte, müsste daher unbedingt Unterstützung erhalten. Möglicherweise gibt es weitere Sympathisant:innen. Nicht auszuschließen sind überdies auch Opfer. Über die Gründe, die der Entscheidung der Schulleitung zugrunde liegen, kann an dieser Stelle nur spekuliert werden. Naheliegend ist es allerdings, davon auszugehen, dass die durchaus berechtigte Sorge, dass eine Thematisierung Probleme sichtbar machen würde, deren Bearbeitung sowohl die Kompetenzen als auch die Kapazitäten der Schule übersteigen, hier eine Rolle spielt. Bis heute spielt das Thema demokratische Schulentwicklung im Rahmen der Schulleitungsqualifizierung eine mehr als marginale Rolle.

Beutelsbach als Waffe

Abb. 6: © Johanna Benz.

Betrachten wir als letztes nun auch noch die Probleme, die in unserer Übersicht als Probleme der Positionierung/Grenzen abstecken bezeichnet wurden. Dafür eignet sich insbesondere der vorgestellte Fall A. Im Fall A reagiert das Kollegium einer Schule überrascht und verunsichert auf die Beschwerde von Eltern, die sich nach einer entsprechenden Aktionswoche über „verordnete Weltoffenheit" beschweren. Die Lehrkräfte haben diese Elternbeschwerde nicht kommen sehen und sind aus diesem Grund unvorbereitet. Nichtsdestotrotz finden sie im Verlauf der anschließenden Debatte auch langfristig keine Argumente, mit deren Hilfe sie der Beschwerde begegnen können. Ist Weltoffenheit oder – um es in einem anderen Wort zu fassen – Pluralismus nur eine von vielen möglichen Haltungen? Müssen wir es im Kontext des Kontroversitätsgebots auch aushalten, wenn Menschen sich gegen pluralistische Werte einsetzen? Nicht selten werden Konflikte dieser Bauart ganz explizit mit dem Verweis auf Neutralitätspflichten geführt.

Wir können uns in der Elternbeschwerde, um die es im Beispielfall geht, sehr gut vorstellen, dass eine wie auch immer geartete Neutralität der Schule angemahnt wird. Der Beutelsbacher Konsens wird hier als Waffe gegen die politische Bildung in Stellung gebracht (vgl. Besand 2018). Eine solche Argumentationsweise verunsichert schulische Akteur:innen oft recht nachdrücklich. Das ist schade, denn der Beutelsbacher Konsens ist nicht wertneutral. Im Gegenteil, er soll gerade helfen, plurale Werte zu stärken und nicht diese stumm zu stellen. Auch der Verweis auf schulgesetzliche Vorgaben, in denen Weltoffenheit und Toleranz häufig ganz zentral als bildungspolitischer Auftrag formuliert werden, wären hier in Erinnerung zu rufen. Beschwerden wie die hier vorgestellten sind deshalb nicht einfach als eine weitere (vielleicht ungewöhnliche, aber doch tolerierbare) Meinungsäußerung hinzunehmen, sondern müssen als antipluralistischer Angriff auf bildungspolitische Grundverständnisse von Schule verstanden werden. Nichtsdestotrotz lässt sich an diesem Beispiel sehr gut erkennen, dass es nicht selten zu Problemen der Positionierung und Abgrenzung von Menschenfeindlichkeit kommt, insbesondere dann, wenn sich selbst auf Werte wie Meinungsfreiheit, staatliche Zurückhaltung und Neutralität berufen wird.

4. Fazit

Auf der Grundlage der Ausführungen sollte sichtbar geworden sein, dass schulische Akteur:innen (und Ähnliches gilt auch für außerschulische Akteur:innen im Feld der politischen Bildung), die mit den Prinzipien des Beutelsbacher Konsenses gut vertraut sind und diese vermeintlich fest in ihre Handlungsroutinen integriert haben, sehr nachhaltig verunsichert werden können, wenn sie mit konkreten Herausforderungen konfrontiert sind, die sich als rassistisch, revisionistisch oder menschenfeindlich beschreiben lassen (vgl. Besand 2019). Das liegt zum einen daran, dass sich diese Herausforderungen oft nicht nur im Unterricht zeigen, sondern in Überschneidungsfeldern (Pausengespräche, Klassenchat u. Ä.) sichtbar werden, und dass sie überdies auch nicht nur durch Schüler:innen, sondern auch durch Kolleg:innen, Eltern oder andere schulnahe Personen in den schulischen Kontext hineingetragen werden.

Zum anderen liegt es aber auch an einem verkürzten Verständnis des Beutelsbacher Konsenses selbst, der nicht selten falsch als Neutralitätsgebot interpretiert wird und damit auch gegen pluralistische Werte in Stellung gebracht werden kann. Wichtig wäre es in diesem Zusammenhang, die schulischen Akteur:innen (und dazu gehört als wichtige Scharnierstelle auch und im Besonderen die Schulleitung) zu stärken und sichtbar zu machen, wo Grenzen der Kontroversität liegen und demokratische Bildungsaufträge aktiv verteidigt werden müssen. Das muss auch und gerade in grundständigen Ausbildungsgängen gelingen (vgl. Fereidooni/Massumi 2015). Strategien, die in diesem Zusammenhang hilfreich sind, wurden im Projekt „Starke Lehrer – Starke Schüler" vorgelegt und können an dieser Stelle nur noch angedeutet werden. Als erste Anhaltspunkte können aber folgende drei Punkte dienen (vgl. ausführlich Behrens/Besand/Breuer 2021).

Haltung zeigen

Bildung in einer Demokratie basiert auf den zentralen Werten unserer Verfassung. In diesem Sinne geht es zunächst darum, dass Pädagog:innen eine solche Haltung zu den beschriebenen Herausforderungen entwickeln und erkennbar verkörpern. Professionell lässt sich eine solche Haltung nicht nur aus emotionalen Voraussetzungen entwickeln, sondern aus den Grundsätzen politischer Bildung und zentralen demokratisch-menschenrechtlichen Werten. Verbunden mit dieser Einstellung sollten Mut und auch das Bedürfnis wachsen, die eigene Haltung in herausfordernden Situationen professionell sichtbar zu machen und hörbar einzubringen.

Betroffene schützen

Im Nachdenken über eine richtige Reaktion und Bearbeitung von Herausforderungen, die sich im Kontext rassistischer, menschenfeindlicher oder auch geschichtsrevisionistischer Zwischenfälle ergeben, ist der Fokus häufig auf die Täter:innen und damit die Menschen, von denen entsprechende Zwischenfälle ausgehen, gerichtet. Sehr viel weniger im Blick sind die Opfer. Wichtig ist es deshalb, darauf hinzuweisen, dass eine der ersten Fragen, die wir uns in diesem Kontext immer stellen müssen, die Frage sein sollte, ob in den konkreten Situationen oder Fallkonstellationen Schüler:innen, Kursteilnehmer:innen, Pädagog:innen oder auch Eltern als Betroffene zu schützen sind.

Auseinandersetzung führen

Pädagogische Kontexte eignen sich gut, um Deutungen und Konzepte reflexiv zu thematisieren. Hier nehmen Pädagog:innen eine wichtige Rolle ein. Sie organisieren und moderieren spontane Diskussionen oder Streitgespräche, sie stellen zusätzliche Informationen zur Verfügung, sie ordnen Zusammenhänge ein und bieten neue Perspektiven auf ein Thema.

Anmerkungen

1 Die hier vorgestellten Fallbeispiele sind (inklusive ausführlicher Besprechung) nachzulesen in: Behrens, R./Besand, A./Breuer, S. (2021): Politische Bildung in reaktionären Zeiten. Plädoyer für eine standhafte Schule. Frankfurt/M.

Literatur

Autorengruppe Fachdidaktik (2015): Was ist gute politische Bildung? Leitfaden für den sozialwissenschaftlichen Unterricht. Schwalbach/Ts.

Behrens, R. (2014): Solange sie sich im Klassenzimmer anständig benehmen. Schwalbach/Ts.

Behrens, R./Besand, A./Breuer, S. (2021): Politische Bildung in reaktionären Zeiten. Plädoyer für eine standhafte Schule. Frankfurt/M.

Besand, A. (2014): Monitor politische Bildung an beruflichen Schulen. Schwalbach/Ts.

Besand, A. (2018): Beutelsbach als Waffe. URL: https://www.sowi-online.de/kontroverse/beutelsbach_waffe.html [11.08.2022].

Besand, A. (2019): Was ist gute politische Bildung in der Schule? In: Bildung und Erziehung, Heft 3/2019, S. 262-276.

Fereidooni, K./Massumi, M. (2015): Rassismuskritik in der Lehrerausbildung. In: Aus Politik und Zeitgeschichte, Heft 40/2015, S. 38-43. URL: http://www.bpb.de/apuz/212364/rassismuskritik-in-der-lehrerausbildung [11.08.2022].

Klaus-Peter Hufer

Position beziehen

Politische Bildung in der Kontroverse

1. Vorbemerkung

Es muss wieder an eine Selbstverständlichkeit erinnert werden, nämlich, dass Kontroversen, Interessengegensätze sowie das Austragen und Aushalten von Konflikten das Lebenselixier einer demokratischen Gesellschaft sind. Es ist deswegen an der Zeit, weil Verklärungen von Gemeinschaft, exklusive Vorstellungen von Gesellschaft oder Identitäten und fundamentalistische Rigorosität das konstruktive und vitale Potenzial von Konflikten in der pluralen Demokratie vernebeln, ignorieren oder perhorreszieren. Politische Bildner:innen sind daher auf- und herausgefordert, wieder an die Tradition der konfliktorientierten politischen Bildung anzuknüpfen und diese unter neuen Vorzeichen aufleben zu lassen. Das heißt, sich offensiv und produktiv den Kontroversen der Gegenwart zu stellen.

2. Kontroversen und Konflikte

Siegfried Schiele, Initiator und Motor des Beutelsbacher Konsenses, hat Kontroversität so definiert:

> „Kontroversität meint in unserem Kontext den Streit und die Auseinandersetzung im politischen Bereich. Eine pluralistische Demokratie ist so angelegt, dass es bei der Vielfalt der Interessen und Meinungen immer ein Ringen um die bessere Lösung gibt. Diese oft konfliktreich geführten Auseinandersetzungen erregen zwar immer wieder die Gemüter, gehören aber zum demokratischen Leben wie das Salz zur Suppe. In der politischen Bildung gehört es zu den wichtigsten Lernzielen, diesen kontroversen und konflikthaften

> Prozeß des Politischen zu verstehen und auszuhalten“ (Schiele 1999, 132).

Bildung in der demokratischen Gesellschaft meint, einen eigenen Kompass zu haben, mutig zu sein, Position zu beziehen, Solidarität herzustellen, gegebenenfalls Widerspruch zu äußern und, wenn es sein muss, Widerstand zu zeigen.

3. „Demokratie“ ist nicht gleich Demokratie

„Demokratie“ ist nicht gleich Demokratie. Es gibt zwei grundlegende Modelle: ein identitäres und ein plurales Verständnis davon.

Das muss man wissen, wenn man sich beispielsweise von den Protagonist:innen der äußeren und äußersten Neuen Rechten abgrenzen und ihrer Propaganda nicht auf den Leim gehen will. Denn diese „treten nur noch selten dezidiert antidemokratisch auf, sondern reklamieren das Konzept der Demokratie für sich selbst“ (Falter 2019, 80), und zwar dadurch, dass sie dem pluralen, repräsentativen Demokratieverständnis eine Vorstellung von einer identitären, direkten Demokratie entgegensetzen. Ein quasi theoretisches Fundament dafür liefert Carl Schmitt, Kronjurist des „Dritten Reiches“ und Ikone der heutigen Rechten, indem er zwischen Gesellschaft und Gemeinschaft unterscheidet. Dieses Gegenüber ist der Kern des identitären Demokratieverständnisses: „In Wahrheit gibt es keine politische ‚Gesellschaft‘ oder ‚Assoziation‘, es gibt nur eine politische Einheit, eine politische ‚Gemeinschaft‘“ (Schmitt 2002, 45). Konflikte sind hier nicht vorgesehen, wohl aber die Ausgrenzung derer, die nicht zur „Gemeinschaft“ gehören (ebd., 27). Diese Gemeinschaft wird als ein homogenes Volk herbeiphantasiert.

Peter Graf Kielmansegg problematisiert den von dieser Seite unterstellten „Willen des Volkes“:

> „Damit wird stets das eine Subjekt fingiert, das etwas will oder jemanden beauftragt und eben dadurch die Vielfalt negiert. […] Macht man […] gedanklich Ernst mit dem Volk, als dem einen

> Subjekt, […] dann folgt aus dieser Annahme ein ganz anderer, ins Totalitäre hinüberführende Politikbegriff" (Kielmannsegg 2018, 3).

Es gibt in der pluralen Demokratie und damit in einer offenen Gesellschaft „kein[en] Souverän im Singular […], sondern eine Vielheit einander widerstreitender Kräfte" (ebd., 5).

Damit verbunden sind Interessenunterschiede oder -gegensätze, Meinungsvielfalt, Auseinandersetzung, Konflikt, also Kontroversität, aber auch die Einsicht, dass es immer Kompromisse und manchmal auch Niederlagen geben muss – genau das sind die Kennzeichen einer pluralen Demokratie.

Das ist ein großes Thema für Bildungsveranstalter:innen. Denn: „Demokratie ist die einzige politisch verfasste Gesellschaftsordnung, die gelernt werden muss – immer wieder, täglich und bis ins hohe Alter hinein" (Negt 2010, 174). Das ist einsichtig, denn in einer Demokratie soll man Widersprüche aushalten, Uneindeutigkeiten akzeptieren, Offenheit und Toleranz beweisen können. In totalen oder totalitären Gesellschaften muss man lediglich den autoritären Vorgaben folgen.

4. Singularitäten versus Ungleichheit – In welcher Gesellschaft leben wir?

Doch vor welchem Hintergrund definieren wir die gegenwärtige politische Lage, die Verfasstheit unserer Gesellschaft?

Die Zeichen der Zeit werden unterschiedlich gedeutet, zum einen mit dem erstaunlichen Erfolg eines für mich schwer verdaulichen Bestsellers. Es hat den kategorisch festschreibenden Titel „Die Gesellschaft der Singularitäten" (Reckwitz 2018). In diesem Band wird „ein gesellschaftlicher Strukturwandel" (ebd., 11) konstatiert. Kennzeichen dafür ist ein „singularistische[r] Lebensstil", der „in erster Linie von der neuen Mittelklasse getragen [wird]" (ebd., 107). Deren „Grundformel […] ist die erfolgreiche Selbstverwirklichung" (ebd., 108). Die „neue, akademische Mittelklasse [ist] […] die kulturell dominante Trägergruppe der postindustriellen Spätmoderne" (ebd., 363). Doch haben alle Akademiker:innen die ihnen von Andreas Reckwitz immer wieder pauschal zugewiesenen kulturellen Merkmale und Präferenzen? Eine solche Frage ist für ihn kein Thema. In seinem Buch gibt es nur kollektive Figuren, die als Subjekte dargestellt werden. Nebenbei: Was ist mit dem überwiegenden Rest der Gesellschaft?

Das Problem einer solchen Gesellschaftsbeschreibung ist, dass eine selbstreferentielle Gewissheit zwischen Autor und gleichermaßen gepolten Leser:innen entstehen kann. Die soziologisch fingierte Gesellschaftsbeschreibung wird zur imaginierten Realität. Für eine emanzipatorische, an den klassischen Prinzipien der Aufklärung orientierte politische Bildung wird das zum Problem: Wie unterstützt sie die Aufklärung der Selbstoptimierer:innen? Wie wirbt sie für eine, die Demokratie bewahrende Verantwortung für das Allgemeine bei postmodernen Singularisierten? Welches Verständnis von Politik liegt bei elitären Selbstverwirklicher:innen vor? Ist das überhaupt kompatibel mit den Interessen der Mehrheit der Gesellschaft? Übrigens: Die Begriffe Konflikte und Solidarität kommen im umfassenden Register nicht vor (ebd., 473-480), sie sind aber konstitutive Merkmale und didaktische Kategorien von emanzipatorischer Bildung.

Die weiterführende Frage besteht darin, inwieweit Lehrer:innen und Erwachsenenbildner:innen selbst – sie sind ja Angehörige der „Akademikerklasse" – von der suggestiven Wirkung einer solchen Gesellschaftsdeutung beeinflusst sind.

Ich meine – zugegeben zugespitzt –, für politische Bildner:innen hat die Lektüre beispielsweise des Arbeitsvertrags eines DHL-Boten, einer DHL-Botin oder des Haushaltsbuchs einer alleinerziehenden Altenpflegerin, eines Altenpflegers mehr Erkenntnisnotwendigkeit als die eines solchen Buches aus der weit entfernten Bergspitze einer Universität.

Ganz anders sehen ihre Handlungsoptionen aus, wenn man ihnen die Ergebnisse einer Untersuchung von Christoph Butterwegge zu Grunde legt. Dieser hat in einer umfassenden Studie festgestellt, dass die wirtschaftliche und soziale Ungleichheit die Republik „zerrissen" hat (Butterwegge 2020). Er belegt mithilfe von vielen Zahlen und Daten die „zunehmende Ungleichheit der Einkommens- und Vermögensverteilung" (ebd., 217) in Deutschland. Sie hat erhebliche Konsequenzen auch für Bildung, was besonders zur Labilität des gesamtgesellschaftlichen Zusammenhalts führt. Die Ursache:

„Die sozioökonomische Ungleichheit wurzelt in den kapitalistischen Produktions- und Eigentumsverhältnissen" (ebd., 254). Durch die Ideologie des Neoliberalismus und seiner Apologeten wurde „[d]ie jüngste Zunahme der Ungleichheit [...] bewusst herbeigeführt" (ebd., 256).

Diese beiden Beispiele aktueller Gesellschaftsdiagnosen sind in Etikettierungen und Begründungen völlig konträr. Für diejenigen, die ihre Bildungsarbeit mit gesicherten wissenschaftlichen Begründungen planen und durchführen wollen, ist der Boden schwankend, um Butterwegges Metapher aufzunehmen, „zerrissen."

5. Identifikation schafft noch keine Identität

Seit einigen Jahren wird heftig über Identitäten gestritten. Sie werden politisiert, was der Konjunkturbegriff „Identitätspolitik" deutlich macht.

Diese Kontroverse sollte aber auf den Ausgangspunkt zurückgeführt werden, denn: Was ist eigentlich mit „Identität" gemeint? Für Erik H. Erikson entwickelt sich die Identität eines Menschen psychodynamisch auf acht Stufen (vom Säugling bis zum reifen Erwachsenen), die jeweils mit Krisen verbunden sind. Sie müssen überwunden werden, um auf die nächste Stufe zu kommen (Erikson 1974, 130/131 u. 214/215). Identitätsbildung beginnt für ihn dort, „wo die Brauchbarkeit der Identifikationen endet" (ebd., 140). Wer sich allzu sehr, überwiegend oder gar ausschließlich an Identifikationen orientiert, beispielsweise einerseits am Volk, der „Rasse", Nation oder Ethnie, andererseits an Geschlecht oder Hautfarbe etc., würde nach dieser Definition das Stadium autonomer Identität nicht erreichen. „Identität [...] erlaubt dem Individuum, sich von [...] dem diffusen Haß auf Andersartige zu befreien" (ebd., 212).

Auf die Folgen, die ausschließliche Identifikationen mit sich bringen, weist der Friedenspreisträger 2020 des Deutschen Buchhandels Amartya Sen hin:

> „Unser gemeinsames Menschsein wird brutal in Frage gestellt, wenn man die vielfältigen Teilungen in der Welt auf ein einziges, angeblich dominierendes Klassifikationsmerkmal reduziert, sei es der Religion, der Gemeinschaft, der Kultur, der Nation oder der Zivilisation [...]. Die Aufteilung der Welt nach einem einzigen Kriterium stiftet weit mehr Unfrieden als das Universum der pluralen und mannigfaltigen Kategorien, welche die Welt prägen, in der wir leben" (Sen 2020, 9).

Was hilft da? Die Erinnerung an Kants Appell, den Mut zu haben, sich des eigenen Verstandes zu bedienen (Kant 1993,163). Oder, wie es Klaus Ahlheim einmal postuliert hat, es braucht „Mut zur Erkenntnis" (Ahlheim 2008). Heutzutage braucht es schon Mut, sich kategorischen Identitätszuschreibungen und als entsprechend „korrekt" definierten Sprachregelungen zu widersetzen.

6. Jetzt noch Corona

Gegenwärtig macht sich eine absurd begründete Wut breit. Impfgegner:innen reden von einer Diktatur, ziehen Vergleiche mit dem Nationalsozialismus, sehen sich wie Jüdinnen und Juden im „Dritten Reich", beschimpfen Polizist:innen als „Faschistenschweine", attackieren Journalist:innen, skandieren „Lügenpresse" und schunkeln gefühlselig bei ihren Demos zu Westernhagens Lied „Freiheit". Gibt es hier noch eine produktive Kontroverse oder ist der Riss, der durch die Gesellschaft geht, nicht mehr zu kitten? Hinter allem steht die Frage, wo diese Wut herkommt (Maier 2022).

Was machen die durch „Corona“ Radikalisierten, wenn die Pandemie abebbt? Diejenigen, die sich rigoristisch gegen „die Politik“ positioniert haben, werden dieses Feindbild dann nicht aufgeben, sondern sich wohl anderen Themen zuwenden. Hinter all dem steht die nächste und wesentlich größere Herausforderung: der Klimawandel. Die zu erwartenden und sich bereits abzeichnenden Krisenszenarien erfordern rationale Einsicht, solidarisches Handeln, Verzicht und die Anerkennung des Wissens von wissenschaftlichen Expert:innen.

7. Werte im Konflikt

Die Pandemie hat gezeigt, dass wir in einer tieferen Schicht unserer Kultur einen subkutanen, über „die Bande“ vollzogenen Wertekonflikt haben. Der von Seiten der Coronaleugner:innen plakatierte und grundsätzlich hoch aufgeladene Begriff „Freiheit“ kollidiert – wieder einmal – mit „Verantwortung“ und „Gerechtigkeit“. In der Wertehierarchie wird „Leben“ und „Gesundheit“ ins Wechselspiel mit Freiheit gebracht. Es muss gefragt und darüber gestritten werden, in welchem Verhältnis Freiheit und Verantwortung oder Selbstbestimmung und Gerechtigkeit stehen. Die gesellschaftlichen Foren, die eine Verständigung hierfür anbieten, sind immer weniger geworden. Denn die Nischen, die beim Rückzug auf bestätigende Blasen bereitgehalten werden, sind zahlreicher und leichter zugänglich als die Plätze und Orte, die zum (selbst-)reflexiven Diskurs einladen.

Der Krieg in der Ukraine hat liebgewordene Sicherheiten zerstört: Gilt das Motto „Frieden schaffen ohne Waffen“ noch? Ist Pazifismus realistisch? Welche Ethik rechtfertigt die milliardenschwere Aufrüstung angesichts des Aggressors im Kreml? Welche notwendigen sozialen Projekte werden geschmälert, wenn dieses Geld wegen militärischer Zwecke gebunden ist?

Solche Fragen drängen darauf, wieder die alten, mittlerweile verstaubten Bücher und Materialen zur Friedenspädagogik aus den hinteren Ecken der Regale herauszuholen.

8. Der rettende Glaube an „Verschwörungen“

In den Alltagserzählungen wimmelt es von „Verschwörungstheorien“. Das Internet ist eine Fundgrube. Wer da sucht, wird schnell fündig. Gerade die Ideologen des Rechtsextremismus bringen sie in Umlauf, beispielsweise mit ihrem Gerede von der „Umvolkung“ oder des „großen Austauschs“.

Doch schon die Etikettierung „Verschwörungstheorien“ ist falsch, auch wenn sie mit kritischer Analyse beschrieben und erklärt werden (Hepfer 2016; Butter 2018). Denn laut Duden ist eine Theorie ein „System wissenschaftlich begründeter Aussagen zur Erklärung bestimmter Tatsachen oder Erscheinungen und der ihnen zugrunde liegenden Gesetzlichkeiten“[1]. Das, was in den Verschwörungseinbildungen in die Welt gesetzt wird, ist zum einen kein System, also ein Zusammenhang miteinander korrespondierender Faktoren und Determinanten, und zum anderen sind sie nicht wissenschaftlich begründet. Denn dazu bedarf es empirisch valider Fakten, die zu generalisierenden Erkenntnissen verdichtet werden. Theorien sind nur vorläufig gesicherte Erkenntnisse, sie müssen sich dem Prüfstein der Widerlegung (Falsifikation) stellen und gegenüber konkurrierenden Theorien bewähren (Popper 2012, 114 u. 145). Verschwörungsphantasmen hingegen werden apodiktisch behauptet, es sind Doktrinen. Sie

> „sind keine Theorien im wissenschaftlichen Sinne, sondern Ausführungen, bei denen Gegenargumente oder die Erzählung substantiell in Frage stellende empirische Befunde entweder ignoriert werden oder als Beleg für eine besonders ausgeklügelte Verschwörung gewertet werden“ (Virchow/Häusler 2020, 36).

Doch warum werden sie rezipiert und propagiert? Wohl deswegen, weil sie unterkomplexe Antworten auf komplexe Herausforderungen geben. Sie entlasten somit von der eigenen Verantwortung zu denken und zu handeln. Entlastend ist es, sich auf fremde, unbeeinflussbare Mächte zu berufen. Wer sich dagegen im Sinne Poppers der Überprüfung von Fakten unterzieht, es aushalten kann, nur vorläufige Antworten zu finden, der muss die Fähigkeit und Bereitschaft haben, Ambiguitäten zu ertragen, innere Konflikte zuzulassen – mehr noch: diese als notwendig und erkenntnisfördernd schätzen.

9. Politische Bildung: Anpassung oder Widerstand?

Doch so einfach ist das alles nicht. Es erfordert bei denjenigen, die für politische Bildung verantwortlich sind, Durchsetzungskraft und die Bereitschaft, sich *gegen* vorherrschende Meinungen und Erwartungen durchzusetzen, und zwar *für* die Bedürfnisse und Interessen der Adressat:innen und Teilnehmer:innen der Kurse und Seminare. Das ist alles andere als neu. Schon vor einigen Jahrzehnten wurde das gesagt, was nach wie vor von aktueller Bedeutung ist. Damit das nicht vergessen wird, sei an die Aussagen von zwei der bedeutendsten Persönlichkeiten der Erwachsenenbildung erinnert:

Gegensteuerung

> „Als Gegensteuerung wird eine Funktion erwachsenengerechter Gesprächsführung bezeichnet, die der Teilnehmerorientierung dient. Danach ist die Aufgabe der Gesprächsleitung, im Sinne der ‚Kontroversität' (Beutelsbacher Konsens) Eindeutigkeiten in der Diskussionsentwicklung zu verhindern. Die Korrektivfunktion bezieht sich nicht nur auf die Gewichtung der Inhalte und Meinungen. Gegensteuerung erscheint bei einer offenen Diskussion auch angebracht, um jeweils einen Ausgleich zu erreichen zwischen Eilfertigkeit und Beharrungstendenzen, Vereinfachung und Komplizierung. Es geht um die Moderation extremer Stimmungslagen oder um das Auflösen gegenseitiger Blockierungen, um ein Heran-

führen an sachgerechte Problemlösungen, ein Verhelfen zur Einsicht in Mehrdeutigkeit anstelle von monokausalen Erklärungen" (Tietgens 1999, 86).

Mut

> „Der politische Pädagoge [...] muß den Mut haben, gegen den Strom zu schwimmen und von der Meinung, die ,man' zu vertreten hat und die ,man' auch von ihm erwartet, abzuweichen. [...] Er muß den Mut haben, gegen den Strom zu schwimmen, als unbequemer Mahner und Warner auch den Autoritäten des Tages, auch der herrschenden Meinung, dem Willen des Vorgesetzten und dem Votum des eigenen Verbandes entgegenzutreten" (Borinski 1954, 167 u. 231).

Mut haben, um gegenzusteuern – das steht heutzutage in keiner Berufsbeschreibung von Politiklehrer:innen und Erwachsenenbildner:innen oder in den – wenigen – Stellenausschreibungen. Kein Wunder: Das widerspricht der Anpassungsqualifizierung und der wirtschaftlichen Nützlichkeit, die viele Organisationen und Institutionen von ihren Mitarbeiter:innen erwarten.

10. Auf jeden Fall Haltung bewahren

Wem „Mut" zu pathetisch oder heroisch erscheint, der kann sich vielleicht an dem Begriff „Haltung" orientieren. Doch bei Durchsicht der gegenwärtigen Literatur zur Erwachsenen- und Weiterbildung heißt es Fehlanzeige, wenn man in Schlag- oder Stichwortverzeichnissen nach dem Begriff „Haltung" sucht. Als zentrales Thema wird die Frage nach der Haltung in der gegenwärtigen Erwachsenenbildung nicht behandelt. Fündig wird man, wenn man weit zurückgeht, in das Jahr 1954, wieder bei Fritz Borinski, der von der „Haltung des Lehrers" (Borinski 1954, 164) in der Erwachsenbildung schreibt. Dieser muss über „pädagogischen Takt" verfügen, d.h. „Achtung vor der Meinung des Hörers und der sie tragenden Lebenserfahrung; Sich-Einfühlen in die Gedanken des anderen, auch wenn sie etwas gewunden oder verschroben ausgesprochen werden" (ebd., 165). Weiter soll er „realistische Offenheit" aufbringen, d. h. er „muß […] ständig bereit sein, alle Erkenntnisse und lieb gewordenen Meinungen ins Feuer des dialektischen Prozesses geistigen und gesellschaftlichen Werdens zu werfen" (ebd., 166).

Borinski nennt Begriffe, die im Zeitalter der Kompetenz-, Qualitäts- und Wirksamkeitsdebatten nicht mehr sonderlich geläufig sind: Takt, Achtung und Mut. Passend dazu war bei Ernst Bloch von „Rückgrat" und „aufrechtem Gang" die Rede (Bloch, in: Traub/Wieser 1975, 123). Inwiefern brauchen Erwachsenenbildner:innen heutzutage diese Eigenschaften?

Die Gründe liegen einmal in den oben skizzierten Ambivalenzen.

Aber auch unmittelbar in einer Bildungsveranstaltung, einem Kurs, einem Seminar ist Haltung erforderlich, beispielsweise wenn in Bildungsveranstaltungen rassistische und rechtsextreme Provokateur:innen erscheinen. Da ist eine bloße Moderation des Geschehens kein geeignetes Mittel, es muss entschiedener Widerspruch oder gar Widerstand gezeigt werden. Doch man ist nicht allein. Denn nach der ersten Schockstarre positioniert sich die Mehrheit der Anwesende gegen die Störer:innen und unterstützt die Veranstaltungsleitung. Ein Beispiel: Eine Gruppe von etwa acht Rechtsexremist:innen fiel mir bei einer VHS-Veranstaltung lautstark ins Wort, Tische wurden umgeworfen, Handouts zerrissen. Es war eine schreckliche Situation. Da stand eine ältere Dame auf, stellte sich vor den Wortführer und sprach ihn mit entschiedener Stimme an: „Was erlauben Sie sich? Haben Sie denn keine Kinderstube genossen? Setzen Sie sich sofort hin!" Wie im Gehorsamsreflex setzte sich der Mann an seinen Platz. Kurz darauf verließ die Gruppe den Raum. Die Dame wurde von den gebliebenen Personen wegen ihrer klaren Haltung beklatscht.

Man kann Haltung lernen. Auch dafür trifft der Satz von Erich Kästner zu: „Es gibt nichts Gutes, außer man tut es."

Anmerkung

1 Vgl. https://www.duden.de/rechtschreibung/Theorie [25.07.2022].

Literatur

Ahlheim, K. (2008): Mut zur Erkenntnis. Über das Subjekt politischer Erwachsenenbildung. Schwalbach/Ts.

Borinski, F. (1954): Der Weg zum Mitbürger. Die politische Aufgabe der freien Erwachsenenbildung in Deutschland. Düsseldorf, Köln.

Butter, M. (2018): „Nichts ist, wie es scheint". Über Verschwörungstheorien. Berlin.

Butterwegge, C. (2020): Die zerrissene Republik. Wirtschaftliche, soziale und politische Ungleichheit in Deutschland. Weinheim, Basel.

Erikson, E. (1974): Identität und Lebenszyklus. 2. Auflage, Frankfurt/M.

Falter, M. (2019): Die Grenzen der Demokratie. Politische Auseinandersetzungen um Rechtsextremismus im österreichischen Nationalrat. Baden-Baden.

Hepfer, K. (2016): Verschwörungstheorien. Eine philosophische Kritik der Unvernunft. Bonn.

Kant, I. (1995): Beantwortung der Frage: Was ist Aufklärung? In: Immanuel Kant, Werke in sechs Bänden. Band 6. Hrsg. von Toman, R., Köln, S. 162-170.

Kielmansegg, P. (2018): Politik und Populismus. Warum Politik verteidigt werden muss. In: Frankfurter Allgemeine vom 01.03.2018, aktualisiert am 02.08.2018. URL: https://www.faz.net/aktuell/politik/die-gegenwart/populismus-verteidigung-der-politik-15669095.html [25.07.2022].

Maier, S. (2022): Warum ist Deutschland so wütend? URL: https://www.youtube.com/watch?v=GlbxAIE-sQY [25.07.2022].

Negt, O. (2010): Der politische Mensch. Demokratie als Lebensform. Göttingen.

Popper, K. R. (2002): Ausgangspunkte. Meine intellektuelle Entwicklung. 3. Auflage, München.

Reckwitz, A. (2018): Die Gesellschaft der Singularitäten. 6. Auflage, Berlin.

Schmitt, C. (2002): Der Begriff des Politischen. Text von 1932 mit einem Vorwort und drei Corillarien. 7. Auflage, Berlin (erstmals erschienen 1932).

Schiele, S. (1999): Kontroversitätsgebot. In: Richter, D./Weißeno, G. (Hg.): Didaktik und Schule. Band 1 des Lexikons der politischen Bildung. Hrsg. von Weißeno, G., Schwalbach/Ts., S. 132.

Sen, A. (2020): Identität und Gewalt. München.

Tietgens, H. (1999): Gegensteuerung. In Hufer, K.-P. (Hg.): Außerschulische Jugend- und Erwachsenenbildung. Band 2 des Lexikons der politischen Bildung. Hrsg. von Weißeno, G., Schwalbach/Ts., S. 86.

Traub, R./Wieser, H. (Hg.) (1975): Gespräche mit Ernst Bloch. Frankfurt/M.

Virchow, F./Häusler, A. (2020): Pandemie-Leugnung und extreme Rechte in Nordrhein-Westfalen, hrsg. von core-nrw. Netzwerk für Extremismusforschung in Nordrhein-Westfalen. Düsseldorf.

Bernt Gebauer

European Perspectives on "Teaching Controversial Issues"

1. Introduction

Taking an international perspective, this article firstly focusses on how the Council of Europe's (CoE) international approach to "Teaching Controversial Issues" contributes to widening and refining the perspective on how to deal with controversy in the classroom or the entire school. Secondly, it discusses how an approach of teaching controversial issues based on the Beutelsbach consensus or functional equivalents may contribute to the strengthening of the European exchange on citizenship education. The CoE's Reference Framework of Competences for Democratic Culture (RFCDC) – also officially recognized by the European Union (European Council 2018) – is meant to facilitate exactly these kinds of processes.

2. Teaching controversial issues

The main statement of the CoE's publication "Living with Controversy – Teaching Controversial Issues Through Education for Democratic Citizenship and Human Rights (EDC/HRE)" reads as follows:

> "Learning how to engage in dialogue with people whose values are different from one's own and to respect them is central to the democratic process and essential for the protection and strengthening of democracy and fostering a culture of human rights. Yet in Europe young people do not often have an opportunity to discuss controversial issues in school because they are seen as too challenging to teach, e.g., issues to do with extremism, gender violence, child

> abuse, or sexual orientation. Unable to voice their concerns, unaware of how others feel or left to rely on friends and social media for their information, young people can be frustrated or confused about some of the major issues which affect their communities and European society today. In the absence of help from school, they might have no reliable means of dealing with these issues constructively and no one to guide them" (CoE 2016a, 7).

The training pack is meant to

> "help teachers recognize the value of engaging young people in controversial issues and develop the confidence and competence to make it a part of their everyday practice, in particular through [the] creation of safe spaces in the classroom where students can explore issues that concern them freely and without fear [and through the] use of teaching strategies and techniques which promote open and respectful dialogue" (ibid., 8).

The training pack respectively the authors concretize the following leading questions (see ibid., 12-24):

- "How to respond to conflicting truth-claims among students, including whether to take sides on an issue [...]?"
- "How to protect the sensitivities of students from different backgrounds and cultures [...]?"
- "How to defuse tension and prevent discussion from overheating – so that classroom control is maintained and students are able to discuss freely [...]?"
- "How to encourage pupils to listen to other people's points of view [...]?"
- "How to deal with a (perceived) lack of social or political background knowledge or a lack of trustworthy sources of information?"
- "Which learning methods might be useful in that context?"
- "Do I feel ready for this?"

The following activities, exemplarily taken from the training pack, show concrete steps towards more free and safe learning environments. They can be tested individually or together, developed further and adapted.

The activity "Introducing controversial issues" (ibid., 33-35) aims to "introduce the concept of controversial issues and consider the arguments for teaching controversial issues in classrooms and schools." The starting point is: "Controversial issues are by their very nature highly significant issues in the life of society – learning about these should be part of every young person's social and political education" (ibid., 35). One further main argument sees debating controversial issues

> "as part of the democratic process – it helps young people to develop some of the essential competences of democratic citizenship, such as open-mindedness, curiosity, willingness to understand the other, tolerance, and the skills of democratic debate and peaceful conflict resolution" (ibid.).

In order to encourage teachers to also approach more emotionally charged topics, activity 1.2 (Musical chairs) offers itself (ibid., 36-38). The aim of this activity is to "explore the nature of controversial issues and its implications for classroom climate and management" (ibid., 36). The participants are asked to randomly share their personal views on a school-related controversial issue. The distinctive relevance of this activity becomes apparent easily:

> "Feelings can run high when controversial issues are discussed in public. The more strongly we feel about an issue the more likely we are to see the views we hold about it not as added extras but as fundamental to our sense of who we are as people. Thus there is a tendency to interpret attacks on our ideas and arguments as attacks on us as individuals and to feel apprehensive or embarrassed about expressing our opinions to people we do not know or trust. [Musical Chairs] is designed to help participants explore the emotional dimension of controversial issues and its implications for classroom climate and management. It is also designed as an "icebreaker" to help participants to get to know each other better" (ibid.).

The tips meant to support the carrying out of this activity are helpful:

> "Some participants may be worried about being asked to reveal their private opinions in public. (This, in fact, is a lesson in itself). Tell them that it is the only exercise in which they will be asked to do this. They will be speaking to one person at a time and they will not be judged on any views they express or don't express. Explain that it is important for them to be put into this situation to be able to appreciate and deal with the emotions that are likely to arise when controversial issues are discussed in school" (ibid., 37).

The self-reflective activity "Baggage Check" (ibid., 43 f.) offers teachers and educational experts the opportunity to "explore how teachers' beliefs and values can affect their attitudes towards controversial issues and to encourage participants to reflect on the impact of their own beliefs and values."

Activity 2.1 "Whose side are you on?" considers the fact, that any teacher or educational expert, as any other person, should have the right to have his or her own opinion. When working in an educational context, however, the right to freedom of speech "does not necessarily mean that they ought to share them with students, nor that they should favour students who share their views" (ibid., 46). The aim of this activity is "to explore the advantages and disadvantages of different pedagogical approaches to this question and their respective advantages and disadvantages in the classroom." (ibid.) These approaches include a stated commitment ("The teacher always makes known his/her views during discussion"), a stated neutrality ("The teacher adopts the role of an impartial chairperson of a discussion group") or the official line ("The teacher promotes the side dictated by the public authorities"), including presenting their respective advantages or disadvantages (ibid., 47-49). This activity can show teachers and educational experts which approaches can be used purposefully in which specific learning situation.

"Changing perspectives", activity 2.2, supports participants to "explore ways in which the personal sensitivities of students may be protected by "de-personalising" the language in which issues are discussed" (ibid., 50 f.). The activity "The school on the edge of the forest" introduces the teaching of controversial issues through stories (ibid., 52 f.). The "World Café" helps teachers and educational experts to explore "how collective problem-solving can enable controversial issues to be introduced into the classroom and school even-handedly and fairly when there is little available background information" (ibid., 57 f.). Dealing with "lack of accurate and balanced information" in either planned or – even spontaneous – classroom discussions is seen as a very challenging but still manageable task. "World Café" is also one of the activities included in the "The European Wergeland Centre's online seminar "Creating safe and inclusive spaces for discussing controversial issues online" (EWC 2021, 16 f.).

The necessary creation of encouraging, free and safe learning atmospheres presupposes teachers to be able to reflect on the necessary interaction of democratic values, attitudes, skills and knowledge. When working with children and young people, the Reference Framework of Competences for Democratic Culture can help teachers to develop a more precise view on the question, which values (e.g. valuing human dignity and human rights), attitudes (e.g. respect or openness to cultural otherness), skills such as empathy or listening and observing or knowledge and understanding (e.g. critical understanding of the self) are needed in which situations (Gebauer 2020, 42f.).

3. The Reference Framework of Competences for Democratic Culture (RFCDC)

"Competences for democratic culture" sees itself as

> "a conceptual model of the competences which need to be acquired by learners if they are to participate effectively in a culture of democracy and live peacefully together with others in culturally diverse democratic societies" (Council of Europe 2016b, 9).

The model is supposed to be a "vital reading for all educational policy makers and practitioners who work in the fields of education for democratic citizenship, human rights education and intercultural education" (ibid., 78).

The framework offers a detailed description of 20 competences for democratic culture (see below), related descriptors that operationalize these competences and thus constitutes an approach to systematically plan and carry out teaching, lesson planning und assessment. It relates to EDC/HRE, SDG and prevention of violence, prevention of extremism and sees intercultural learning as the basis for successful educational processes with regard to developing competences for a (more) democratic culture (see also Gebauer/Lenz 2020).

The editors are keen to highlight that only the users themselves "will decide how to adapt and implement the Framework in their own contexts for their own purposes" (CoE 2018: Volume 1, 12). Furthermore, they continue to point out: "The Framework is not a prescribed or even recommended European curriculum. It does not propose an exclusive pedagogy or teaching methodology or mode of assessment. It does, however, demonstrate how CDC can be introduced into a range of pedagogies, methodologies and assessments which are in harmony with Council of Europe values" (ibid., 20).

The framework is meant to be used to critically reflect one's own teaching and acting in school. It can also be used to develop further a democratic school culture. Quite often, a lot is already done in this field without acknowledging it or knowing or seeing the democratic relevance of each other's work or project. Communication using the framework's terms helps create an advanced awareness within schools and within education systems regarding democratic school culture.

Fig. 1: Reference Framework of Competences for Democratic Culture

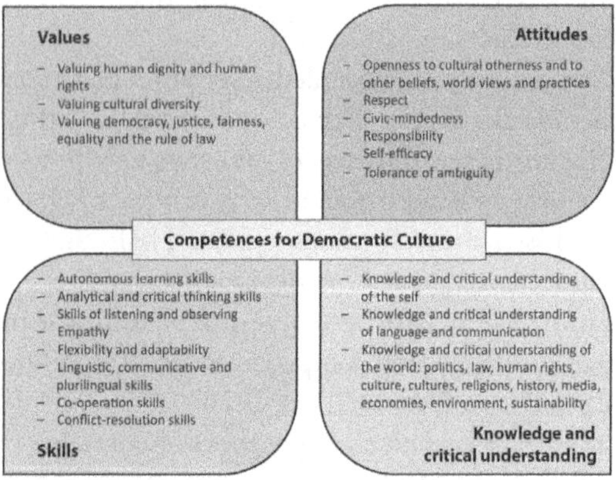

Source: CoE 2018: Volume 1, 38.

One way of introducing oneself to this rather complex issue that suits any educational system within the Council of Europe is to focus on teaching controversial issues in schools:

The concretization of democratic competences via descriptors – as on the backside of the CoE's "Free to speak – safe to learn"-project poster[1] – can serve as a refined tool for the analysis of individual or group-related competences for democratic culture.

Values: A teacher or educational expert or pupil argues that human rights should always be respected. (Competence 1: Valuing human dignity and human rights)

Attitudes: A teacher or educational expert or pupil engages well with other people who have a variety of different points of view. (Competence 9: Tolerance of ambiguity)

Skills: A teacher or educational expert or pupil listens carefully to other opinions. (Competence 12: Skills of listening and observing)

Knowledge and critical understanding: A teacher or educational expert or pupil can critically reflect on the different communicative conventions that are employed in at least one other social group or culture. (Competence 19: Knowledge and critical understanding of language and communication)

4. Teaching controversial issues as a social science based approach

A stronger, more explicit focus on Teaching controversial issues following a more social science based school approach (see Reinhardt 2015, 9-10) would lend further substance and quality. This RFCDC descriptor on VALUES can be used in particular: "ID 301: Argues that schools should teach students about democracy and how to act as a democratic citizen."

This ties in to Thorsten Hippe's analysis that the "pedagogical handling of [...] critical issues is the litmus test of democratic citizenship education." (Hippe 2008, 53) In his 2008 online publication "Does the Democratization of Polities Entail the Democratization of Citizenship education? A Theoretical Framework for Researching the Democratic Quality of Citizenship Education in Transformation Countries and Elsewhere", Thorsten Hippe defines these quality standards as

1. [...] full acceptance of the equal applicability of human rights [...] and the principle of equality of opportunity to all humans irrespective of their gender, race, provenance, sexual orientation etc. [...].
2. [...] full respect of all other nations as equals.
3. ... open, unrestrained examination and critical discussion of the totalitarian, antidemocratic past of the respective country and/or human rights violations in the history of the country.
4. [...] full acceptance of the plurality of political viewpoints and cultural norms (within the basic democratic consensus).

5. open, controversial debate about the democratic adequacy of current societal institutions and norms (see Hippe 2008, 38).

An international co-operative debate of these (or similar) proposals could consider selected descriptors of competences for democratic culture such as:

Values:

1. Valuing human dignity and human rights, e.g. "ID 105: Argues that all public institutions should respect, protect and implement human rights" or "ID 108 Expresses the view that all laws should be consistent with international human rights, norms and standards".
2. Valuing democracy, justice, fairness, equality and the rule of law, e.g. "ID 301: Argues that schools should teach students about democracy and how to act as a democratic citizen." or "ID 305 Argues that democratic elections should always be conducted freely and fairly, according to international standards and national legislation, and without any fraud."

Knowledge and Critical Understanding:

20A. Knowledge and critical understanding of politics, law and human rights, e.g. "ID 2001: Can explain the meaning of basic political concepts, including democracy, freedom, citizenship, rights and responsibilities." Or "ID 2007: Can reflect critically on the relationship between human rights, democracy, peace and security in a globalized world."

20C. Knowledge and critical understanding of history, media, economies, environment and sustainability, e.g. "ID 2045: Can describe the effects that propaganda has in the contemporary world." Or "ID 2049: Can reflect critically on how histories are often presented and taught from an ethnocentric point of view" (see CoE 2018: Volume 2).

Finally, the idea behind the three teaching and learning principles of the "Beutelsbach Consensus" is one way to secure truly democratic learning. The so-called „Beutelsbach Consensus" (for more information see Reinhardt 2016) defines a well proven professional standard (Grammes 2016, 155; see also below) for teaching that can be described as elementary for all teachers in German schools – especially those teaching social science based subjects. It contains the following three interrelated principles:

"1. Prohibition against overwhelming the student. It is not permissible to catch students off-guard, by whatever means, for the sake of imparting desirable opinions, thereby hindering them from forming an independent judgement. This is the difference between political education and indoctrination. Indoctrination is incompatible with the role of a teacher in a democratic society and the generally accepted objective of making students capable of independent responsibility and maturity [...].
2. Matters which are controversial in scholarship and political affairs should also be presented as controversial in the classroom. [...]
3. Students should be put in a position to analyze a political situation and their own personal interests as well as to seek ways to have an effect on given political realities in view of these interest. [...]" (see Reinhardt 2016, 11).

The Beutelsbach Consensus innovative potential lies in combining these pedagogical matters of cause and relate them to each other, thereby producing its tense and fruitful dynamic (Grammes 2016, 155). It trains didactic thinking by asking questions that force teachers to explain and give reasons for their learning aims, lesson planning, choice of learning materials etc. When applied to concrete situations it will always cause controversy and this is why it can be defined as a "core teaching methodology in a nutshell" for learning about democracy (ibid., 164).[2] Especially elements 1 and 3 focus on each individual learner's democratic learning progress, aiming at overcoming obstacles like lack of academic family background or supposedly rather non-democratic parental or other group-related influences on pupils from outside school (see Gebauer 2016, 149).

The principles behind this approach could be addressed in teacher training e.g. by the following RFCDC descriptors:

- Values: "ID 301: Argues that schools should teach students about democracy and how to act as a democratic citizen."
- Knowledge and Critical Understanding: "ID 1808: Can reflect critically on the ways in which his/her thoughts and emotions influence his/her behaviour."

5. Teaching controversial issues in Europe – looking ahead

The very practical challenge of teaching about politics or about democracy seems to be similar for teachers all over Europe: How can or should respective contents be chosen or presented in the classroom to foster learning about democracy/politics according to democratic standards? (see Gebauer 2016, 148).

Experts with respective professional experience could co-operate with educational experts from those CoE or EU member states, who have not (yet) implemented an explicitly social science based approach to teaching controversial issues. The Council of Europe's mandate in education is to promote, facilitate and support co-operation between member states, using the RFCDC as a consensual common language that has the potential to bridge differences. The RFCDC's four wings – especially those on democratic values and on knowledge and critical thinking – could facilitate that common process, that involves an open and "readiness to learn" attitude from all participants.

The Council of Europe's educational approach does not have an explicit orientation towards further integration or stabilization regarding itself as an organization as the EU does. However, CoE/EU co-operations might already combine these approaches especially with regard to countries that seek EU membership or EU candidate status and that need to prove progress in the democratic quality of their education systems. The European Council's 2018 document on "Promoting common values, inclusive education, and the European dimension in teaching" already explicitly refers to the RFCDC in its recommendations.

If the EU is to be seen as one major European peace project of the future, these educational approaches could be promising. Furthermore, the European Parliament's report "Implementation of citizenship education actions in the EU – European Implementation Assessment" as of now explicitly asks for a more coherent approach to citizenship in the EU and the EU member states (see EPRS 2021, 27) and lists main points that future research should focus on:

- Controversial issues: in many countries the debate about the content of citizenship education generates strong tensions: in policy, in society, and in the classroom.
- Democracy: learning about democracy and experiencing democracy should be at the heart of citizenship education.
- National and international orientation: balancing the national and international orientations is the challenge for policy on citizenship education and teaching citizenship in the classroom (ibid.).

Likely challenges

- Teaching controversial issues needs a teaching profession that draws from pedagogy, educational psychology *and* the social sciences. This, again, needs a political process/decision and respective implementation in teacher training institutions and universities that offer teacher education.
- Seemingly "political lessons" might evoke some bad memories in countries with a (recent) totalitarian or authoritarian past or even present.
- Policy-makers responsible for education might not fully be aware of the fact, that when teaching about politics or democracy teachers need to follow a democratic logic of learning about politics/democracy and not a logic of acting politically

in the classroom or being a completely neutral or an impartial chairperson of a discussion group only.

- Considering this, advising the policy level is crucial, as a new approach like this might or already has (in an understandable way) give/n reasons for distrust if not being implemented by political and educational actors in a transparent and democratic process.
- The respective relevance for teacher trainings in higher education also needs to be underlined (CoE 2020a, 18). Although all teachers of all subjects should ideally feel comfortable with teaching controversial issues, schools also need teachers with a special social science based expertise to ensure the democratic quality of teaching and learning about politics as well. Departments of Politics or Social Sciences need to be involved. This presupposes taking into account David Kerr's and Ted Huddleston's "Good Practice Guide" on TCI, especially their expertise on using TCI in initial teacher training (CoE 2020b: 20 f.; 42 f.).
- That approach corresponds to a long-term focus on high quality teacher training, that prepares those teachers for teaching controversial issues who will hopefully still be teaching pupils all over Europe in 2050/2060 or even later. The "collective problem solving" attitude behind activities such as World Café can help keep the access barriers low. As mentioned before, teaching controversial issues in Europe needs pedagogical skills as well as critical thinking and knowledge based on the social sciences.

Remarks

1 See https://rm.coe.int/poster-competences-for-my-democratic-culture-campaign-free-to-speak-sa/16808ec451 [21.11.2022].

2 This passage written by Tilman Grammes has been translated.

References

CoE/Council of Europe (2016a): Teaching controversial issues. Strasbourg.

CoE/Council of Europe (2016b): Competences for democratic culture. Living together in culturally diverse democratic societies. Strasbourg.

CoE/Council of Europe (2018): Reference Framework of Competences for Democratic Culture. Volumes 1-3. Strasbourg.

CoE/Council of Europe (2020a): Reference Framework of Competences for Democratic Culture. Guidance document for higher education. Strasbourg.

CoE/Council of Europe (2020b): Learning how to handle controversial issues in schools and other educational settings. Strasbourg.

EPRS/European Parliamentary Research Service (2021): Implementation of citizenship education actions in the EU – European Implementation Assessment. Brussels. URL: https://www.europarl.europa.eu/RegData/etudes/STUD/2021/694207/EPRS_STU(2021)694207_EN. pdf [10.08.2022].

European Council (2018): Promoting common values, inclusive education, and the European dimension in teaching. Brussels. URL: https://eur-lex.europa.eu/legal-content/EN/TXT/HTML/?uri=CELEX:32018H0607(01)&from=EN [03.01.2023].

EWC/European Wergeland Centre (2021): Creating safe and inclusive spaces for discussing controversial issues online. Experiences and tools from the Thorvald Stoltenberg Seminar 2020. Oslo. URL: https://theewc.org/resources/creating-safe-and-inclusive-spaces-for-discussing-controversial-issues-online-experiences-and-tools-from-the-thorvald-stoltenberg-seminar-2020/ [06.08.2022].

Gebauer, B. (2016): Der Beutelsbacher Konsens im internationalen Kontext. In: Widmaier, B./Zorn, P. (eds.): Brauchen wir den Beutelsbacher Konsens? Eine Debatte der politischen Bildung. Bonn, pp. 148-154.

Gebauer, B. (2020): Teaching controversial issues. Aus internationalen Erfahrungen lernen. In: Journal für Politische Bildung, Issue 4/2020, pp. 40-45.

Gebauer, B./Lenz, C. (2020): Kompetenzen für eine demokratische Kultur – Eine Ressource für Demokratielernen in der Schule? In: Gloe, M. et al. (eds.): Demokratische Schule als Beruf. 6. Jahrbuch Demokratiepädagogik, pp. 175-189.

Grammes, T. (2016): Ein pädagogischer Professionsstandard der politischen Bildung. Fachdidaktisches Denken mit dem Beutelsbacher Konsens. In: Widmaier, B./Zorn, P. (eds.): Brauchen wir den Beutelsbacher Konsens? Eine Debatte der politischen Bildung. Bonn, pp. 155-165.

Hippe, T. (2008): Does the Democratization of Polities Entail the Democratization of Citizenship Education? A Theoretical Framework for Researching the Democratic Quality of Citizenship Education in Transformation Countries and Elsewhere. In: Journal of Social Science Education (JSSE), issue 1/2008, pp. 36-57. DOI: https://doi.org/10.4119/jsse-429 [09.08.2022].

Reinhardt, S. (2015): Teaching Civics. A Manual for Secondary Education Teachers. Berlin, Toronto.

Reinhardt, S. (2016): The Beutelsbach Consensus. In: Journal of Social Science Education (JSSE), Issue 2/2016, pp. 11-13. DOI: https://doi.org/10.4119/jsse-785 [09.08.2022].

Tatjana Meijvogel-Volk

Wie mit Kontroversität umgehen?

Erfahrungen aus niederländischen Klassenzimmern

1. Gibt es in den Niederlanden einen Beutelsbacher Konsens?

Zunächst ein Wort vorab: Als politische Bildnerin[1] aus den Niederlanden wird man vor allem im deutschsprachigen Raum bei Konferenzen oft gefragt: Kennen die Niederlande etwas Vergleichbares wie den Beutelsbacher Konsens? Diese Frage kann im Prinzip mit Nein beantwortet werden. Eine solche formlose fachdidaktische Übereinkunft wie den Beutelsbacher Konsens gibt es in den Niederlanden nicht.

Trotzdem können wir aber davon ausgehen, dass der Kern der didaktischen Leitlinien des Beutelsbacher Konsenses, das Überwältigungsverbot sowie der Auftrag, in der Gesellschaft kontrovers diskutierte Themen auch im Unterricht kontrovers zu diskutieren und Schüler:innen in die Gelegenheit zu versetzen, ihre eigene Situation zu analysieren, sehr wohl von niederländischen Lehrer:innen internalisiert wurde. Die Mehrheit aller Dozent:innen und Schulleitungen in den Niederlanden würde dieser Aussage zweifellos zustimmen, und auch in der Aus- und Lehrerfortbildung lernen Lehrer:innen, wie mit kontroversen Themen in der Klasse umzugehen ist.

Dass es keine normative Einigung über solche didaktischen Leitlinien gibt, hat sicherlich auch mit der besonderen Situation der niederländischen Schullandschaft zu tun.

2. Die vielfältige niederländische Schullandschaft

In die niederländische Verfassung wurde als Erbe der ursprünglichen „Versäulung“[2] (*Verzuiling*) der niederländischen Gesellschaft im 19. Jahrhundert entlang konfessioneller und politischer Überzeugungen der Artikel 23 über die Unterrichtsfreiheit aufgenommen.[3] Dieser Artikel macht es möglich, dass im Prinzip jedes religiöse und weltanschauliche Lager die Möglichkeit hat, eigene Schulen zu gründen. In der Praxis bedeutet dies, dass die Niederlande neben öffentlichen Schulen mit diversen Niveaustufen (Grundschule sowie weiterführende Schulen) konfessionelle Schulen kennt (katholische, protestantische, jüdische, islamische, hinduistische Schulen).[4] Die bunte Schullandschaft wird noch durch reformpädagogisch orientierte Schulen – Rudolf-Steiner-, Waldorf-, Montessori-, Jenaplan- und Daltonschulen – ergänzt.

Die Schulen haben innerhalb des dafür vorgegeben Rahmens der Schulaufsicht ihre eigenen Lehrpläne. Zwar sind für alle Schulabschlüsse staatliche Examen vorgeschrieben, in der Alltagspraxis kann der Inhalt der Unterrichtsfächer jedoch von Schule zu Schule in hohem Maße variieren. Dies kann dazu führen, dass unter Umständen auf bestimmten Schulen von bestimmten Lehrer:innen kontroverse Themen nur in eingeschränktem Umfang oder gar nicht unterrichtet werden.

3. Ein Blick in die Realität

Zur Bearbeitung kontroverser Themen in Schule und Unterricht gibt es in den Niederlanden relativ wenig wissenschaftliche Untersuchungen. Dies ist durchaus verständlich: Die überaus vielfältige Schullandschaft macht es schwierig, vergleichende Studien anzustellen. Die wenigen Versuche, die hierzu unternommen wurden, nehmen meist das subjektive Erleben der Lehrer:innen als Ausgangspunkt.

Hinzu kommt ein weiterer Faktor, der die Behandlung kontroverser Themen in Schule und Unterricht maßgeblich beeinflusst: Die öffentliche Meinung darüber, was Schule vermitteln und unterrichten soll, wird durch aktuelle Diskussionen stark bestimmt. Dies ist zum einen die Debatte über die Polarisierung der niederländischen Gesellschaft und zum anderen die Radikalisierung von Jugendlichen in den Jahren nach der Ermordung von Pim Fortuyn und Theo van Gogh. Diese öffentliche Debatte wurde durch die Reaktionen der Medien auf die Anschläge in Frankreich auf die Redaktion der Zeitschrift *Charlie Hebdo* im Jahr 2015 und die Ermordung des französischen Geschichtslehrers Samuel Paty im Jahr 2020 verstärkt.

Dadurch wuchs in den Niederlanden im öffentlichen Diskurs die Überzeugung, dass viele Lehrer:innen vor allem im Geschichts- und Politikunterricht[5] kontroverse Themen nicht mehr ansprechen bzw. gänzlich vermeiden würden. Ferner herrscht auch schon länger die allgemein geteilte Überzeugung, dass in konservativ-christlichen und auch islamischen Schulen gewisse Themen tabu seien.

Die wenigen wissenschaftlichen Untersuchungen zeigen allerdings ein anderes Bild als die vorherrschende öffentliche Meinung. Diesen Untersuchungen zufolge sind es nur zehn Prozent der befragten Lehrer:innen, die gewisse Themen schwierig finden oder diese unter Umständen im Unterricht gar vermeiden. Hier scheint besonders die Schulsituation in den vier großen Städten Amsterdam, Rotterdam, Den Haag und Utrecht mit ihrer diversen Bevölkerung, die sich auch in der Schüler:innenschaft widerspiegelt, eine Rolle zu spielen.

Im Auftrag des Ministeriums für Bildung, Kultur und Wissenschaft (Ministerie van Onderwijis, Cultuur en Wetenschap/ OCW) hat das Institut für angewandte Soziologie der Universität Nimwegen 2015 eine Untersuchung über den Stellenwert kontroverser Themen im Unterricht durchgeführt. In dieser Untersuchung wurden als mögliche kontroverse Themen genannt: Meinungsfreiheit, Holocaust, sexuelle Vielfalt, Rechtsextremismus, Antisemitismus, Islamophobie, Fundamentalismus und die Integration von ethnischen Minderheiten.

Die übergroße Mehrheit der befragten Politik- und Geschichtslehrer:innen gab an, diese kontroverse Themen nicht zu meiden und die Behandlung kontroverser Sachverhalte im Unterricht auch nicht schwierig zu finden.

Es gibt allerdings einen eindeutigen Unterschied zwischen der Situation in den vier großen Städten (Amsterdam, Rotterdam, Den Haag, Utrecht) und dem Rest der Niederlande. Durch die größere Konzentration von Schüler:innen mit Migrationshintergrund in den dortigen Schulen wird das Besprechen von kontroversen Themen durch die Lehrkräfte als schwieriger erlebt. Deutlich wird auch, dass die Schwierigkeit im Umgang mit kontroversen Themen mit höherem Schulniveau sinkt. Die Problematik ist in Schulen, die dem deutschen Gymnasium gleichen, weit weniger gegeben als in Schultypen, die sich durch ein geringeres formales Bildungsniveau auszeichnen.

Die Hauptursache der Problematik sieht die Mehrheit der Lehrer:innen in den emotionalen und extremen verbalen Reaktionen der Schüler:innen auf bestimmte Themen, nicht jedoch in der eigenen Kompetenz oder in anderweitigen Ursachen (z. B. Meinung der Eltern, Schulleitung etc.).

Nichtsdestotrotz nehmen Lehrer:innen gerne konkrete Hilfen in Form von Unterrichtsmaterialien oder Fortbildungen zum Unterrichten kontroverser Themen an. Lehrer:innen, die in Schulen mit einem geringeren formalen Bildungsgrad unterrichten, schätzen an die Schulart angepasste und didaktisch-methodisch gut aufbereitete Unterrichtsmaterialien, während die Lehrer:innen an Gymnasien eher Interesse an Trainings zur Verbesserung der Gesprächsführung im Unterricht zeigen. Allgemein erfreuen sich alle Angebote, die Kontroversen im Unterricht zum Thema haben, großer Beliebtheit, ob nun in der Aus- und Fortbildung von Lehrer:innen oder bei anderen Gelegenheiten wie der Jahreskonferenz der Politiklehrer:innen, die es seit etwa 20 Jahren gibt und an der ca. 400 Lehrkräfte teilnehmen. Die Tagung wird von *ProDemos. Huis voor democratie en rechtsstaat* und der *Nederlandse Vereniging van Leraren Maatschappijleer (NVLM)* organisiert und bietet den Teilnehmenden die Möglichkeit, sich in Vorträgen und Workshops über neue Lernmethoden und Materialien zu informieren.

4. Was braucht es, um kontroverse Themen erfolgreich im Unterricht zu bearbeiten?

Sämtlichen Expert:innen zufolge kommt der Lehrkraft eine entscheidende Rolle zu. Sie muss für ein offenes Klassenklima sorgen, so dass Schüler:innen sich sicher genug fühlen, um ihre Meinung sagen zu können, ohne negative Reaktionen befürchten zu müssen. Wichtig ist außerdem, dass alle Schüler:innen die Gelegenheit erhalten, ihre Standpunkte zu formulieren. Schüler:innen sollten angeregt werden, sich in die Positionen anderer hineinzuversetzen sowie eigene und fremde Meinungen kritisch zu beurteilen. In Unterrichtsgesprächen und Diskussionen sollten stets mehrere Perspektiven und die dahinter liegenden Wertemuster herausgearbeitet werden.

Die Notwendigkeit der Diskussion kontroverser Themen im Unterricht ist demnach sehr wohl auch in den Niederlanden bekannt. Die Vorbereitung auf eine aktive Teilnahme am demokratischen Rechtsstaat, kritisches und eigenständiges Denken sowie die Entwicklung von persönlichen, kommunikativen und sozialen Fähigkeiten stehen hierbei als leitende Lernziele im Vordergrund.

Im Grunde sind sich die didaktischen Expert:innen darüber einig, was für die erfolgreiche Gesprächsführung bei kontroversen Themen in Klassen notwendig ist, so z. B. Hessel Nieuwelink: Zunächst ist es ein Sache des langen Atems. Extreme Überzeugungen von Schüler:innen lassen sich nicht in einer einmaligen Situation erörtern, dazu braucht es Zeit und vor allem auch Vertrauen. Schüler:innen müssen sich ernst genommen fühlen und die Gelegenheit bekommen, ihre Überzeugungen zu formulieren, gleichzeitig müssen aber auch deutliche Grenzen gezogen werden, wo es um Diskriminierung oder die Verherrlichung von Gewalt geht (vgl. Nieuwelink 2019).

5. Last but not least: Ein neues Gesetz zur politischen Bildung in den Niederlanden

Eine neuere Entwicklung in den Niederlanden, die zumindest das Thema der Kontroversität im Unterricht berührt, soll hier nicht unerwähnt bleiben. Seit dem 1. August 2021 haben die Niederlande ein neues Gesetz zur Verdeutlichung des Bürgerschaftsauftrages an Schulen.[6] Im Mittelpunkt dieses Gesetzes stehen die Förderung einer aktiven Bürgerschaft sowie des gesellschaftlichen Zusammenhalts. Die Schulen sind demnach dazu verpflichtet,

- Respekt vor und Kenntnisse über die Werte des demokratischen Rechtsstaates und der Menschenrechte zu vermitteln.
- dafür zu sorgen, dass Schüler:innen soziale und gesellschaftliche Kompetenzen entwickeln, die ihnen die Wahrnehmung einer aktiven Rolle in der pluralistischen niederländischen Gesellschaft ermöglichen.
- den Schüler:innen Respekt vor und Kenntnisse über religiöse Unterschiede, verschiedene Lebensentwürfe und politischen Strömungen zu vermitteln sowie der Diskriminierung aufgrund der Herkunft, des Geschlechts, einer Behinderung, der sexuellen Orientierung entgegenzuwirken und die Gleichbehandlung aller Menschen zu fördern.
- die Schulkultur in Übereinstimmung mit diesen Werten auszugestalten.

Bereits im Jahre 2006 war ein Gesetz erlassen worden, das den Schulen die Verpflichtung auferlegte, die Schüler:innen auf ihre Rolle als verantwortliche Bürger:innen in der niederländischen Gesellschaft vorzubereiten. Dieser Auftrag blieb zunächst relativ unverbindlich. Die Diskussion, inwiefern die Verpflichtungen der Schulen einen stärkeren verbindlichen Charakter bekommen sollten, begann dann ab 2009, dem Jahr, in dem niederländische Jugendliche in Bezug auf Kenntnisse und Einstellungen gegenüber „Bürgerschaft" *(Citizenship)* bei der *International Civic and Citizenship Education Study (ICCS)* wesentlich schlechter abschnitten als Jugendliche in vergleichbaren Ländern.[7]

Im neuen Gesetz aus dem Jahr 2021 werden die fundamentalen Werte des demokratischen Rechtstaates genannt. Es geht um folgende Werte: Meinungsfreiheit, Gleichberechtigung, Verständnis für andere, Toleranz, Verantwortungsgefühl und das Zurückweisen von Intoleranz und Diskriminierung. Neben diesen sogenannten Kernwerten wird auch das Erlernen von Kompetenzen, die zum Erwerb dieser Kernwerte von Bedeutung sind, ausdrücklich erwähnt. Die Schulen werden u. a. verpflichtet, eine Schulkultur zu schaffen, in der Schüler:innen miteinander diskutieren und somit Fähigkeiten entwickeln, die aktive Bürger:innen zur Partizipation benötigen.

Einige Kritiker:innen hingegen betonen die verstärkte Spannung zwischen diesem neuen Gesetz und Artikel 23 der niederländischen Verfassung, der die Unterrichtsfreiheit der Schulen garantiert. So beanstanden Kritiker:innen, dass das neue Gesetz einen Konsens über Werte voraussetze, der in dieser Form in der niederländischen Gesellschaft im Grunde nicht mehr bestehe.

6. Resümee

Auch wenn die Niederlande keinen Referenzrahmen wie den Beutelsbacher Konsens haben, so sind dessen Inhalte wie das Überwältigungsverbot und das Kontroversitätsgebot unter niederländischen Lehrkräften auf einer breiten Basis verankert. Die Inhalte sind auch fester Bestandteil der Ausbildung von Dozent:innen.

Die spezielle Situation in den Niederlanden, die durch die „Versäulung“ geprägte Schullandschaft, in der jede Religion und Weltanschauung die Möglichkeit erhält, ihre eigenen Schulen zu errichten und dort auch mit eigenem Lehrplan Unterricht stattfinden zu lassen, gibt zu der Vermutung Anlass, dass in bestimmten Schulen bestimmte kontroverse Themen gemieden werden könnten.

Des Weiteren offenbarte vor allem eine spontane Online-Enquete nach der Ermordung des Lehrers Samuel Paty in Frankreich im Jahr 2020 und die mediale Reaktion darauf in der niederländischen Gesellschaft die um sich greifende Einstellung, dass die Thematisierung kontroverser Sachverhalte in Schule und Unterricht mehr und mehr ein Problem werden würde.

Die wenigen wissenschaftlichen Untersuchungen, die es zum Thema gibt (und die in der Zwischenzeit auch wieder geplant sind), zeigen allerdings ein etwas anderes Bild. Nur eine geringere Zahl von Dozent:innen (10 %) meidet unter gewissen Umständen die Thematisierung kontroverser Sachverhalte im Unterricht, die Mehrheit hingegen bringt sie zur Sprache. Unterschiede finden wir in dieser Frage bei Lehrer:innen in den vier großen Städten im Gegensatz zum Rest des Landes. Eine gravierende Ursache für das Vermeiden von gewissen Themen sehen Lehrer:innen bei den Schüler:innen, nicht etwa in ihrer eigenen Rolle als Lehrkraft.

Die seit 2015 vorherrschende öffentliche Diskussion über die gesellschaftliche Polarisierung und Radikalisierung bestimmter jugendlicher Milieus, Resultate von Untersuchungen über das Wissen zu Demokratie und Rechtsstaat unter niederländischen Jugendlichen und Empfehlungen der Schulaufsicht haben dazu geführt, dass im Jahr 2021 ein neues Gesetz zur politischen Bildung in den Niederlanden verabschiedet wurde, das in verstärkter Form die Verantwortung für die politische Bildung von Schüler:innen im Sinne der Werte des demokratischen Rechtstaates als Aufgabe der Schule festlegt.

Anmerkungen

1 Der Beitrag von Tatjana Meijvogel-Volk gibt die persönliche Meinung der Autorin wieder.

2 Mit *Verzuiling* („Versäulung") bezeichnet man in den Niederlanden einen konfessionell und weltanschaulich begründeten besonderen Partikularismus. Bis in die 1960er Jahre waren die wichtigsten Säulen der niederländischen Gesellschaft die Katholiken, die Calvinisten, die Sozialisten und die Liberalen, die ihre Lagerangehörigen in eigenen Parteien, Berufsorganisationen sowie Kultureinrichtungen organisierten und die Lagerbildung durch eigene Medien und Schulen verstärkten. Mitte der 1960er Jahre setzte ein Prozess der Entsäulung ein.

3 Vgl. https://www.government.nl/topics/constitution/documents/reports/2019/02/28/the-constitution-of-the-kingdom-of-the-netherlands [18.08.2022].

4 Vgl. https://duitslandinstituut.nl/de/das-niederlandische-schulsystem [18.08.2022].

5 Als Anpassung an deutsche Begrifflichkeiten ist im Folgenden von Politikunterricht bzw. Politiklehrer:innen die Rede. Das niederländische Fach Maatschappijleer lässt sich allerdings am ehesten als Gesellschaftskunde umschreiben, weil neben politischen Themen auch gesellschaftliche, rechtliche und kulturelle Aspekte einen großen Raum einnehmen.

6 Vgl https://zoek.officielebekendmakingen.nl/stb-2021-321.html [15.09.2022].

7 Vgl. https://www.iea.nl/sites/default/files/2019-04/ICCS_2009_Framework.pdf [18.08.2022].

Literatur

Cuppen J. u. a. (2022): Holocaustonderwijs en antisemitisme in het voortgezet onderwijs. Resarchnet Universiteit Nijmegen.

Eidhof, B. (2019): Handboek Burgerschapsondeerwijs. Den Haag.

Jonkman, H. u. a. (2022): Onderwijs, identiteitsontwikkeling bij jongeren en hun omgang met idealen. Een studie naar het ontstaan van radicalisering in de vroege adolescentie en de rol van het onderwijs hierin. Utrecht.

Nieuwelink, H. (2019): Hoe ga je om met extreme opvattingen van leerlingen?. In: Eidhof, B.: Handboek Burgerschapsondeerwijs. Den Haag, S. 155-166.

Puymbroeck, M. v. (2013): Controversiële onderwerpen in de klas. Antwerpen.

Sijbers, R. u. a. (2015): Maatschappelijke thema's in de klas Hoe moeilijk is dat? Radboud Universiteit Nijmegen.

Van den Boorn, R. (2019): Handboek vakdidactiek maatschappijleer. Amsterdam, Den Haag.

Van Grinsven, V./Van der Wind, L./Elsphinck, E. (2017): Integratie op school, meningen, observaties en ideen vanuit het onderwijs zelf. DUO Onderwijsonderzoek. Utrecht.

Internetquellen

https://www.iea.nl/studies/iea.iccs [18.08.2022].

https://www.kis.nl/artikel/gevoelige-kwesties-en-complottheorie%C3%ABn-hoe-reageer-je-daarop-de-klas [18.08.2022].

https://www.bureaucommonground.nl/omgaan-met-extreme-opvattingen [18.08.2022].

https://hannah-arendt.institute/verdiep-je/omgaan-met-controverse-en-polarisatie-in-de-klas/ [18.08.2022].

https://www.hetabc.nl/wp-content/uploads/2015/11/Vormen-2010.pdf [18.08.2022].

https://www.hva.nl/urban-education/gedeelde-content/projecten/urban-education/omgaan-met-controversiele-onderwerpen-in-de-klas.html [18.08.2022].

https://www.onderwijsinspectie.nl/onderwerpen/burgerschap/wettelijke-opdracht [15.09.2022].

Claire Moulin-Doos

Mithilfe der französischen „Charta der Laizität in der Schule" das Kontroversitätsprinzip des Beutelsbacher Konsenses weiterdenken

1. Einführung

Dank einer Erweiterung der Perspektive, genauer gesagt mit einer Analyse der französischen Charta der Laizität in der Schule (im Folgenden „die Charta" genannt), die als Pendant zum Beutelsbacher Konsens betrachtet werden kann, wird hier die Frage „Wie kann Kontroversität im Politikunterricht an deutschen Schulen gelingen?" aus einem neuen Blickwinkel betrachtet. Beide Texte, die Charta und der Beutelsbacher Konsens, bieten trotz gewisser Unterschiede in Form und Inhalt Leitlinien für den Umgang mit unterschiedlichen Überzeugungen, Standpunkten und Meinungen im schulischen Kontext bzw. in der politischen Bildung.

Obwohl die inhaltlichen Unterschiede im Mittelpunkt dieses Beitrags stehen, sollen zunächst die wichtigsten formalen Unterschiede zwischen den beiden Texten skizziert werden. Erstens ist die Charta ein jüngerer Text als der Beutelsbacher Konsens aus dem Jahr 1976. Sie wurde erst 2013 formuliert, beeinflusst von der damaligen Islamismusdebatte in Frankreich, jedoch inspiriert von einem langen historischen Hintergrund, nämlich dem besonderen Umgang des nachrevolutionären Frankreich mit religiöser Macht (u.a. der Gründung der laizistischen, kostenlosen und verpflichtenden Schule zum Ende des 19. Jahrhunderts sowie das 1905 verabschiedete Gesetz über die strikte Trennung von Staat und Kirche). Zweitens handelt es sich bei der Charta um einen Exekutivrunderlass (RdErl. n° 2013-144), während der Beutelsbacher Konsens von Politikdidaktikern formuliert wurde (vgl. Hofmann 2016, 212). Drittens gilt die Charta für alle Akteure in der Schule (Lehrkräfte, Mitarbeitende, Lernende), während der Beutelsbacher Konsens speziell für die Politikdidaktik konzipiert wurde, ohne dass er den Lernenden als solcher bekannt sein müsste. Letztlich ist die Charta mit ihren fünfzehn Artikeln länger und viel expliziter als der eher kurz gehaltene Beutelsbacher Konsens.

Möchte man die eingangs gestellte Frage beantworten, ist eine Inhaltsanalyse der Charta hilfreich. Die Unklarheiten bzw. Mehrdeutigkeiten bei der Interpretation und Umsetzung des Beutelsbacher Konsenses (vgl. Schiele 1996; Widmaier/Zorn 2016) können dank des präziseren Wortlauts der Charta hinterfragt und verdeutlicht werden.

Zunächst werden wir betrachten, wie die französische öffentliche Schule (*école publique*) den eindeutigen Auftrag hat, die „Nation“ bzw. eine „gemeinsame und geteilte Kultur“ (Charta, Artikel 7) um die Werte der *République* herum zu schaffen. Frankreichs Schulpolitik wird als wesentliches Mittel zur Befriedigung des Verlangens der französischen Gesellschaft nach Gleichheit betrachtet (vgl. Abschnitt 2). Zweitens werden diese gemeinsamen Werte in der Charta nicht als absolut, sondern in einem verhandelbaren Spannungsverhältnis zueinanderstehend dargestellt, was Raum für unterschiedliche Interpretationen und politische Auseinandersetzungen um diese Werte explizit eröffnet (vgl. Abschnitt 3). Drittens unterscheidet die Charta sehr deutlich zwischen einerseits den individuellen Werten der Lehrkraft, die zu „strikter“ (Artikel 11) politischer und religiöser Neutralität verpflichtet ist, und anderseits den kollektiven bzw. gemeinsamen Werten der französischen *République* (vgl. Abschnitt 4). Viertens nennt die Charta ausdrücklich einen Rahmen, in dem sich das Recht auf freie Meinungsäußerung entfalten sollte. Dies macht es einfacher, die Herrschaftsverhältnissen zu erkennen und ggf. zu verändern (vgl. Abschnitt 5). In den Schlussbemerkungen werden, anhand dieser Reflexionen vier verschiedene Lesarten zu den ersten beiden Grundsätzen des Beutelsbacher Konsenses formuliert (vgl. Abschnitt 6).

2. Funktion und politischer Auftrag der Schule: Vermittlung der Werte der *République*, um eine (politische) Nation zu schaffen

Die Charta erwähnt sehr deutlich den staatlichen Auftrag der Schule. Wenn aus didaktischer Sicht die einzelne Person im Mittelpunkt des Bildungsauftrags steht, berücksichtigt die Charta auch Teilnehmer einer politischen Gesellschaft, die in Frankreich „Nation" genannt wird. Das Ziel der französischen Schule ist es, nicht nur zu bilden, sondern auch zum *Citoyen* zu erziehen (vgl. Szukala 2020): „Neben der Vermittlung von Wissen legt die Nation als Hauptaufgabe der Schule fest, den Schülern die Werte der République zu vermitteln", wie es in dem Gesetz vom 8. Juli 2013 zur „Orientierung und Programmierung für die Neugründung der Schule" zu lesen ist (Artikel L. 111-1 des Bildungsgesetzbuchs). Das Schulpersonal soll den Lernenden die kollektiv-politischen Werte der *République* beibringen, wie in Artikel 10 der Charta zu lesen ist: „Es ist Aufgabe aller Mitarbeiter, den Schülern den Sinn und den Wert des Laizismus sowie der anderen Grundprinzipien der République zu vermitteln." Dies ist eine von mehreren Facetten der Laizität: Laizität ist als etwas Konstruktives zu verstehen: „Die Laizität bietet den Schülern Zugang zu einer gemeinsamen und geteilten Kultur" (Artikel 7). Es soll nach einer gemeinsamen und von allen geteilten (politischen) Kultur, trotz aller, beispielsweise religiöser, Differenzen, gestrebt werden, welche das „Zusammenleben" (*le vivre ensemble*) ermöglicht.

Im Gegensatz dazu berücksichtigt der von Politikdidaktikern entworfene Beutelsbacher Konsens nur den Bildungsauftrag und schweigt über den staatlichen Auftrag. Dieser Auftrag der Schule und der Lehrkräfte aller Fächer ist an anderer Stelle zu finden, u. a. in den Schulgesetzen der Länder (So beschreibt das hessische Schulgesetz in Paragraph 2, Absatz 3 im ersten Satz diesen Auftrag: „Die Schule soll den Schülerinnen und Schülern die dem Bildungs- und Erziehungsauftrag entsprechenden Kenntnisse, Fähigkeiten und Werthaltungen vermitteln. Die Schülerinnen und Schüler sollen insbesondere lernen, [...] die Fähigkeit zur Zusammenarbeit und zum sozialen Handeln zu entwickeln.“). Der Beutelsbacher Konsens schwebt also nicht im rechts- und regelfreien Raum und ist in einem gesellschaftlichen und rechtlichen Kontext zu verstehen. Dies ist das Implizite des Beutelsbacher Konsenses. Die Schule als Ganzes spielt auch in Deutschland eine wichtige gesellschaftliche Rolle. Diese Rolle bzw. diese Spannung zwischen Bildungs- und staatlichem Auftrag wurde jedoch in der Formulierung des Beutelsbacher Konsenses nicht als solche berücksichtigt. Die Fachdidaktiker haben sich im Beutelsbacher Konsens auf den fachspezifischen Bildungsauftrag konzentriert. Die Korrelation zwischen dem Unterrichtsfach Politik und dem schulischen Auftrag zur gesellschaftlichen Integration der Lernenden ist hoch und kann dazu führen, dass diesem Fach im Vergleich zu anderen Unterrichtsfächern eine wesentliche Verantwortung dafür zugeschrieben wird. Sollte aber dem Fach Politik mit seiner sehr begrenzten Stundenzahl ein überwiegender Teil dieser Aufgabe zugemutet werden, droht dies auf Kosten des Bildungsauftrags zu gehen.

3. Die Werte der *République* werden nicht als absolut dargestellt, sondern in einem politisch verhandelbaren Spannungsverhältnis zueinander

Die Charta verweist einerseits auf die Werte der *République*, macht aber gleichzeitig das Spannungsverhältnis zwischen diesen Werten deutlich. In Artikel 4 der Charta heißt es: „Die Laizität ermöglicht die Ausübung der Citoyenneté, indem sie die

Freiheit eines jeden mit der Egalität und Fraternität aller im Bemühen um das Allgemeininteresse vereinbart." Die „republikanische Freiheit" (Languille 2015, 38), um die es hier geht, wird erst durch Gesetze ermöglicht, denn die Gesetze bieten die Garantie, dass diese Freiheit für alle gleichermaßen gilt (Prinzip der Egalität). Diese republikanische Freiheit soll auch der Fraternität bzw. *le vivre ensemble* (dem Zusammenleben) nicht im Weg stehen. Sie ist außerdem immer zusammen mit dem Interesse der Allgemeinheit im (politischen) Zusammenhang zu sehen. Die Laizität, die hier als oberstes Prinzip dargestellt wird, bedeutet den Wegfall der Transzendenz und konsequenterweise die „Immanentisierung" (Latour 2015, 259) des Zusammenlebens, des Politischen. Bruno Latour spricht von der Laizisierung der Politik und nicht von Säkularisierung, da sich die Säkularisierung von der Idee der Transzendenz nicht verabschiedet (Latour 2021, 86). Vielmehr importiert die Säkularisierung die absoluten Kategorien des religiösen Denkens in das politische Denken. Mit anderen Worten: Religiöse Denkweisen werden säkularisiert, d. h. für das politische Leben fruchtbar gemacht, so wie bei John Locke der Garten Eden zum Naturzustand wurde oder bei Immanuel Kant die menschliche „Sünde" zur selbstverschuldeten Unmündigkeit, die es zu überwinden gilt. Im Gegensatz dazu denkt die Laizität die reine Immanenz des Politischen. Im französischen Verständnis der Demokratie existiert kein Ersatz für eine Form der Transzendenz bzw. der oberen Legitimität über das Volk. Der König, der aus göttlichem Willen über Frankreich regierte, wurde enthauptet und dadurch galt jede Form der transzendentalen Begründung der politischen Autorität konzeptuell als abgeschafft. Es ist die „leere Mitte" (Lefort 1988, 225) der Demokratie. Die Demokratie wird dadurch nicht zu einem Regime, in dem nur eine Wahrheit herrscht, sondern die mehrheitlichen Präferenzen über das Zusammenleben. Dies bedeutet, dass keine Werte oder Grundrechte, die normative Werte sind (vgl. Detjen 2013), an sich absolut sind. Oder wie Klaus Günther es klar ausdrückt: „Kein

Grundrecht gilt grenzenlos. Sie können miteinander kollidieren“ (Habermas/Günther 2020). In der französischen politischen und pädagogischen Kultur werden seit dem Marquis de Condorcet die politischen Werte bzw. Rechte als sehr wichtig und zugleich als veränderbar verstanden:

> „Es wurde gesagt, dass Lehre über die Verfassung Teil des nationalen Unterrichts sein sollte. Das ist richtig, wenn man von dieser Verfassung als einer Tatsache spricht; wenn man sich damit begnügt, sie zu erklären und zu entwickeln; wenn man sich beim Lehren darauf beschränkt zu sagen: Dies ist die Verfassung, die im Staat eingeführt wurde und der sich alle Bürger verpflichten müssen. Wenn man aber meint, dass sie als eine Doktrin gelehrt werden soll, die den Prinzipien der universellen Vernunft entspricht, oder einen blinden Enthusiasmus für sie geweckt werden soll, der die Bürger unfähig macht, sie zu beurteilen; wenn man ihnen sagt: Das ist es, was ihr verehren und glauben müsst, dann ist es eine Art politische Religion, die man schaffen will; […]. Der Zweck der Bildung ist nicht, die Menschen jedes Gesetz bewundern zu lassen, sondern sie zu befähigen, diese Gesetze zu schätzen und zu korrigieren“ (Condorcet 1791, 42).

Die demokratische Legitimation bzw. der demokratische Ursprung von Menschenrechten hat „in der Tradition der Französischen Revolution einen großen Stellenwert“ (Haller 2013, 119). Die französische Idee von Demokratie sieht die Begrenzung der Gesellschaft, in der Ungleichheiten herrschen, durch den Staat vor und dadurch die Möglichkeit der gleichen Freiheit für alle im Gegensatz zu der liberal-verstandenen Begrenzung des Staates durch die Gesellschaft (vgl. Rancière 2005, 72). Was gilt sind nicht die Freiheiten des Naturzustandes, sondern die Freiheiten bzw. Rechte, die sich der souveräne Demos schafft (vgl. Rousseau 1992 [1762], 39). Wie im Zitat von Condorcet verdeutlicht, sind die Verfassung und die Grundrechte sehr wichtig, zugleich aber auch als (demokratisch) erzeugt und als veränderbar zu verstehen und daher als solche durch Bildung zu vermitteln.

Im Gegensatz dazu werden in der deutschen Fachdidaktik und Öffentlichkeit in den Diskursen um die freiheitliche demokratische Grundordnung (fdGO) und die Grundrechte die sogenannten „demokratischen Werte" als unveränderlich und selbstverständlich dargestellt und Debatten über ihre mögliche Obsoleszenz oder Weiterentwicklung dem politischen Diskurs entzogen (vgl. Schulz 2019, 27). Dies resultiert aus dem verbreiteten Glauben, dass Grundrechte eindeutig und nicht änderbar seien und dementsprechend nur zu vermitteln wären. Klaus Günther schreibt passend zu dieser verbreiteten Denkart: „Wir nehmen die Menschenrechte zwar überall und jederzeit in Anspruch, aber wir verhalten uns zu ihnen wie zu Fertigprodukten, die wir bloß passiv konsumieren, ohne an ihrer Herstellung beteiligt zu sein und ohne ihren inneren Mechanismus zu kennen. Dadurch werden wir abhängig von denen, die diese Produkte herstellen und die uns diese Produkte verkaufen, ohne uns in ihre geheimen Konstruktionspläne einzuweihen" (Günther 2011, 46). Viel zu oft wird vermutet und weitervermittelt, dass Artikel 1 *bis* 20 des Grundgesetzes nicht veränderbar wären, obwohl nur Artikel 1 *und* 20 GG unabänderlich sind. Das wiederum bedeutet, dass die Grundrechte in den Artikeln 2 bis 19 verfassungsrechtlich veränderbar und dadurch debattierbar sind.

Ein Beispiel für diese Konfusion findet man im bayerischen Lehrplan für die gymnasiale Sozialkunde: Das Fach soll den Lernenden beibringen „eigene demokratische Wertvorstellungen und Einstellungen zu entwickeln, diese umzusetzen und für sie einzutreten" (LehrplanPLUS, Fachprofil Gymnasium: Politik und Gesellschaft 2022, 5). Die Formulierung „eigene demokratische Wertvorstellungen" verquickt das „Eigene" (individuell) und das „Demokratische" (kollektiv), als ob beide logischerweise die gleichen Wertevorstellungen besitzen würden. Diese Übereinstimmung wird konzeptuell von einem von Kant geprägten Glauben getragen, der behauptet, dass von allen dank ihrer Vernunft die gleichen Grundwerte geteilt werden könnten (vgl. Juchler 2005, 216ff.), und dass diese gleichzeitig „die Werte der Demokratie" wären. Menschenrechte werden sogar im Fach Politik hauptsächlich moralphilosophisch bzw. idealistisch definiert und nicht politisch-rechtlich. Moralphilosophisch werden sie als „universell, unteilbar und unverhandelbar" (KMK 2018, 2) verstanden, d. h. als nicht streitbarer Wertekanon verstanden. Dank dieser moralphilosophischen Definition behalten die Menschenrechte eine transzendentale Aura bzw. genießen einen Legitimationsdiskurs, der verhindert, dass Menschenrechte als Politikum wahrgenommen werden. Die verbreitete Formulierung „die demokratischen Werte" würde bedeuten, dass diese Werte für alle Demokratien gelten. In diesem Kontext wird Bildung so verstanden, dass die Lernende lernen, von ihrer Vernunft Gebrauch zu machen, um diese Grundwerte selbst, aus eigener Kraft bzw. Vernunft aufzufinden (Juchler 2005, 216ff.). Dagegen würde die Formulierung „die Werte der deutschen Demokratie" bedeuten, dass diese Werte diejenigen Werte sind, die die Deutschen als demokratisches Volk für sich politisch-rechtlich anerkennen. Dementsprechend würden diese (kollektiven) Werte als kontingent, diskutierbar bzw. strittig und veränderbar verstanden werden. Michael May analysiert, dass in der deutschen Politikdidaktik ein verbreitetes Modell politischer Urteilskompetenz zu finden sei (u. a. Massing 2017), das „von Voraussetzungen [lebt], die es selbst nicht garantieren kann" (May 2017, 15), da bei den Lernenden nicht „vorausgesetzt werden kann, dass universalistische Werte als Grundlage von Werteurteilen geteilt werden. Die Sollensgeltung von Menschenrechten ist nicht auf zwingender Evidenz begründet, sondern bewegt sich im Bereich der politischen Meinung" (May 2017, 15).

4. Klare Unterscheidung zwischen den individuellen Werten der Lehrperson und den politischen Werten der Gesellschaft

In der Charta findet man ein ausdrückliches Verlangen nach politischer und religiöser Neutralität der Lehrkraft: „Die Mitarbeiter haben eine Pflicht zur strengen Neutralität: Sie dürfen ihre politischen oder religiösen Überzeugungen bei der Ausübung ihres Amtes nicht offenbaren“ (Artikel 11). Es wird also klar zwischen den individuellen Werten der Lehrperson und den in anderen Artikeln der Charta erwähnten kollektiven Werten der *République* unterschieden. Die Lehrperson, oft sogar verbeamtet, repräsentiert den Staat und daher die Werte dieses Staates, und nicht ihre persönlichen Werte. Diese zwei unterschiedlichen Rollen, die private und die öffentlich-berufliche, sind in einer Analogie zum „schizophrenen“ Bürger-*Citoyen*, wie er im Republikanismus vorkommt, zu verstehen. Dieser republikanische Bürger, der *Citoyen*, denkt und agiert auf unterschiedliche Weise, je nachdem, ob er sich als Privatperson auf sich selbst und sein Leben konzentriert oder als öffentliches Wesen, das auf das Zusammenleben, auf die *res publica*, ausgerichtet ist (vgl. Moulin-Doos 2021, 59f.).

Im Beutelsbacher Konsens ergibt sich, außer bei der möglichen Korrekturfunktion der Lehrkraft, die im zweiten Konsenssatz erwähnt wird (vgl. Wehling 1977, 179), eine gewisse Mehrdeutigkeit, inwiefern und in welchem Ausmaß die Meinung der Lehrperson (nicht) geäußert werden soll (vgl. Overwien 2016, 264). Außerdem werden „die demokratischen Werte“ (Grundrechte und fdGO) einerseits und die Werte der Lehrperson anderseits nicht deutlich unterschieden. Im Gegenteil: Diese Werte werden sogar als gleichbedeutend verstanden, wie im bayerischen Lehrplan mit den dort genannten „eigenen demokratischen Wertvorstellungen und Einstellungen“ gezeigt wurde. Die Werte und Präferenzen für das Politische wären gleichgesetzt mit den Werten und Präferenzen für das persönliche Leben. Im pädagogischen Kontext wird oft von Authentizität der Lehrperson gesprochen (vgl. Reichenbach 2010). Ob diese „Authentizität“ für die Politikdidaktik genauso relevant ist, bezweifelt Sybille Reinhardt, die vielmehr eine „Distanz der Reflexion und nicht die unbedingte Authentizität des subjektiven Bekenntnisses“ im Kontext der didaktischen Arbeit über moralische Werte befürwortet (vgl. Reinhardt 2015, 126).

5. Die Grenzen der freien Äußerung der eigenen Überzeugungen werden explizit thematisiert

Die Charta thematisiert sehr explizit den Rahmen, in dem die Ausübung des Rechts auf freie Meinungsäußerung ausgeübt werden sollte. So werden Autoritätsfiguren auf transparente Weise benannt. Dieses Recht findet zumal innerhalb des Rahmens der schulischen und staatlichen Ordnung statt bzw. innerhalb dem „ordnungsgemäßen Funktionieren der Schule“ (Artikel 8) sowie innerhalb „der Grenzen der öffentlichen Ordnung“ (Artikel 3) und unter der „Achtung der republikanischen Werte“ (Artikel 8). Was zur öffentlichen Ordnung gehört, wie die republikanischen Werte untereinander kombiniert werden und das ordnungsgemäße Funktionieren der Schule sind aber alle ein Konstrukt. Also wird einerseits eine klare Grenze bzw. Autorität ernannt, aber anderseits sind diese Grenze bzw. Autorität ein menschliches politisches Konstrukt, etwas Immanentes, also debattierbar, sogar ‚angreifbar‘ und veränderbar.

Dieses Recht auf freie Meinungsäußerung wird in der Charta auch im Verhältnis zu den Rechten von anderen gedacht. Es soll unter der Achtung „der Überzeugungen anderer“ (Artikel 3) bzw. des „Pluralismus der Überzeugungen“ (Artikel 8) ausgeübt werden. Hier findet man erneut die relationale Charakteristik der Werte/Grundrechte. Damit verbunden wird die Laizität als Garant für eine „Kultur des Respekts und des Verständnisses für den anderen“ verstanden. Zudem soll sie „den

Schülern eine so objektive wie mögliche Offenheit gegenüber der Vielfalt der Weltanschauungen“ (Artikel 12) gewährleisten.

Die „Vielfalt an Weltanschauungen“ (Artikel 12), die durch die freie Äußerung der Überzeugungen erfahrbar wird, spielt nicht nur eine demokratisch-politische, sondern auch eine kognitive Rolle: Diese Vielfalt soll auch „den Umfang und der Genauigkeit des Wissens gewährleisten“ (Artikel 12). Es wird „kein Thema von vornherein von der wissenschaftlichen und pädagogischen Fragestellung ausgeschlossen“ (Artikel 12). Also wird Meinungsfreiheit weniger als Wert an sich verstanden, sondern vielmehr als funktionalistisches Mittel, um einerseits in einem immanenten bzw. laizistischen politischen Raum demokratische politische Entscheidungen überhaupt herbeiführen zu können und anderseits ein so breites und genaues Wissen wie möglich zu generieren. Die unterschiedlichen Meinungen sollten in der Öffentlichkeit, in Bildung und Wissenschaft sichtbar oder hörbar werden, um mit anderen Meinungen und Ideen in einen zivilen und intellektuellen Dialog bzw. Streit treten zu können. Dadurch können politische Gemeinsamkeiten oder auch Unterschiede erkannt und ein Mehrwert an Wissen generiert werden. Es herrscht in der Politik und in der Wissenschaft nicht die eine Wahrheit.

Im Gegensatz dazu geht der Beutelsbacher Konsens nicht explizit auf den Rahmen ein, in dem die freie Meinungsäußerung ausgeübt werden sollte, was zu ständigen didaktischen und politisch-öffentlichen Debatten führt (vgl. May 2016, 235f.). Die Tatsache, dass der Beutelsbacher Konsens keinen expliziten Rahmen enthält, bedeutet nicht, dass ein solcher Rahmen in Deutschland nicht existiert. Die freiheitliche demokratische Grundordnung (fdGO), darunter auch die Grundrechte, verkörpert diesen Rahmen (ebd.). Durch das Schweigen darüber (was auch wie ein Schweigen über den klaren staatlichen Auftrag in der Bildungseinrichtung wirkt) werden im Beutelsbacher Konsens die „Grenzen“ der freien Meinungsäußerung bzw. die Autoritätsfiguren, die in Form der fdGO bestehen, nicht explizit thematisiert. Im bayrischen Lehrplan für die Gymnasien wird eine Definition der fdGO in Klammern angeboten, während im Realschullehrplan die fdGO nur genannt wird, ohne dass diese überhaupt definiert wird. Das Ausbleiben näherer Ausführungen könnte sowohl an einer behaupteten Selbstverständlichkeit dieser Werte liegen als auch an einer „zynischen“ Disziplinierungsmethode. Das ist das Paradoxon, weshalb Liberalismus eine autoritäre Wirkung haben kann. Da er keine klar erkennbare Figur der Autorität feststellt, ist es viel schwieriger, die Herrschaftsverhältnisse, die nicht verschwunden sind, sondern nur weniger oder gar nicht sichtbar werden, zu hinterfragen. Wie findet politische Bildung dann statt? Nur innerhalb von nicht explizit dargestellten und analysierten Grenzen? Grenzen, die aber immer das Ergebnis von Politik, Macht- und Herrschaftsverhältnissen sind. Politische Bildung könnte vielmehr über die Reflexion auf die Grenzen selbst erfolgen (vgl. May 2017, 15) und somit angemessen politisch bildend und nicht nur erziehend wirken.

6. Schlussbemerkungen: Vier mögliche Interpretationen der ersten zwei Grundsätze des Beutelsbacher Konsens

Nach diesem „Umweg“ über Frankreich können wir vier Lesarten der ersten beiden Grundsätze des Beutelsbacher Konsenses unterscheiden. Wenn der staatliche Auftrag den Bildungsauftrag dominiert oder sogar zum einzigen Ziel wird, ergibt sich Lesart 1: Die fdGO und die Grundrechte werden als vorgegeben, als unstrittig und nicht im Spannungsfeld zueinanderstehend unterrichtet. Da Lesart 1 kaum so drastisch umgesetzt werden kann, bietet Lesart 2 eine scheinbare Lösung, die den staatlichen Auftrag in einer Weise darstellt, die mit dem Bildungsauftrag vereinbar ist. Menschenrechte werden mithilfe der Vernunft begründet und von allen vernunftbegabten Menschen geteilt. Diese Position erlaubt es, keinen Unterschied zwischen den politisch-kollektiven Werten und den individuellen Werten (u. a. der Lehrkraft oder der Lernenden) zu machen. Lesart 2 spiegelt eine idealistische kantische Tradition des Wertemonismus wider, der in der deutschen fachdidaktischen Kultur weit verbreitet ist, und ermöglicht es, Lesart 1 auf „akzeptable" Weise neu zu formulieren. Lesart 3 schlägt einen reinen Bildungsauftrag vor, ohne die gesellschaftliche Funktion der Schule zu berücksichtigen. Die fdGO und die Grundrechte werden als politisch-rechtliches Objekt vermittelt – auf politischem Wege zustande gekommen und veränderbar. Die Akzeptanz dieser Option hängt davon ab, ob sich das Fach Politik hauptsächlich auf seinen Bildungsauftrag konzentriert oder ob es im Rahmen seiner schulischen Verantwortung auch einen Teil des staatlichen Auftrags wahrnimmt (der Beutelsbacher Konsens erwähnt diesen Auftrag nicht). Letztlich berücksichtigt Leseart 4 sowohl den staatlichen Auftrag als auch den Bildungsauftrag, wie es in der politischen und pädagogischen Tradition Condorcets zu finden ist. Die fdGO und die Grundrechte werden als „die Werte der deutschen Demokratie" unterrichtet, die sehr wichtig sind, aber als politisch zustande gekommen und kollektiv-demokratisch veränderbar zu verstehen sind.

Vier unterschiedliche Lesarten der ersten beiden Beutelsbacher Konsenssätze

	Erstes Grundprinzip des Beutelsbacher Konsenses	**Zweites Grundprinzip des Beutelsbacher Konsenses**
Lesart 1 **Reiner staatlicher Auftrag bzw. Werterziehung**	„Indoktrinationsgebot“: Es findet eine Erziehung zu selbstverständlichen und vorgegebenen sogenannten demokratischen Werten bzw. zu ihrer Verinnerlichung statt.	„Vermeidung von Kontroversität“: Kontroversität findet „immer dort ihre Grenze, wo Menschenrechte und/oder Grundrechte auf dem Spiel stehen“ (Massing 1997, 125).
Lesart 2 **Staatlicher Auftrag mit Bildungsauftrag vermeintlich vereinbar**	„Indoktrinationsverbot“ trotz staatlichem Auftrag: Den Lernenden sollte nicht vorgeschrieben werden, welche Werte sie befürworten müssen. Sie sollten eher begleitet werden, diese Werte selbst, dank Ihrer Vernunft, zu reflektieren und sie sowohl als ihre eigenen als auch als die aller anderen zu betrachten.	Kontroversität nur aus didaktischem Zweck und nicht aus politisch-demokratischem Zweck: Indem kontroverse Positionen intellektuell auf die (Vernunft-)Probe gestellt werden, können die Lernenden diese Werte reflektieren.
Lesart 3 **Reiner Bildungsauftrag**	Indoktrinationsverbot: Menschenrechte nicht als selbstverständliche „Fertigprodukte“, sondern als politisch umstrittene Objekte vermitteln.	Kontroversitätsgebot sowohl aus didaktischem Zweck als auch aus politisch-demokratischem Zweck: Kontroversität findet besonders ab dem Moment statt, in dem es um den strittigen Inhalt der Menschenrechte und/oder Grundrechte geht. Streit und Kontroversen gehören zum Kern des Politischen.
Lesart 4 **Staatlicher Auftrag und Bildungsauftrag zugleich**	Indoktrinationsverbot: Menschenrechte als sehr wichtig für die deutsche Demokratie und gleichzeitig als politisch umstrittene Objekte vermitteln.	

Quelle: Eigene Darstellung.

Literatur

BStMUK/ISB (Bayerisches Staatsministerium für Unterricht und Kultus/Staatsinstitut für Schulqualität und Bildungsforschung) (Hg.): LehrplanPLUS Fachprofil Gymnasium Politik und Gesellschaft. München 2022. URL: https://www.lehrplanplus.bayern.de/fachprofil/gymnasium/pug [29.09.2022].

Condorcet, M. de (1791): Cinq mémoires sur l'instruction publique. URL: http://classiques.uqac.ca/classiques/condorcet/cinq_memoires_instruction/Cinq_memoires_instr_pub.pdf [22.01.2022].

Detjen, J. (2013): Die Werteordnung des Grundgesetzes. Wiesbaden.

Günther, K. (2011): Von der gubernativen zur deliberativen Menschenrechtspolitik – Die Definition und Fortentwicklung der Menschenrechte als Akt kollektiver Selbstbestimmung. In: Haller, G./Günther, K./Neumann, U. (Hg.): Menschenrechte und Volkssouveränität in Europa. Gerichte als Vormund der Demokratie? Frankfurt/M., S. 45-60.

Habermas, J./Günther, K. (2020): Grundrechte: „Kein Grundrecht gilt grenzenlos". In: Die Zeit, 9. Mai 2020. URL: https://www.zeit.de/2020/20/grundrechte-lebensschutz-freiheit-juergen-habermas-klaus-guenther [09.05.2020].

Haller, G. (2013): Menschenrechte ohne Demokratie? Der Weg der Versöhnung von Freiheit und Gleichheit. Bonn.

Hessisches Kultusministerium (2017): Hessisches Schulgesetz in der Fassung vom 1. August 2017. URL: https://www.rv.hessenrecht.hessen.de/bshe/document/jlr-SchulGHE2017V5IVZ [16.09.2022].

Hofmann, P. (2016): Der Beutelsbacher Konsens im Spannungsfeld zwischen Professionalitätsverständnis und administrativer Norm. In: Widmaier, B./Zorn, P. (Hg.): Brauchen wir den Beutelsbacher Konsens? Eine Debatte der politischen Bildung. Bonn, S. 207-216.

Juchler, I. (2005): Demokratie und politische Urteilskraft. Politische Urteilsbildung. Schwalbach/Ts.

KMK/Ständige Konferenz der Kultusminister der Länder in der Bundesrepublik Deutschland (2018): Menschenrechtsbildung in der Schule. Beschluss der Kultusministerkonferenz vom 11.10.2018. Bonn. URL: https://www.kmk.org/fileadmin/Dateien/veroeffentlichungen_beschluesse/1978/1978_06_08_Europabildung_2020-10-15.pdf [19.01.2022].

Languille, C. (2015): La possibilité du cosmopolitisme: Burqa, droits de l'homme et vivre-ensemble. Paris.

Latour, B. (2015): Face à Gaïa Huit conférences sur l'esprit des lois de la nature. Paris.

Latour, B. (2021): Où suis-je? Leçons du confinement à l'usage des terrestres. Paris.

Lefort, C. (1988): Democracy and Political Theory. Minneapolis.

Massing, P. (1997): Kategorien politischen Urteilens und Wege zur politischen Urteilsbildung. In: Breit, G. (Hg.): Politische Urteilsbildung. Aufgabe und Wege für den Politikunterricht. Bonn, S. 115-131.

May, M. (2016): Die unscharfen Grenzen des Kontroversitätsgebots und des Überwältigungsverbots. In: Widmaier, B./Zorn, P. (Hg.): Brauchen wir den Beutelsbacher Konsens? Eine Debatte der politischen Bildung. Bonn, S. 233-214.

May, M. (2017): Politische Urteilsbildung unter Druck. In: Polis, Heft 3/2017, S. 13-15.

Moulin-Doos, C. (2021): Wie zeitgemäß ist der Beutelsbacher Konsens? [Studierende der Universität Augsburg unter der Leitung von Dr. Tanja Seider im Gespräch mit Prof. Dr. Claire Moulin-Doos]. In: Einsichten und Perspektiven, Heft 1/2021, S. 58-65.

Oeftering, T. (2019): Universalität vs. Kontroversität? Zum Verhältnis von Menschenrechtsbildung und Politischer Bildung. In: Erziehung und Unterricht. Österreichische Pädagogische Zeitschrift, Heft 7-8/2019, S. 668-675.

Overwien, B. (2016): Der Beutelsbacher Konsens im Kontext Globalen Lernens und der Bildung für nachhaltige Entwicklung. In: Widmaier, B./Zorn, P. (Hg.): Brauchen wir den Beutelsbacher Konsens? Eine Debatte der politischen Bildung. Bonn, S. 260-268.

Rancière, J. (2005): La haine de la démocracie. Paris.

Reichenbach, R. (2010): Strategie und Authentizität in der pädagogischen Interaktion. In: Vierteljahrsschrift für wissenschaftliche Pädagogik, Heft 1/2010, S. 75-86.

Reinhardt, S. (2015): Zum Diskurs über ungleiche Werte. Werteorientierte Demokratiepolitik. In: Perspektivends, Heft 2/2015, S. 119-128.

RdErl./Runderlass n° 2013-144 vom 06.09.2013: Die Charta der Laizität in der Schule. Paris.

Rousseau, J.-J. (1992) [1762]: Du contrat social. Paris.

Schiele, S. (1996): Der Beutelsbacher Konsens kommt in die Jahre. In: Schiele, S./Schneider, H. (Hg.): Reicht der Beutelsbacher Konsens? Schwalbach/Ts., S. 1-13.

Schulz, S. (2019): Die freiheitliche demokratische Grundordnung. Velbrück, Weilerswist.

Szukala, A. (2020): Bürgerbildung für ein besseres Zusammenleben? In: Aus Politik und Zeitgeschichte, Heft 14-15/2020, S. 35-40.

Wehling, H.-G. (1977): Konsens à la Beutelsbach? Nachlese zu einem Expertengespräch. In: Schiele, S./Schneider, H. (Hg.): Das Konsensproblem in der politischen Bildung. Stuttgart, S. 173-184.

Widmaier, B./Zorn, P. (Hg.) (2016): Brauchen wir den Beutelsbacher Konsens? Eine Debatte der politischen Bildung. Bonn.

Michael Behrendt

Provokation und Kontroverse. Songs, die für Zündstoff sorgten

1. Provokation muss eine gewisse Substanz haben

Es klang verstörend, was da 1992 in die Welt hinausschallte: ein schrammeliger Countrysong mit Lyrics, die eine zweifelhafte Liebeserklärung formulierten. „I wanna make love to Steffi Graf", gab der Sänger in übertriebenem Hinterwäldler-Duktus scheinbar verschämt von sich – um dann den verbalen Sprengsatz zu zünden: „just like her father did one thousand times before." Zu Deutsch: „Ich möchte Liebe machen mit Steffi Graf – so wie ihr Vater tausendmal zuvor." Den Song hatte nicht etwa eine Gruppe aus den amerikanischen Südstaaten veröffentlicht, sondern eine Band aus dem niedersächsischen Osnabrück. Ihr Name: Die Angefahrenen Schulkinder. Ihr Anliegen: diesen kruden Mix aus pubertärer Sexfantasie und handfester Inzestunterstellung als Satire zu verkaufen. Der Song war offenbar inspiriert von der engen Bindung der erfolgreichen Tennisspielerin Steffi Graf zu ihrem Vater und Manager Peter Graf, der die Tochter konsequent gegen die Öffentlichkeit abschirmte. Doch die seltsame Attacke ging nach hinten los. Steffi Graf klagte und gewann, Die Angefahrenen Schulkinder mussten 60.000 DM Schmerzensgeld zahlen. Ebenso fatal für die Künstler: Kaum jemand setzte sich lautstark für sie ein. Die erhofften flammenden Plädoyers für die Kunstfreiheit blieben aus.

Warum ein derart verschrobenes Beispiel am Anfang dieses Beitrags steht? Weil es unterstreicht, dass wirksame Provokation eine gewisse Substanz haben muss. Sie muss ein brisantes Thema ansprechen – eines, das die Öffentlichkeit wirklich bewegt – und dann aufwühlen: den Finger in die Wunde legen etwa, leidenschaftlich anklagen, zugespitzt infrage stellen, mit Konventionen brechen oder unkonventionelle Lösungen entwerfen. Für *I Wanna Make Love to Steffi Graf* gab es keinen wirklichen Aufhänger, der Song bewegte nicht. Und schon bald war er wieder vergessen. Eine billige Provokation.

2. Heiße Eisen: Sex und Drogen

Schaut man sich „erfolgreiche" Aufreger-Songs an, dann geht es immer wieder um dieselben Themenfelder, und das in den unterschiedlichsten Kulturkreisen. Dass Sexualität und Sexualmoral ein weites Feld für Kontroversen bieten, deutete sich schon im Osnabrücker Eingangsbeispiel an. Für einen weltweiten Paukenschlag in dieser Hinsicht sorgten 1969 Serge Gainsbourg und Jane Birkin mit dem Song *Je t'aime (moi non plus)* – einem akustischen Porno, der lautstark ans Ohr der Öffentlichkeit holte, was sonst verschämt hinter verschlossenen Türen abgewickelt wurde. Das eindeutig lustvolle Stöhnen vor allem Jane Birkins stand für die sexuelle Revolution, die damals gerade begonnen hatte, auch wenn einige der begleitenden Textzeilen kryptisch-existenzialistisch anmuteten. Nein, so etwas Unanständiges hatte die Welt noch nicht gehört. Die Folge: In vielen Ländern wurde der Song entweder überhaupt nicht gespielt oder rechtzeitig ausgeblendet, bevor es allzu expressiv wurde.

Rauschhafte Erlebnisse anderer Art werden beschworen, wenn es um Drogen und Drogenkonsum geht. Sofern sie nicht eindeutig kritisch beleuchtet wird, umweht diese Thematik schon von vornherein der Hauch des Illegalen. Folgerichtig waren und sind Songkünstler:innen in der Regel bemüht, ihre Oden an den Rauschmittelgenuss poetisch zu verschlüsseln. Zu den berühmtesten Beispielen gehört hier *White Rabbit*, ein Song der amerikanischen Band Jefferson Airplane aus dem Jahr 1967. Unschuldig-verspielt scheint er um das Kinderbuch *Alice in Wonderland* von Lewis Carroll zu kreisen, tatsächlich aber thematisiert er einen LSD-Trip. Derart unverdächtig kam das Stück für Nichteingeweihte daher, dass es kaum beanstandet wurde und weltweit Topplatzierungen in den Charts erzielte. Umso mehr Ärger handelte sich 1976 Peter Tosh ein, als er mit *Legalize It* einen regelrechten Werbesong für den Konsum von Haschisch veröffentlichte. Gut gegen Asthma und Tuberkulose sei der Genuss, so der Reggaestar in seinen tiefenentspannten Lyrics, und da von der Krankenschwester bis zum Rechtsanwalt ohnehin die meisten Menschen Haschisch (alias Marihuana alias Ganja) konsumieren würden, könne man es doch gleich legalisieren. Mit Blick auf heutige Diskussionen war *Legalize It* wahrhaft visionär. Doch damalige Ordnungshüter und Medienverantwortliche zeigten sich weniger aufgeschlossen, weshalb der Song weltweit Boykotte und Indizierungen erntete.

3. Subversiv: Systemkritik und Wertedebatten

Ebenfalls kontrovers wird es, wenn Künstler:innen allzu kompromisslos die Politik oder das politische System eines Staates kritisieren. Es ist ein weites musikalisches Feld, auf dem sich auch unzählige Protestsongs und Antikriegslieder tummeln. So eckte 1954 in Frankreich Boris Vian an, als er den Protagonisten seines Chansons *Le deserteur* in einem Brief „an den Präsidenten" mitteilen ließ, dass er den Kriegsdienst verweigern werde. Vor dem Hintergrund des Algerienkriegs ein gewaltiger Affront, über den sich seinerzeit auch ein gewisser junger Ultrarechter namens Jean-Marie Le Pen echauffierte. Den deutschen Sound der Systemkritik lieferte eineinhalb Jahrzehnte später die Berliner Band Ton Steine Scherben um den Songwriter Rio Reiser. In *Macht kaputt, was euch kaputt macht* (1970) nahmen die Künstler aus linksalternativer Perspektive schonungslos Konsumrausch und seichte TV-Unterhaltung, aber auch die Rüstungsindustrie und die Polizei aufs Korn. Dahinter stand die grundsätzliche Kritik an der fehlenden Aufarbeitung der NS-Zeit – Reiser & Co sahen den deutschen Staatsapparat auch nach 1945 noch durchdrungen von Nazis, die sich in die neu gegründete Bundesrepublik hinübergerettet hatten und nun unter veränderten Vorzeichen unheilvoll weiterwirkten. Klar, dass das nicht unwidersprochen blieb.

Vom politischen System ist es nicht weit bis zu den gesellschaftlichen Normen und Werten, die man attackiert. Umfassend und in Ansätzen sogar tiefenpsychologisch motiviert nahm diesen Themenbereich der Song *The End* in den Blick. Das Elfminutenstück der amerikanischen Rockgruppe The Doors kombinierte im Jahr 1967 Elemente der antiken Tragödie mit der literarischen „Stream of Consciousness"-Technik, inhaltlich ging es um Aufbruch, Bewusstseinserweiterung und Sigmund Freuds Theorie vom Ödipus-Komplex. Auf dem Höhepunkt des Stücks mündet ein entsprechender Dialog („Father" – „Yes, son?" – „I want to kill you. Mother, I want to f…") in eine psychedelische Lärmorgie. Zelebriert werden der Rausch, der sexuelle Tabubruch und die gewaltsame Loslösung von den Vätern, das heißt den Patriarchen und Vertretern eines überkommenen Systems. Und weil auch das Bühnengebaren von Sänger Jim Morrison seinerzeit als obszön empfunden wurde, sah sich die Band mit massiver Polizeipräsenz bei Konzerten, mit Auftrittsverboten und gerichtlichen Auseinandersetzungen konfrontiert.

Eine ähnliche Wucht entfaltete höchstens noch *Bobby Brown*, Frank Zappas Welthit aus dem Jahr 1979. Dass der Song so erfolgreich wurde, liegt am ausgeprägten Ohrwurmcharakter und der Tatsache, dass viele Menschen den englischen Text nicht verstanden haben. Denn der ist alles andere als harmlos. „Hey there, people, I'm Bobby Brown", stellt sich das Song-Ich in der ersten Zeile scheinbar kumpelhaft vor, um dann von einem beispiellosen Niedergang zu berichten. Bobby Brown ist zunächst ein fieser, selbstverliebter Lackaffe, entwickelt jedoch nach der Begegnung mit einer selbstbewussten Frau sexuelle Störungen. Er erlebt sein Coming-out als Homosexueller und endet als devoter Masochist mit einem Dildo im

Hintern – freudig wartend auf einen „Golden Shower", also darauf, dass der Partner auf ihn uriniert: „Eventually me and a friend /Sort of drifted along into S &M / I can take about an hour on the tower of power /As long as I get a little golden shower." Das stolze Amerika, der mythische amerikanische Traum getragen und verkörpert von Typen wie Bobby Brown, der sich hier selbst entlarvt – das war die größtmögliche Provokation für die weiße amerikanische Mittelschicht. In den USA wurde *Bobby Brown*, wie überhaupt das ganze Werk Zappas, nur wenig bis gar nicht im Radio gespielt, zum Teil sogar mit lebenslangem Sendeverbot belegt.

4. Kaum zu glauben: Ein unbequemes Evangelium

Andrew Lloyd Webber (Komposition) und Tim Rice (Libretto) sind längst gefeierte Musicalstars. Aber auch sie wussten einst zu provozieren. 1970 war es, da wagte das experimentierfreudige britische Duo im Rahmen von *Jesus Christ Superstar* einen unkonventionellen Umgang mit den sensiblen Themen Christentum und Glaube. Rice und Lloyd Webber wühlten auf, weil sie die Heilige Schrift in wilde Popmusik verpackten und inhaltlich neue Akzente setzten. Jesus erschien als Zweifler, als allzu menschlich, Maria Magdalena wurde – entgegen dem Text der Evangelien – als Prostituierte gezeichnet. Zudem rückte ausgerechnet der Verräter Judas mit seinen Beweggründen ins Zentrum. Verständlich, dass die Institution Kirche und zahlreiche Gläubige auf die Barrikaden gingen. Heute gilt *Jesus Christ Superstar* als vielschichtige Auseinandersetzung mit dem Christentum und Meilenstein der Rockgeschichte. Wirklich ruppig dagegen gehen Schock-Rocker wie Marilyn Manson (Albumtitel: *Antichrist Superstar*, 1996) mit der Kirche um.

5. Familienkrach: Der rock- und popinterne Diskurs

Ein Sonderfall des kontroversen Songs ist gegeben, wenn die künstlerische Attacke weniger auf gesellschaftliche Belange als auf Genres, Werte, Werke und andere Phänomene der Branche oder Szene zielt, in der man sich bewegt. Schon „legendär" ist in diesem Zusammenhang das „Going Electric" von Bob Dylan: Indem sich der gefeierte Folk- und Protestsänger 1965 mit dem Song *Like A Rolling Stone* der gern als Kommerzmusik verschrienen elektrifizierten Rockmusik zuwandte, fühlten sich einige seiner bisherigen Fans schwer provoziert. Auch als die Skandalrocker Guns N' Roses 1993 mit *Look at Your Game, Girl* ausgerechnet einen Song des zu lebenslanger Haft verurteilten Psychopathen Charles Manson coverten, gab es heftige Diskussionen. Etliche Fans und Kritiker empfanden diesen strategischen „Move" als schlichtweg geschmacklos. *Like A Rolling Stone* setzte sich durch und wurde zum Rockklassiker, von *Look at Your Game, Girl* spricht heute niemand mehr.

Deutlich harmloser, aber nicht minder spektakulär ging 2013 der Volkslied- und Schlagersänger Heino zu Werke: Gezielt und bestens gelaunt coverte er Songs ausgerechnet jener links und linksliberal orientierten Bands, die ihn jahrelang als erzkonservativ, als reaktionär oder gar als rechts belächelt bis gebrandmarkt hatten. *Mit freundlichen Grüßen* lautete der Titel dieser überraschenden Sammlung respektloser Songvereinnahmungen. Der Song *Junge* etwa stammt im Original von der clever-frechen Band Die Ärzte – sie kritisiert darin den elterlichen Druck auf Jugendliche, die noch orientierungslos sind oder aber ein Bohème-Leben favorisieren. Derselbe Songtext, von Heino im Schlagerduktus interpretiert, lässt die Eltern plötzlich als Stimmen der Vernunft erscheinen. Dass sich seinerzeit auch mal einige der sonst so coolen Originalinterpreten aufregten, hatte schon einen gewissen Unterhaltungswert.

6. Zu guter Letzt und vor allem: Empowerment

Einen breiten Raum im Feld der kontroversen Songs nimmt das Aufbegehren von Minderheiten und ausgegrenzten sozialen Gruppen ein. Wenn „die Jugend“, Schwule und Lesben, Menschen mit Migrationshintergrund, Schwarze in den USA oder Frauen musikalisches Empowerment betreiben, kommt es fast automatisch zu heftigen Kontroversen. Zu den einschlägigen Beispielen gehört *My Generation*, ein Song der britischen Rockgruppe The Who. Was heute als „Golden Oldie“ gilt, war 1965 in den Ohren des Erwachsenen-Establishments einfach nur enervierender Lärm. Und dass der Protagonist des Songs debil stotterte, dabei trotzige Statements wie „Hope I die before I get old“ („Hoffentlich sterbe ich, bevor ich alt werde“) von sich gab, markierte für etliche Ü-40er das Nahen der Apokalypse. Jugendliche weltweit dagegen waren elektrisiert.

Anrührend, aufrüttelnd und teils verstörend ist die Entwicklung, die gerade „schwarzes“ Empowerment in den vergangenen Jahrzehnten genommen hat. 1939 machte die junge afroamerikanische Jazz- und Bluessängerin Billie Holiday einen Song des russisch-jüdischen Lehrers Abel Meeropol berühmt: *Strange Fruit* erzählt langsam und getragen von seltsamen Früchten, die da in einer geradezu idyllischen Südstaatenlandschaft von den Pappelbäumen hängen. Doch geht es bei diesen Früchten nicht etwa um schmackhafte Naturwunder, sondern um die blutigen Leichen von Afroamerikanern, die ein tobender weißer Mob erst halb totgeprügelt und dann aufgehängt hat. Der leise klagende Protest gegen rassistisch motivierte Lynchmorde wurde von Bürgerrechtlern und Linksintellektuellen gefeiert, brachte der Sängerin aber auch Auftrittsverbote und Anfeindungen ein, vor allem in den kritisch besungenen Südstaaten.

Schon wesentlich aggressiver ging ein halbes Jahrhundert später die afroamerikanische Polit-Hip-Hop-Truppe Public Enemy, zu Deutsch: Staatsfeind, zu Werke. In lärmenden Rap-

Feuerwerken wie *Fight the Power* (1990) predigten Chefrapper Chuck D. & Co den kompromisslosen Widerstand gegen das weiße Establishment. Die vieldiskutierte Kampfansage erhielt zusätzliche Brisanz dadurch, dass die Gruppe immer wieder auch mit antisemitischen Textzeilen und Statements in der Öffentlichkeit auffiel. Eine ausgegrenzte soziale Gruppe, die gegen andere Ausgegrenzte hetzt? Das erhitzte die Gemüter. Was Künstler und Rezensent:innen anfangs noch als authentischen Ausdruck „der Straße" zu rechtfertigen versuchten, brachte sich zunehmend selbst in Misskredit.

Nur zwei Jahre nach *Fight the Power* verschärfte die Band Body Count um den afroamerikanischen Rapper Ice T. noch einmal den Ton. Der Song *Cop Killer* verknüpfte erstmals harten Rap mit hartem Rock und war eine schockierende Rachefantasie, entworfen als Reaktion auf die Polizeigewalt gegen Farbige in den USA: Da zieht ein schwarzes Rollen-Ich los, um Polizisten zu erschießen und so das Opferkonto auszugleichen – der berüchtigte Vorfall, bei dem am 3. März 1991 die Polizei von Los Angeles den flüchtigen schwarzen Temposünder Rodney King stellte und übelst misshandelte, wird explizit erwähnt. Songs dieser Art sind schwer zu ertragen, keine Frage. Aber wenn sie nicht bloß der Gewaltverherrlichung dienen, sondern ein spürbares ernstes Anliegen haben, dann werfen sie wichtige Fragen auf. Zum Beispiel diese: Welchen Anteil haben dramatische Missstände, hat „die Gesellschaft" selbst an der Existenz solcher Songs?

7. Können Songs die Welt verändern?

Bei einem solchen Potenzial an Aufregerthemen stellen sich natürlich zwei Fragen: Was können Songs konkret bewirken? Und: Haben sie vielleicht sogar gesellschaftsverändernde Kraft? Tatsächlich gibt es Fälle, in denen Pop- und Rocksongs den Lauf der Dinge (mit) beeinflusst haben – allen voran Bob Dylans Hit *Hurricane* über den wahren Fall des zu Unrecht wegen Mordes verurteilten schwarzen Boxers Ruben „Hurricane“ Carter. Das Urteil damals wirkte so offensichtlich rassistisch motiviert, dass Dylan 1975 die eigene Berühmtheit in die Waagschale warf und in seinen Lyrics noch einmal sämtliche Ungereimtheiten der Prozess-Beweisführung auflistete. Nicht zuletzt dem Erfolg dieses wahrhaft investigativen Songs war es zu verdanken, dass das Verfahren wiederaufgenommen wurde und, wenn auch nach langem weiteren Hin und Her, in den Freispruch des Boxers mündete. Einen ähnlichen Erfolg erzielte 1988 die britische Band The Pogues, als sie mit dem Doppelsong *Streets of Sorrow/Birmingham Six* dazu beitrug, mehrere zu Unrecht als IRA-Attentäter verurteilte Iren zu entlasten. Die amerikanische Country-Ikone und Identifikationsfigur Loretta Lynn schließlich erreichte 1975, dass das Konzept der Empfängnisverhütung auch in ländlichen Regionen der USA Beachtung fand und dortigen Frauen neue Perspektiven auf ein weniger eingeengtes Leben eröffnete. Für ihren gerade in konservativen Kreisen kontrovers diskutierten Song *The Pill* wurde die Künstlerin letztlich sogar von Landärzten gefeiert.

Dass Songs ganz konkrete Handlungen bewirkt oder gar eine Revolution angezettelt hätten, lässt sich bisher allerdings nicht behaupten. In der Regel wirkt Popmusik identitätsstiftend, als emotionaler Verstärker für bestimmte Szenen und Haltungen. Vor allem liefern Songs den Soundtrack für gesellschaftliche Kontroversen – und werden selbst kontrovers diskutiert.

8. Zensur oder Boykott – eine Systemfrage

Aber wie spielen sich solche Songkontroversen ab? In autoritär regierten Staaten liegt die Antwort auf der Hand: Als etwa 2012 die russische Performance-Gruppe Pussy Riot in einer Moskauer Kirche ein *Punk-Gebet* aufführte und dabei mutig Kritik an der orthodoxen Kirche mit Kritik am System Wladimir Putin verknüpfte, war die Aufregung schnell vorbei. Die Provokateure wurden von Sicherheitskräften abgeführt, zwei Pussy-Riot-Aktivistinnen mussten ins Arbeitslager. In der ehemaligen DDR wiederum wurden Musikveröffentlichungen noch vor ihrem Erscheinen von einer Kommission geprüft. Deren Mitglieder konnten durch strenge Vorzensur nicht nur staatskritische Äußerungen unterdrücken, sondern auch ganze Karrieren von Künstler:innen zerstören.

In demokratischen Staaten wie der Bundesrepublik dagegen spielen sich Kontroversen in Sendern und in den Medien ab. Songs und Musikvideos werden konventionell auf Datenträgern, daneben als Streams, auf Youtube & Co frei veröffentlicht, sie werden gespielt und gehört. Kontroverse Songs werden von Fans, Kritik und Politik, von Senderverantwortlichen und der Musikszene diskutiert, es gibt leidenschaftliche Appelle pro und contra, im Ernstfall werden Songs von Rundfunkanstalten und Videoportalen boykottiert. Das wiederum ist Anlass für weiteren Diskurs. Und je nach Substanz der Provokation setzt sich ein Song durch, verschwindet wieder aus der öffentlichen Wahrnehmung oder geht als kontroverser Klassiker in die Pop-Annalen ein. Die Berliner Band Rammstein, virtuos im Spiel mit Klischees von Deutschtum und Deutschsein, hat gleich mehrere solcher kontroversen Klassiker hervorgebracht.

9. Verbotene Früchte und Provokation wider Willen

Eine alte Weisheit besagt: Was aneckt, was vertuscht werden soll, das weckt erst recht Interesse. Und so erreichen aufgeregte Verteufelungen oder hektische juristische Maßnahmen gelegentlich genau das Gegenteil von dem, was sie bewirken sollen: Der kontroverse Song erfreut sich steigender Nachfrage und stürmt am Ende die Charts. So ist es sicher auch den lauten „Skandal!“-Rufen zu verdanken, dass der bereits erwähnte Stöhn-Exzess *Je t'aime* zum Welthit wurde. An demselben Song lässt sich allerdings auch zeigen, wie sehr Kontroversen von der Zeitstimmung, vom jeweiligen historischen, kulturellen und politischen Kontext abhängen. Denn was 1969 noch einen handfesten Skandal provozierte, ziert heute unzählige Evergreen-Kompilationen und mehr als jugendfreie Schmusepop-Sampler.

Im 21. Jahrhundert erklingen Songs dank Internet, dank Digitalisierung und Globalisierung beinahe überall auf der Welt. So platzen sie in Zusammenhänge, mit denen ihre Urheber:innen und Interpret:innen nie gerechnet haben, und werden mit „exotischen" Deutungen belegt. Dass dabei ein ursprünglich nicht intendiertes Publikum eine Song-Aussage auch mal als Provokation empfindet, ist nicht zu vermeiden.

10. Indizierung ist keine Zensur

Boykotte sind das eine, Indizierungen das andere. Eine Indizierung geht selbstredend weiter als ein Radioboykott, denn hier kommt der Staat ins Spiel, und zwar in Gestalt der Bundeszentrale für Kinder- und Jugendmedienschutz (BzKJ), die bis April 2021 Bundesprüfstelle für jugendgefährdende Medien (BPjM) hieß. Ganz wichtig: Die BzKJ, die nun eine Prüfstelle für jugendgefährdende Medien unterhält, wird nicht von sich aus aktiv – sie geht lediglich Anträgen und Anregungen von Behörden, Jugendämtern oder Trägern der freien Jugendhilfe nach. Privatpersonen, die etwas für jugendgefährdend halten, müssen sich an eine dieser als Filter dienenden Stellen wenden. So schützt man die Bundeszentrale vor einer Beschwerdeflut, aber auch vor Spaßvögeln, die etwa behaupten, ein nerviger Schnulzensänger wie Roland Kaiser gehöre „verboten".

Indizierungen können angefochten und auch wieder aufgehoben werden. Sie führen zu weitreichenden Verbreitungs- und Werbebeschränkungen. Wirkliche Zensur ist Vorzensur – die gelegentlichen Indizierungen bereits veröffentlichter Songs aber, die die Prüfstelle vornimmt, sind ein legitimes demokratisches Instrument. Noch im letzten Jahrhundert galt die Institution vor allem im linken politischen Spektrum als autoritärer verlängerter Arm des Gesetzes. Heute agiert sie unter dem Dach des BzKJ und im Rahmen eines reformierten Jugendschutzgesetzes wesentlich umsichtiger und hat sich auch in ihren Verfahrensweisen modernisiert, etwa im Blick auf neue Probleme, die mit der Digitalisierung einhergehen. Die BPjM setzt auf Aufklärung, Dialog und eine Wertedebatte, zielt auf Orientierung und Prävention.

11. Die heutigen Aufreger: rechtspopulistischer Rock und Gangsta-Rap

„Yeah, Yeah, Yeah!", „Love, Peace, Happiness!", „Rock Against Racism" – lange Jahre wurde Popmusik als per se links orientierter emanzipatorischer Ausdruck von vorwiegend jungen Künstler:innen verstanden. Doch Popmusik war und ist ein Spiegel der Gesellschaft. Und so wurden schon früh auch konservative, reaktionäre, sogar rechte Haltungen popmusikalisch zum Ausdruck gebracht. Bereits in den 1970er Jahren bildeten sich in Europa Rechtsrock-Strukturen heraus, die bis heute Bestand haben. Erfüllen etliche Rechtsrocktitel eindeutig Straftatbestände, reizen rechtspopulistisch angehauchte Künstler:innen in ihren Songs geschickt die Grenzen des noch Sagbaren aus. Eine „Vorzeige"-Band in diesem zweifelhaften Sinne ist die Südtiroler Band Frei.Wild. So gut wie nie im Radio gespielt, stürmt sie dennoch immer wieder die Verkaufs-Charts. Frontmann Philipp Burger & Co streiten hartnäckig ab, eine rechtspopulistische oder gar rechte Band zu sein – und gießen doch mit jedem neuen *Wir gegen das (verlogene linksliberale) Establishment*-Song Öl ins Feuer. Auch Hits ihrer Kritiker, von den Ärzten bis zur Punkband Die Toten Hosen, covern Frei.Wild genüsslich, und das deutlich zynischer als Heino. Nachdem das Potenzial der Provokation aus dem linken politischen Spektrum allmählich ausgeschöpft scheint, markiert rechtspopulistischer Rock heute einen von zwei dominanten Strängen kontroverser Musik.

Der andere Strang manifestiert sich im sogenannten Gangsta-Rap. Obwohl dieses Subgenre völlig andere Wurzeln hat als rechtspopulistischer Rock, gibt es doch verblüffende Überschneidungen – etwa was das Formulieren frauenfeindlicher, homophober und antisemitischer Haltungen betrifft. Will man verstehen, wie Battle- und Gangsta-Rap funktionieren, muss man zu den Anfängen der schwarzen Hip-Hop-Musik zurückgehen. In den 1980er/1990er Jahren wurden gewaltsame Auseinandersetzungen zwischen rivalisierenden schwarzen Gangs in den USA immer häufiger auch durch Sprechgesang- und Breakdance-Wettbewerbe ersetzt. Bei dieser besonderen Partykultur ging und geht es stets darum, besser, wortgewaltiger, wendiger, krasser als die Konkurrenz zu sein. Tatsächlich ist Hip-Hop ein faszinierendes Genre, das reichlich fantasievolle Musik und tiefschürfende Texte bietet. Doch der Wettstreitcharakter und das ständige Anziehen einer Eskalationsschraube sind in der DNA dieser Musik tief verankert.

Etwa Mitte der 1990er Jahre etablierte sich endgültig ein für afroamerikanische Jugendliche attraktives Rollen-, mitunter sogar reales Geschäftsmodell: das des Gangsters. Auch um das Establishment, von dem man sich diskriminiert fühlt, zu provozieren, feiert man sich als Gesetzloser, der keinem geregelten Job nachgeht, aber durch Drogen- und Waffengeschäfte sagenhaft reich wird und alles und jeden plattmacht. Getreu dem Prinzip der ständigen Eskalation kommen dabei verstärkt Sexismus, Homophobie und Antisemitismus ins Spiel: So prahlt man in den Lyrics mit den tollsten Frauen, schickt sie auf den Strich und verführt oder vergewaltigt die Mütter, Schwestern und Partnerinnen konkurrierender Rapper, die man zusätzlich demütigt, indem man sie als „Schwuchteln“ beleidigt und ihnen pogromartige Denkzettel androht. Längst hat das Subgenre des Gangsta-Rap die künstlerisch anspruchsvolleren Hip-Hop-Spielarten aus der öffentlichen Wahrnehmung verdrängt und steht auch bei „weißen“ Fans hoch im Kurs. Einige der entsprechenden Künstler sind oder waren tatsächlich kriminell, andere werfen sich nur in die Gangster-Pose.

12. Das Katz-und-Maus-Spiel der Gangsta-Rapper

Dabei lassen sich die Stars, was ihre tatsächliche Haltung zu den Dingen betrifft, möglichst nicht in die Karten schauen. Kann man etwa bei klassischen Singer-Songwriter:innen von einer gewissen Kontinuität oder auch einer großen Nähe zwischen biografischem Ich, Medien-Persona (ausgedrückt zum Beispiel durch einen Künstlernamen oder ein spektakuläres Bühnengebaren) und Song-Ichs beziehungsweise im Song formulierten Haltungen ausgehen, so schillern die Ich-Sprecher in den Raps gezielt zwischen authentischem Ausdruck und aberwitzigem Rollenspiel. In Richtung der Fans lautet die Message: Seht her, ich bin wirklich der krasseste Typ von allen! Doch wenn der gesellschaftliche Mainstream empört nachhakt, waren alle hässlichen Textzeilen nur ein Spiel, falsch verstandener Szene-Talk – oder das, was man als engagierter „Straßenreporter“ aufgeschnappt haben will. Diese Doppelstrategie impliziert: Die formulierten inakzeptablen Haltungen können durchaus der tatsächlichen Haltung der Künstler entsprechen.

Gangsta-Rap wurde schnell zum globalen Phänomen. Seine deutschsprachigen Vertreter stammen häufig aus prekären Verhältnissen und haben – nicht ausschließlich, aber in der Mehrzahl – einen Migrationshintergrund. Mitnichten bedeutet der muslimische Background eines Rappers per se, dass seine Lyrics muslimisch, wenn nicht gar islamistisch argumentieren. Das wäre ein ebenso fataler Kurzschluss wie die Annahme, alle Rapper, und erst recht solche mit Migrationshintergrund, seien Sexisten und Rassisten. Dennoch unterstreicht das Beispiel des umstrittenen Rap-Duos Kollegah & Farid Bang, dass gewisse in Lyrics zum Ausdruck gebrachte Haltungen mehr sein können als nur abgründiger Spaß und Provokation. Kollegah, bürgerlicher Name: Felix Blume, ist der zum Islam konvertierte Sohn einer Deutschen und eines Kanadiers; Farid Bang, bürgerlich Farid Hamed El Abdellaoui, hat marokkanische und spanische Wurzeln. 2018 brachten die beiden den „Echo“-Musikpreis zu Fall, nachdem sie mit dem Song *08/15* und Textzeilen wie „Und wegen mir sind sie beim Auftritt bewaffnet / Mein Körper definierter als von Auschwitzinsassen“ einen Sturm der Entrüstung heraufbeschworen hatten. Allen Unschuldsbeteuerungen der Rapper zum Trotz zeigten Wissenschaftler, dass sich etwa bei Kollegah eine ironiefreie antisemitische Rhetorik durch das Gesamtwerk zieht – weshalb eine tatsächliche antisemitische Haltung des Herrn Felix Blume zumindest naheliegt.

13. Bekommt unsere Gesellschaft die Musik, die sie verdient?

Pop ist Zuspitzung, Pop arbeitet mit steilen Thesen. Und deshalb erlaubt sich auch dieser Text über Popmusik zum Abschluss die eine oder andere zugespitzte, steile These. Sieht man einmal von indizierten Songs ab, dann hatten kontroverse Songs, und selbst die kompromisslosesten unter ihnen, bis in die 1980er Jahre hinein einen eher gesellschaftskritischen, freiheitlichen, emanzipatorischen Impetus. Ab den 1990er Jahren jedoch greift Provokation immer häufiger zu rückwärtsgewandten, reaktionären bis menschenfeindlichen Statements, wie sie im rechtspopulistischen Rock und im Gangsta-Rap formuliert werden. Auffällig ist, dass gerade Gangsta-Rap-Fans auch aus bürgerlichen und gehobenen Schichten stammen – aus den Milieus der Besserverdienenden, die sich im risikofreien Flirt mit dem Illegalen und mit politischer Unkorrektheit einen „coolen“ Anstrich geben. Natürlich kann man fragen: Wo ist das Problem? Ist nicht vieles von dem, was in den 1960er bis 1980er Jahren an Liberalisierung und Individualisierung gefordert wurde, heute erreicht? Sind die aktuellen Provokationen nicht einfach nur eine extreme Form des Entertainment, im schlimmsten Fall ein kaum ernstzunehmender reaktionärer

Backlash, weil es in unserer freien, gerechten Gesellschaft sonst nichts mehr gibt, wogegen sich noch rebellieren ließe?

Ich denke Nein. Unsere Welt befindet sich in einem ständigen Wandel, und mit dem Wandel der letzten zehn, zwanzig Jahre, durch Globalisierung, Digitalisierung und den Aufstieg des Internets, sind neue Konfliktherde und Probleme entstanden. Die wachsende Kluft zwischen Arm und Reich, zunehmende ethnische und religiöse Spannungen, das Brüchigwerden demokratischer Strukturen, das immer dramatischere Kräftemessen zwischen freien, demokratischen Gesellschaften und brutalen autoritären Regimen, der Klimawandel und Kriege, inzwischen wieder mitten in Europa, führen zu Hunger, Ressourcenknappheit und sozialem Abstieg, zu Flüchtlingswellen und Finanzkrisen, zu „culture clashs", zur Wiederbelebung von überkommenen Haltungen, Ängsten und Feindbildern, zur Auflösung von Gewissheiten und Werten, zur Verhärtung von Standpunkten.

Und weil Popmusik ein Spiegel der Gesellschaft ist, finden diese Entwicklungen auch in der Popmusik ihren Niederschlag. Rechtspopulistischer Rock und Gangsta-Rap – sie passen erschreckend gut in eine Zeit, in der Egoismus, Ausgrenzung und das knallharte Vertreten eigener Interessen, zum Teil getragen von krimineller Energie, Konjunktur haben. Die höchsten wirtschaftlichen und politischen Kreise machen es ja vor – die Rede ist von dubiosen Finanzgeschäften, von Diesel-, Plagiats- und Maskenskandalen, von rechtsextremen Partei-„Flügeln" und Ibiza-Affären, von Populisten und Autokraten als Staatslenkern, von der gleichzeitigen Vernachlässigung abgehängter Gesellschaftsschichten. Dramatische Probleme wie die Clan-Kriminalität oder rechtsradikale Umtriebe, sogar in Bundeswehr und Polizei, werden nur zögerlich angegangen. Wenn selbst Prominente vor laufender Kamera Schläge verteilen, wenn die Durchsetzung des Rechts des Stärkeren wieder salonfähig wird und Menschen als „dämlich" gelten, weil sie weder bestrebt noch dreist genug sind, sich auf Kosten anderer zu bereichern, dann wirken Gangsta-Rap und rechtspopulistischer Rap wie ein Soundtrack zur Zeit. Als „cool“ gefeiert und als Unterhaltung konsumiert, könnten sie auch zur Abstumpfung und zur Aufweichung demokratischer Werte beitragen.

Mit Popmusik erreicht man junge Menschen, anhand von Popmusik lassen sich gesellschaftliche Probleme analysieren, erörtern. Von daher ist es gut, dass der Umgang mit Popsongs, erst recht mit kontroversen Popsongs, längst auch in die Bildungsarbeit Einzug gehalten hat. Themen und Fragestellungen wie „Wer spricht im Song?“, „Fiktion und Wirklichkeit“, „Kriminalität als letzter Ausweg vs. Kriminalität als Lifestyle“, „Was machen ausgrenzende Lyrics mit den Ausgegrenzten?“ oder „Bessere Gesellschaft – weniger kontroverse Musik?” dürften auch in Zukunft gerade in divers aufgestellten Lerngruppen für anregenden Gesprächsstoff sorgen.

Quellen und Literatur

Sämtliche Informationen zu den besprochenen Songs stammen aus dem Buch, das diesem Beitrag zugrunde liegt:

Behrendt, M. (2019): Provokation! Songs, die für Zündstoff sorg(t)en. Darmstadt.

Zur Geschichte des Rechtsrock siehe:

Nevill, A. (1993): The Good, the Bad and the Skins. In: Annas, M./Christoph, R. (1993): Neue Soundtracks für den Volksempfänger: Nazirock, Jugendkultur & rechter Mainstream. Berlin, Amsterdam, S. 47-64.

Zu antisemitischen Tendenzen bei Kollegah siehe:

Funk, V. (2018): Die dunkle Seite des deutschen Raps – Ist deutscher Hip Hop antisemitisch? Fernsehfilm in der Reihe „Die Story“. WDR.

Das Beutelsbach-Quiz

1. In welchem Jahr wurde der Wortlaut des Beutelsbacher Konsenses erstmalig veröffentlicht?
a) 1975
b) 1976
c) 1977
d) 1980

2. Der kleine Ort Beutelsbach, Weinkennerinnen und -kennern vor allem durch den Trollinger ein Begriff, liegt …
a) an der Enz.
b) an der Murr.
c) am Neckar.
d) an der Rems.

3. Siegfried Schiele hat seit der legendären Tagung in Beutelsbach im Jahre 1976 die sogenannten Beutelsbacher Gespräche ins Leben gerufen. Unter seiner Ägide fanden mehrere Beutelsbacher Gespräche statt. Deren Zahl beläuft sich ohne die „Ur-Tagung“ auf …
a) neun Fachtagungen.
b) zehn Fachtagungen.
c) elf Fachtagungen.
d) zwölf Fachtagungen.

4. Siegfried Schiele, langjähriger Direktor der LpB, hat die Beutelsbacher Gespräche stets in Kooperation mit Fachdidaktikern geplant und realisiert. Mit welchem Fachdidaktiker hat er die meisten dieser Fachtagungen durchgeführt?
a) Paul Ackermann
b) Gotthard Breit
c) Herbert Schneider
d) Georg Weißeno

5. In dem Tagungsband „Das Konsensproblem in der politischen Bildung“ (Stuttgart 1977) sind neben Siegfried Schiele und Herbert Schneider sechs weitere Fachdidaktiker vertreten. Einer der Eingeladenen nahm nicht an der Tagung teil, sondern übermittelte seinen Beitrag schriftlich. Hierbei handelte es sich um …
a) Kurt Gerhard Fischer.
b) Hermann Giesecke.
c) Rolf Schmiederer.
d) Bernhard Sutor.

6. In welchem Jahr wurde eine gemeinsame Stellungnahme der GPJE, der DVPB und der DVPW-Sektion „Politikwissenschaft und Politische Bildung“ veröffentlicht, in der es um eine Klarstellung zur Missdeutung des Beutelsbacher Konsens geht?
a) 1995
b) 2002
c) 2016
d) 2018

7. Bei der zweiten Fachtagung der Beutelsbacher Gespräche, also der zwei Jahre nach der „Ur-Tagung“ stattfindenden Folgetagung, die von heftigen Dissonanzen geprägt war, packte ein teilnehmender Fachdidaktiker seine Koffer. Es war …
a) Kurt Georg Fischer.
b) Dieter Grosser.
c) Gerd Hepp.
d) Klaus Hornung.

8. Die Dissonanzen dieser Tagung wurden u. a. durch das gewählte Thema, an dem der Beutelsbacher Konsens auf den Prüfstand der Praxis gestellt wurde, verursacht. Im Mittelpunkt der Fachtagung stand das Thema …
   a) die Familie.
   b) das Grundgesetz.
   c) der Rechtsstaat.
   d) der Sozialstaat.

9. Die Didaktische Reihe der LpB wurde ins Leben gerufen, um den fachdidaktischen Diskurs zu fördern. Der erste Band der Didaktischen Reihe, die inzwischen beim Wochenschau Verlag in Frankfurt „beheimatet" und dort gut aufgehoben ist, sammelte die Beiträge der Fachtagung …
   a) Verfassungspatriotismus als Ziel politischer Bildung?
   b) Reicht der Beutelsbacher Konsens?
   c) Konsens und Dissens in der politischen Bildung
   d) Praktische politische Bildung

10. Im Rahmen der Tagung „Reicht der Beutelsbacher Konsens?" (1996) wurde von einem Fachdidaktiker vorgeschlagen, den Konsens in normativer Hinsicht zu ergänzen. Angesichts rechtsextremistischer Positionen, die nicht gleichberechtigt mit demokratischen Auffassungen Eingang in Schule und Unterricht finden dürften, solle sich politische Bildung als Teil einer demokratischen politischen Kultur verstehen. Es handelte sich hierbei um …
    a) Walter Gagel.
    b) Klaus Hornung.
    c) Wolfgang Sander.
    d) Herbert Schneider.

11. 1993 wurde in einem asiatischen Land eine Dissertation mit dem Titel „Interesse und Identität. Eine Untersuchung zu Wertbezügen, Zielen, Inhalten und Methoden des politischen Unterrichts nach dem Beutelsbacher Konsens“ vorgelegt. Veröffentlicht wurde die Dissertation in …
    a) Japan.
    b) Südkorea.
    c) Taiwan.
    d) Vietnam.

12. Mit welcher der folgenden Fachdidaktikerinnen hat Siegfried Frech mehrere Beutelsbacher Gespräche organisiert und geleitet?
    a) Anja Besand
    b) Kerstin Pohl
    c) Sibylle Reinhardt
    d) Dagmar Richter

13. Seit vielen Jahren ist das LpB-eigene Tagungszentrum „Haus auf der Alb“ Veranstaltungsort der Beutelsbacher Gespräche. Welcher Stilrichtung kann es zugeordnet werden?
    a) Bauhaus
    b) Futurismus
    c) Klassizismus
    d) Kritischer Regionalismus

14. Die LpB Baden-Württemberg wurde erst spät gegründet und feierte im Jahr 2022 ihr fünfzigjähriges Bestehen. Politische Bildungsarbeit gab es im deutschen Südwesten aber auch zuvor. Wie hieß die Arbeitsgemeinschaft, aus der die LpB hervorging?
    a) Der Bürger im Staat
    b) Demokratie leben
    c) Die Menschen in der Demokratie
    d) Politik gestalten

15. Wie hieß der Titel des ersten Tagungsbandes der Beutelsbacher Gespräche, der beim Wochenschau Verlag veröffentlicht wurde?
   a) Europa in der politischen Bildung
   b) Handlungsorientierung im Politikunterricht
   c) Politische Mündigkeit
   d) Verfassungspatriotismus als Ziel politischer Bildung?

16. In welchem Jahr fanden die Beutelsbacher Gespräche das erste Mal in Bad Urach im „Haus auf der Alb“ statt?
   a) 1986
   b) 1993
   c) 1995
   d) 1996

17. Was verbindet u. a. Siegfried Schiele und Paul Ackermann?
   a) Beide bewarben sich 1975 um die Stelle als Leiter der LpB.
   b) Beide haben in Tübingen und München studiert.
   c) Beide wurden im Jahr 1939 in Fridingen an der Donau geboren.
   d) Beide sangen in einem Männerchor.

18. Welcher Titel könnte passenderweise bei den Beutelsbacher Gesprächen 2026 gespielt werden?
   a) „Forever Young“ von Alphaville
   b) „Jugend ohne Gott gegen Faschismus“ von Tocotronic
   c) „Hot Stuff“ von den Rolling Stones
   d) „Frohes Fest“ von den Fantastischen Vier

Richtige Lösungen

1. c) 2. d) 3. a) 4. c) 5. b) 6. d)
7. a) 8. a) 9. c) 10. c) 11. b) 12. d)
13. a) 14. a) 15. d) 16. b) 17. c) 18. a)

Autorinnen und Autoren

Dr. Michael Behrendt arbeitet als freier Autor und Lektor in Frankfurt am Main. Er promovierte 1990 über englische und amerikanische Rocklyrik und arbeitete anschließend als Frankfurter Redaktionsleiter des bundesweiten Lifestyle-Magazins „PRINZ“ sowie als Chefredakteur des Stadtmagazins „Journal Frankfurt“. 2017 erschien sein Buch „I don't like Mondays: Die 66 größten Songmissverständnisse“, 2019 folgte der Titel „Provokation! Songs, die für Zündstoff sorg(t)en“. Michael Behrendt betreibt zudem den Songblog „tedaboutsongs“.

Prof.in Dr. Anja Besand ist Inhaberin der Professur für Didaktik der politischen Bildung an der Technischen Universität Dresden und Direktorin der John Dewey Forschungsstelle für die Didaktik der Demokratie. Zuvor war sie ab Herbst 2004 als Juniorprofessorin an der Pädagogischen Hochschule (PH) Ludwigsburg tätig. Im Mittelpunkt ihrer Forschung steht die Frage, wie politische Bildung für alle Menschen gelingen kann.

Prof. Siegfried Frech ist Honorarprofessor (Didaktik der politischen Bildung) an der Eberhard Karls Universität Tübingen. Zwischen 1991 und 2021 war er Publikationsreferent bei der Landeszentrale für politische Bildung Baden-Württemberg. Dort verantwortete er die Zeitschrift „Bürger & Staat“ sowie die Didaktische Reihe. Zudem hat er einen Lehrauftrag am Institut für Sozialwissenschaften an der Pädagogischen Hochschule (PH) Ludwigsburg.

Dr. Bernt Gebauer ist Leiter des Projekts „Gewaltprävention und Demokratielernen“ beim Hessischen Kultusministerium und koordiniert für die Kultusministerkonferenz die Implementierung der Bildungsprogramme des Europarates im Themenfeld Demokratiebildung/Menschenrechtsbildung als Vertreter Deutschlands im Education Policy Advisors Network (EPAN) des Europarates. Er ist ausgebildeter Gymnasiallehrer für die Fächer Politik/Wirtschaft und Englisch und hat langjährige Erfahrungen in der Lehreraus- und -fortbildung.

Robby Geyer ist Publikationsreferent bei der Landeszentrale für politische Bildung Baden-Württemberg, Redakteur der Zeitschrift „Politik & Unterricht" und verantwortet seit 2021 die Didaktische Reihe. Er hat einen Lehrauftrag für politische Bildung am Institut für Politische Wissenschaft der Ruprecht-Karls-Universität Heidelberg.

Prof. Dr. Thomas Goll ist seit 2004 Professor für Didaktik der Sozialwissenschaften und seit 2017 Lehrstuhlinhaber für Integrative Fachdidaktik Sachunterricht und Sozialwissenschaften an der TU Dortmund. Davor war er von 1989 bis 1999 Gymnasiallehrer in Würzburg für die Fächer Sozialkunde, Deutsch und Geschichte, ab 1992 Lehrbeauftragter an der Bayerischen Julius-Maximilians-Universität Würzburg für Didaktik der Sozialkunde und ab 2000 dort Akademischer Rat. Seine Forschungsschwerpunkte sind u. a. die Entwicklung von *civic literacy* ab der frühen Kindheit, die Konsequenzen daraus für politische Bildung im vorschulischen Raum und in den gesellschaftsbezogenen Unterrichtsfächern der Schule (Sachunterricht, Politik, Sozialwissenschaften u. a.), Medien in der politischen Bildung sowie das Verhältnis von historisch-politischer Bildung und politischer Kultur.

Prof. Dr. Tilman Grammes ist Professor für Erziehungswissenschaft/Didaktik sozialwissenschaftlicher Fächer an der Universität Hamburg. Von 1979 bis 1991 war er Lehrer an verschiedenen Schulen in Berlin. 1992 erhielt er einen Ruf auf eine Professur für Didaktik der Sozialkunde an der Universität Passau, 1993 an die TU Dresden. Seit 1997 ist er Professor an der Universität Hamburg. Seine Forschungsschwerpunkte sind historische und interpretative Unterrichtsforschung, die Alltagspraxis politischer Bildung im internationalen Vergleich, Demokratiepädagogik, Curriculumentwicklung sowie Wirtschafts- und Sozialethik.

Prof. Dr. Klaus-Peter Hufer ist seit 2011 außerplanmäßiger Professor für Erwachsenenbildung an der Fakultät für Bildungswissenschaften der Universität Duisburg-Essen. Über viele Jahre war er Fachbereichsleiter Geistes- und Sozialwissenschaften der Kreisvolkshochschule Viersen und Redaktionsmitglied der Zeitschrift „polis". Er wurde 1984 an der Technischen Hochschule Darmstadt promoviert, wo er zuvor auch Politikwissenschaft, Geographie und Philosophie studierte. Seine Schwerpunkte sind politische Erwachsenenbildung, Professionalität in der Erwachsenenbildung, Bildungspolitik und Bildungstheorie sowie Rechtsextremismus/Rassismus.

Hinrich Kindler ist Lehrer für Politik-Gesellschaft-Wirtschaft, Deutsch sowie Theater an einem Hamburger Gymnasium. Seit 2019 ist er als wissenschaftlicher Mitarbeiter am Arbeitsbereich Didaktik der Sozialwissenschaften an der Universität Hamburg tätig. Seine Forschungsschwerpunkte sind Lehrkunst, wissenssoziologische Didaktik und phänomenbasiertes Lernen am Beispiel von Staunen im Gesellschaftsunterricht.

Hannes Lübcke ist Masterstudent an der Universität Hamburg und angehender Lehrer der Sozialwissenschaften und Biologie. Unter der Leitung von Prof. Dr. Tilman Grammes und Hinrich Kindler beschäftigt er sich insbesondere mit der Didaktik internationaler Beziehungen und entwickelte das Konzept der videobasierten Unterrichtsreportage.

Tatjana Meijvogel-Volk, Politologin und Osteuropaexpertin, ist Projektmanagerin bei „ProDemos – Haus für Demokratie und

Rechtsstaat“ in Den Haag, Niederlande. Sie beschäftigt sich dort vor allem mit der politischen Erwachsenenbildung. Zu ihren Aufgaben gehörte u. a. die Leitung des Europe Direct Center Den Haag, ein Informationszentrum für Bürger und Bürgerinnen über die EU. Neben ihrer Tätigkeit bei ProDemos lehrte sie an der Webster University in Leiden beim Department Internationale Beziehungen. Bevor sie in die Niederlande kam, arbeitete sie auf den Gebieten Humanitäre Hilfe, Presse, Protokoll, Wahlen und Demokratisierung für das Auswärtige Amt, die EU-Administration von Mostar und die OSZE in Kroatien und Bosnien-Herzegowina.

Dr. Claire Moulin-Doos ist seit 2015 wissenschaftliche Mitarbeiterin am Fachgebiet Didaktik der politischen Bildung an der Universität Kassel. Zwischen 2018 und 2021 vertrat sie die Professur für Politische Bildung an der Universität Passau und seit 2022 vertritt sie die Professur Didaktik Gemeinschaftskunde an der Universität Leipzig. 2011 schloss sie ihre Promotion mit einem Thema zum politischen Ungehorsam ab. Zu ihren Forschungsinteressen gehören u. a. Bürger- und Demokratiemodelle in der deutschen schulischen politischen Bildung, Grundschulfachdidaktik und didaktische Komplexitätssteigerung, Bildung für Nachhaltige Entwicklung, politische Europabildung,

Prof.in Dr. Monika Oberle hat in Marburg, London sowie Berlin Politikwissenschaft studiert und an der Pädagogischen Hochschule Karlsruhe promoviert. Sie ist Professorin für Politikwissenschaft sowie Didaktik der Politik an der Georg-August-Universität Göttingen. Ihr Lehrstuhl widmet sich der empirischen Erforschung unterschiedlicher Faktoren von Lehr- und Lern-Prozessen der politischen Bildung. Einer ihrer Forschungsschwerpunkte liegt auf der politischen EU-Bildung.

Prof. Dr. Helmar Schöne ist Professor für Politikwissenschaft und ihre Didaktik an der Pädagogischen Hochschule in Schwäbisch Gmünd. Nach seinem Studienabschluss in Berlin hat er u. a. an den Universitäten Dresden und Leipzig gearbeitet. Lehr- und Forschungsaufenthalte haben ihn an die University of Iowa und die Grand Valley State University in Michigan geführt. Schwerpunkte seiner Tätigkeit sind die Parlamentarismusforschung, das politische System der Bundesrepublik Deutschland und die Politische Bildung.

Prof. Dr. Tanjev Schultz ist Professor für Journalismus an der Johannes-Gutenberg-Universität Mainz. Er arbeitete jahrelang als Redakteur im Politikressort der Süddeutschen Zeitung und als freier Journalist für diverse Medien. Er promovierte in Politikwissenschaft an der Universität Bremen, zuvor studierte er in Berlin, Hagen und Bloomington (USA) u. a. Philosophie, Psychologie und Kommunikationswissenschaft. Für seine journalistischen Beiträge hat er mehrere Auszeichnungen erhalten, u. a. den Nannen-Preis, den Goethe-Medienpreis und den Universitas-Preis für Wissenschaftsjournalismus.

Prof. Dr. Holger Thünemann ist seit 2021 Inhaber des Lehrstuhls für Didaktik der Geschichte unter besonderer Berücksichtigung der Geschichtskultur an der Universität Münster. Zuvor war er Professor für Geschichtsdidaktik an der Pädagogischen Hochschule (PH) Freiburg und der Universität zu Köln. Er hat Geschichte, Lateinische Philologie und Erziehungswissenschaften studiert und wurde 2005 an der Universität Münster promoviert. Er ist u. a. Mitherausgeber der Reihe „Geschichtsunterricht erforschen" und Mitglied im wissenschaftlichen Beirat der „Zeitschrift für Didaktik der Gesellschaftswissenschaften". Neben der Geschichtsunterrichts- und Schulbuchforschung gehören Geschichtskultur- und Denkmalforschung zu seinen Arbeitsschwerpunkten.

Dr. Thomas Waldvogel war seit 2013 pädagogischer Referent bei der Landeszentrale für politische Bildung Baden-Württemberg, Außenstelle Freiburg. Zwischen 2016 und 2022 war er wissenschaftlicher Mitarbeiter und Dozent am Seminar für Wissenschaftliche Politik der Albert-Ludwigs-Universität Freiburg. Dort wurde er mit einer Arbeit zur „Analyse virtualisiert gemessener Echtzeitbewertung in politischen TV-Debatten" promoviert. Zu seinen Arbeitsschwerpunkten gehören Wahlforschung und politische Kommunikation sowie Didaktik und Methodik der politischen Bildung.

Prof. Dr. Michael Wehner ist seit 1991 Leiter der Außenstelle Freiburg und seit 2020 Leiter der Abteilung „Regionale Arbeit" der Landeszentrale für politische Bildung Baden-Württemberg. Er ist Autor mehrerer Schulbücher in den Fächern Geschichte und Gemeinschaftskunde und Honorarprofessor am Seminar für Wissenschaftliche Politik der Albert-Ludwigs-Universität Freiburg. Seine Fachgebiete sind Kommunalpolitik, Landespolitik, Partizipation und Politische Bildung.